"图书情报与档案管理"湖南省十二五重点学科建设成果

"法治湖南建设与区域社会治理"协同创新中心建设成果

Research on the Protection of
Information Fairness in the Era of Big Data:
From the Perspective of Rights

大数据时代
信息公平的保障研究
基于权利的视角

唐思慧 / 著

中国政法大学出版社

声　明　1. 版权所有，侵权必究。

2. 如有缺页、倒装问题，由出版社负责退换。

图书在版编目（ＣＩＰ）数据

大数据时代信息公平的保障研究:基于权利的视角/唐思慧著.—北京:中国政法大学出版社,2017.9
ISBN 978-7-5620-7723-7

Ⅰ.①大… Ⅱ.①唐… Ⅲ.①信息管理 Ⅳ.①G203

中国版本图书馆CIP数据核字(2017)第217871号

出　版　者	中国政法大学出版社
地　　　址	北京市海淀区西土城路 25 号
邮寄地址	北京 100088 信箱 8034 分箱　邮编 100088
网　　　址	http://www.cuplpress.com (网络实名: 中国政法大学出版社)
电　　　话	010-58908437(编辑室) 58908334(邮购部)
承　　　印	北京九州迅驰传媒文化有限公司
开　　　本	880mm×1230mm　1/32
印　　　张	8.75
字　　　数	200 千字
版　　　次	2017 年 9 月第 1 版
印　　　次	2017 年 9 月第 1 次印刷
定　　　价	39.00 元

内容简介

  云计算技术、大数据技术等新科技的快速发展与广泛应用大幅降低了数据获取成本，海量数据的价值不断被发掘。新技术在带来数据、获取便利的同时，也引发了数据贫困、信息垄断、数据霸权等诸多社会问题，使得信息公平机制被打破。本书以数据权利体系为手段，以数据监管为保障，分别从个人、企业和国家三个维度如何克服大数据时代新技术条件下数据贫困、信息垄断和数据霸权等问题的角度，重点考察了数据控制者与个人在数据权方面的冲突、数据控制者与其他企业在商业秘密保护方面的冲突、强国与弱国在数据主权方面的冲突，得出应当从加强数据保护立法、赋予数据权利，强化数据监管、提升行业自律，厘清数据主权、反对数据霸权等方面构建信息公平保障机制的结论。

数据，是大数据时代的原石油。在大数据时代，互联网技术、云计算技术、文本挖掘等技术飞速发展及广泛应用，使"人口红利"优势日渐式微，"数据红利"和"信息红利"优势日益凸显。新技术的运用大幅度降低了数据获取成本，在新技术带来便利的同时，原有的信息公平被打破，数据安全与隐私保护面临严峻挑战，逐渐形成信息贫困、信息垄断和数据霸权等诸多问题。而现有信息管理、法律制度远远滞后于技术发展，如何确保数据流通安全，保障信息公平已成为当下亟待解决的问题。

该书主要关注大数据时代的信息公平失衡问题。以互联网为基础发展的大数据、云计算、物联网与人工智能等新技术，依赖传统传播技术的等级式、封闭式、中心式的信息流动结构逐渐被打破，信息流动呈现从集中化、等级化向分散化、平行化发展的趋势，新技术条件下信息流动呈现去身份化、去中心化、去国界化之特点。在个人、社会、国家层面的信息失衡表现为信息贫困、信息垄断与数据霸权。

在全球性、虚拟性和开放性的网络社会中，信息成为重新塑造社会结构的基本力量，是公众参与社会的基本要素和重要保障。

在个人层面，大数据等技术的发展与应用，使得数据信息的存在形式、格式规范、可获得性以及价值增值性等方面日益专业化、隐性化，逐步形成信息贫困。在社会层面，大数据等新技术的发展使得信息更为集中，大型企业利用其在技术、信息基础设施、人才及资金等方面的领先优势占据了主导地位，作为数据控制者独占并控制、支配信息，进而形成信息垄断。在国家层面，大数据技术的发展使得行为主体能力分散化，很多私营部门甚至个人都拥有跨境转移大批数据的能力，一国政府对其国内数据的控制难度加大，当数据被传到云端后，在数据分类、保存规则、程序控制和国际监管未达成一致的情形下，数据由技术强国储存、控制并向其跨境流动正日趋加强，在现实中，数据霸权正逐步形成，将严重威胁国家数据安全。

该书以数据权利体系为手段，分别从个人、企业和国家三个维度分析新技术条件下信息失衡问题如何克服，重点考察数据控制者与个人在数据权方面的冲突、数据控制者与其他企业在商业秘密保护方面的冲突、强国与弱国在数据主权方面的冲突，得出应当从加强数据保护立法、赋予数据权利，强化数据监管、提升行业自律，厘清数据主权、反对信息霸权等方面构建信息公平保障机制的结论。

作者提出将个人数据权上升为基本人权，单列数据权，并具体化为知情同意权、数据查阅权、反对权、补正权、删除权、监督权和请求损害赔偿权等，使公众在数据生产、使用和流动中获得充分的自决权；加强公众在信息获取权方面的保障，如信息基础设施支撑计划、信息扶助政策。在商业保护方面，该书提出重构商业秘密内涵及构成要件，并借鉴域外相关法与实践经验，结合现实国情选择我国商业秘密保护路径。新技术条件下数据监管与行业自律尤为重要，作者提出了设立专门的大数据监管局作为国家监管机构，保护个人数据权，维护数据空间秩序和信息公平，使监管权限、范围、程序法定化，在监管队伍上实现专业性、职业化。

数据空间在大数据时代的重要性日益凸显。传统国家主权的维护越发依赖信息的影响力和数据的控制力。这决定了主权国家必须充分维护和发掘自身在数据空间的管辖力，从而在国际国内关系中获得主动权。数据主权行使须强化对数据空间的规制，保障数据安全的同时，应在国际层面加强数据主权相关问题的谈判，设置、引导议题，协调与数据弱国的立场，打破数据强国的信息霸权。

唐思慧副教授系我原工作单位湘潭大学的同事，多年来潜心于情报学与法学的交叉研究，具有较深厚的理论功底、广博的学术视野和扎实的研究基础，我欣喜地看到，她对大数据时代信息公平保障的研究，紧扣时代，关注实践，全书结构合理，调研资料全面、充分，运用比较研究方法，考察了各国最新立法与司法实践，提出了较新颖的符合国情的推进信息公平的新思路、新方案，可谓情报学与法学交叉领域一部最新力作。

是为序！

中国政法大学教授、博士生导师
中国知识产权法学研究会副会长
冯晓青

目　录
CONTENTS

第1章
信息公平的理论范畴

一、信息与信息社会概述

（一）信息的内涵与外延

信息（information）的内涵非常丰富，其概念随着理论与实践的发展不断变化。一般认为，具备现代意义的信息概念是1948年10月由美国数学家克劳德·艾尔伍德·香农在其论文《通信的数学理论》中最早提出，他认为"信息是用来消除随机不定性的东西"。[1] 美国著名数学家诺伯特·维纳在《控制论》一书中将其定义为：信息是人们在适应外部世界，并且这种适应反作用于外部世界的过程中，同外部世界进行互相交换的内容的名称。[2] 信息就是信息，既非物质，也非能量，而是与物质和能量相并列的三大要素之一。[3] 随着科学技术和经济的发展，人们的认识水平不断提高，信息定义也在不断拓展。郎庆斌等提出"信息是人类生产活动、社会活动中的基本载体，承载以文字、符号、声音、图形等形式，通过各种渠道传播的信

---

〔1〕 参见 A mathematical theory of communication. Shannon C E. Bell Syst Technol. 1948。

〔2〕 ［美］N. 维纳：《控制论》，郝季仁译，科学出版社1963年版，第5页。

〔3〕 ［美］N. 维纳：《控制论》，郝季仁译，科学出版社1963年版，第5页。

号、消息、情报、资料、文档等内容"。[1]

作为一般意义上的信息，在不同研究领域，因为侧重点不同，被赋予了不同的含义。如情报学对信息的定义侧重于信息的生产与传递，强调信息作为资源被感知、接收与理解。信息是信息源所发出的各种信号和消息经过传递被人们所感知、接收、认识和理解的内容的统称。[2] 乌家培认为应从广义与狭义两方面来理解信息资源，广义的信息资源指除信息内容外，还包括与其紧密相连的信息设备、信息人员、信息系统与信息网络；狭义的信息资源仅指信息内容本身，即人类社会经济活动中经过加工处理的、序化的、并大量积累的、有用的信息的集合，如科技信息、市场信息以及社会发展信息等。[3] 因此，情报学更多关注信息资源的开发与利用、共享与共建，进而强调信息构建，即以信息的清晰化和可理解性为基础，构建信息集合的结构，并有效地表述和展示信息内容与结构。[4] "信息是现代社会使用最广的概念之一"，但"信息技术革命"注定了技术变化的日新月异，所以做出普适性的信息定义并非易事。综上所述，可以对信息作如下描述：

第一，信息有广义和狭义之分。狭义的信息是指作为各学科领域特定研究对象的"信息"，如"消息""信号"等；广义的信息则是世界上一切事物的特征、状态和运动的反应。[5]

---

〔1〕 郎庆斌、孙毅、杨莉：《个人信息保护概论》，人民出版社2008年版，第1页。

〔2〕 周鸿铎主编：《信息资源开发利用策略》，中国发展出版社2000年版，第12页。

〔3〕 乌家培：《信息与经济》，清华大学出版社1993年版，第19页。

〔4〕 唐思慧：《电子政务信息公平研究》，上海世界图书出版公司2011年版，第8页。

〔5〕 赵衍：《互联网时代的信息安全威胁个人、组织与社会》，企业管理出版社2013年版，第7页。

第二，"本体论"层次和"认识论"层次中的信息有着密不可分的联系。钟义信在《信息科学原理》一书中认为，在信息概念的诸多层次中最重要的有两个层次：一个是没有任何约束条件的"本体论"层次；另一个是受主体约束的"认识论"层次。[1]

在本体论层次上，信息是一种不以人的主观意志为转移的客观现象，表现为事物内部结构与外部联系的状态及状态变化的方式。[2] 信息的认识论，相对于信息的本体论而言，区别在于引入了信息传递与接收的主体，人是有主观能动性的，一旦引入人这一主体因素，信息便被赋予了认识论层面上的意义。信息的认识论含义就是认知主体——人所感知的事物状态，是人脑对客观实在的反应和认识，不同的认知主体对事物的认知也存在不同，认识论层次的信息受认识主体的约束。[3] 本体论意义上的信息，不受任何条件约束，所表征的事物实际的运动状态与方式也不受主体意志的影响，不以主体的条件为转移，因而具有最广泛的适应性。[4] 认识论意义上的信息就是认识主体所感知或所表述的事物运动的状态与方式。因此，没有主体就没有认识论意义上的信息。

在人类所及的有限时空中，本体论意义上的信息与认识论意义上的信息是可以互相转化的，其转化过程大致与人类认识和改造世界的过程相统一。在认识论层次的信息概念中若再引

---

〔1〕 钟义信：《信息科学原理》，北京邮电大学出版社 1996 年版，第 10 页。

〔2〕 李文明、吕福玉："信息的本体论意义与传播学价值"，载《山西大学学报（哲学社会科学版）》2017 年第 1 期。

〔3〕 宋秉龙、谢丽娜："论情报学中信息的概念：基于本体论和认识论意义上的融合"，载《山东图书馆学刊》2012 年第 6 期。

〔4〕 文庭孝、侯经川、汪全莉等："论信息概念的演变及其对信息科学发展的影响：从本体论到信息论再到博弈论"，载《情报理论与实践》2009 年第 3 期。

入认识深度这一约束条件，认识论信息就可以进一步扩展为三个层次：语法信息，即主体所感知或表述的事物运动状态和方式的形式化关系，这是最低层次的认识论信息；语义信息，即主体所感知或表述的事物运动状态和方式的逻辑含义，这是较高层次的认识论信息；语用信息，即主体所感知或表述的事物运动状态与方式相对于某种目的的效用，这是最高层次的认识论信息。

语法信息、语义信息和语用信息是密不可分的，不可能撇开其中的一个方面而孤立地看其他方面。信息是事物的运动状态与方式，这是广义的信息概念，也是最普通的层次。由此而层层引入约束条件，信息的内涵就变得越来越丰富，适用范围则变得越来越窄。与此同时，信息的概念由一而众，逐级展开，自然形成了信息的概念体系。[1]

1. 信息特性

信息作为一种社会资源，本质上具有私人属性与社会属性。信息的私人属性，决定了其可以作为一种主要的商品（财产）去占有、交换、使用和获得收益；信息的社会属性决定了信息属于公共产品，使用的边际成本几乎为零，基于公共利益之需，应当尽可能共享。

（1）信息的私人属性。

信息的私人属性主要体现为财产性和人身性。信息的财产属性是指，信息作为一种资源具有稀缺性，具有交换价值，符合赋予财产权的基本要求。[2]

---

〔1〕 李善平、尹奇韡、胡玉杰等："本体论研究综述"，载《计算机研究与发展》2004年第7期。

〔2〕 ［美］理查德 A. 波斯纳：《法律的经济分析》（上），蒋兆康译，中国大百科全书出版社1997年版，第40~43页。

　　信息的人身性主要是指与个人相关的信息，具有明确的指代作用，因此，个人数据或信息一定程度上属于隐私权或隐私相关权益保护的对象。信息的人身属性要求个人信息的收集与使用应当避免侵犯个人隐私。尤其是在现今计算机技术发达的情况下，应当加强对个人信息的保护，避免出现个人隐私泄露或是用户数据泄露的问题。

　　为实现资源的效用最大化，应当在信息之上确立财产权（如基于发明的专利权、基于作品的版权、商业秘密权），确定其排他性、可转让性与稳定性。[1] 通过授予财产权明确信息的私人属性，确定数据或是信息的财产范围，以保护数据的私人占有和使用。信息的财产属性表明，信息作为一种私人财产，本身受到个人意识的控制与支配。其稀缺性的特征表明，在接收者支付对价的情形下，信息的开发者与占有者可以将信息以商品的形式转让、交易与传播，从而带来经济上的收益。

　　（2）信息的社会属性。

　　信息本身就是一种社会财富，因此除具有私人属性外，信息另一重要特性是其社会属性，它是指信息作为一种公共产品应当由国家提供最基本的公共供给。

　　私有商品和公共产品的区别在以下方面：首先从性质角度看，私有商品在消费上存在竞争。换言之，某件商品被一人消费，将会排除他人继续消费该商品；其次，私有商品还具有排他性，他人未经许可不得使用或消费。与此相反，公共产品在消费上不具有竞争性，因为一个人的使用不会妨碍他人使用，且使用的边际成本极低，增加新的使用主体很大程度上并不增加新的使用成本；公共产品也不具有排他性，公共产品无法通

---

〔1〕〔美〕迈克尔 D. 贝勒斯：《法律的原则——一个规范的分析》，张文显等译，中国大百科全书出版社 1996 年版，第 89~91 页。

过事实占有排除他人的使用，公众被允许以合理方式使用公共物品。正如 Lawrence Lessig（劳伦斯·莱斯格）言："它一直在那，等着人们来使用它，你使用过后，它所留下来的给下一个人的，像未曾有人使用过它。"[1]用经济学的术语来讲，信息是具有非竞争性消费的财产。[2]

2. 信息与相关概念的辨析

（1）数据与信息。

在传统理论中，数据和信息的内涵并没有差异，对二者不作区分。大数据时代，"数据"一词的使用频率远超过"信息"，从学者的著述中可窥见一斑。肖冬梅认为，在大数据时代，人们可以通过对海量数据进行挖掘而获得更有价值的有效数据，有效数据进行整合才能获得信息。[3]沈国麟认为，数据是按一定规则排列组合的物理符号，其表现形式为数字、文字、图像和计算机代码，而信息则是经由一定的工具加工整理而成的，数据须经过加工和解读才成为能被人们使用的信息。[4]可见，学者认为大数据时代下，数据与信息并不是一种事物的不同称谓，认为信息蕴含于数据之中，只有经过整合分析数据，我们才能得到可被利用的信息。

作为信息数字化的形式，电子数据通常与电子信息被认为具有相同的意义。纵观不同国家或地区，理论界或学术界对

〔1〕 Lessig, L., *Code and the commons*, *Keynote speech given at the conference Media Convergence*, Fordham Law School, New York, Retrieved July 15, 2001, available at http://cyber. law. harvard. edu/works/lessig/fordham. pdf. 访问日期：2007 年 7 月 12 日。

〔2〕 ［澳］彼得·德霍斯：《知识财产法哲学》，周林译，商务印书馆 2008 年版，第 171 页。

〔3〕 肖冬梅、文禹衡："数据权谱系论纲"，载《湘潭大学学报（哲学社会科学版）》2015 年第 6 期。

〔4〕 沈国麟："大数据时代的数据主权和国家数据战略"，载《南京社会科学》2014 年第 6 期。

"数据"与"信息"的偏爱程度明显不同。具体而言，在个人信息保护立法中，欧盟及其成员国大多以"数据"来表述其立法保护对象；在加拿大和韩国法中，则直接使用"个人信息"作为其立法名称。

本书认为，数据和信息不同，其主要具有以下区别：首先，信息的外延大于数据。数据只是信息表达的一种方式，除电子数据外，信息还可以通过传统媒体来表达（如纸张、音像等）。质言之，信息因其内容而具有意义，在互联网环境下，数据只是传播信息的最常见的形式之一，而不是唯一方式。

其次，数据兼具信息本体和信息媒介的双重属性，从而有别于完全与传播媒介相分离的信息。计算机技术决定数据本身既是信息的数字化媒介，同时又可作为信息本身。正是基于数字化技术的特点，数据除作为媒介以外，还因其与信息直接对应而带有信息本体性的特点。数据这种双重性质使数据相对于传统媒介的信息流通而言具有自身独特的信息传播属性。数据存在（流通、复制、删除和存储）于封闭的计算机和网络技术体系中，对计算机系统具有天然的依附性，并对信息的分享和保护呈现出自身的特性和运行规律。信息数字化的意义就在于使信息脱离了传统媒介而被单一的数字媒介所取代，并形成一个封闭的系统空间，使我们无法脱离数据来独立地占有、使用和处理任何信息。

最后，新技术加快信息与数据生成的同步性。互联网技术系统打破了传统的信息先于媒介存在的状态，而体现为网络具有通过数据产生信息的功能，如存储在服务器中的网络行为数据即体现为用户的网络行为信息。这种网络行为数据正是大数据的基础形式，而其中蕴含的信息是网络数据具有的市场价值和潜力的来源。但这些数据及其显示的信息只能在网络中存在，没有网络服务提供者的技术支持，数据以及其所承载的信息都将随之消失。[1]

（2）信息与隐私。

在当下，论及"信息"与"数据"必然会涉及"隐私"一词。究其原因，在数字化进程下，运用大数据技术可以轻易得到个人信息，导致个人隐私极容易被侵犯。因此，"隐私"与"信息"，以及"隐私"与"数据"时常一同被提及，隐私安全问题成为信息与数据保护中的重点问题。

隐私可以分为信息性隐私（information privacy）和物理性隐私（physical privacy）。物理性隐私是禁止他人未经许可对本人的身体、住所或者私人物理空间的侵入；而信息性隐私是指当本人的个人信息被以数字或者其他形式收集、存储以及分享时，本人因此而产生的对隐私的期望。[2] 我国传统民法领域的隐私权是自然人享有的对其个人的、与公共利益无关的个人信息、私人活动和私有领域进行支配的一种人格权。

本书认为，个人信息与个人隐私并不是同一概念。个人信息与个人隐私虽有交叉重叠的部分，但二者的保护范围并不一致。个人信息不完全属于个人隐私范畴，个人隐私并不仅仅只有个人信息。在大数据时代背景下，隐私与信息的联系极为密切，技术的发展使个人隐私与个人数据逐渐趋于一体化，对信息性隐私保护的冲击越来越强烈。总体上，随着数据化进程的推进及大数据技术的广泛应用，企业通过收集个人数据获得个人信息，极易侵犯个人隐私，许多国家通过加强对个人信息的

---

〔1〕 梅夏英："数据的法律属性及其民法定位"，载《中国社会科学》2016年第9期。

〔2〕 吴伟光："大数据技术下个人数据信息私权保护论批判"，载《政治与法律》2016年第7期。

保护，加大对隐私保护的力度。

（二）信息社会的概念与特征

1. 信息社会的含义

以技术发展进程为划分依据，可将社会演进转型、历程分为三个阶段：第一次转型是从渔猎社会到农业社会；第二次转型是从农业社会到工业社会；第三次转型是从工业社会到信息社会，即当今社会正在进入的时代。钟义信认为，所谓"信息社会"，也称为"知识社会"或者"智能社会"，是指"信息"具有高度重要性的社会，即"信息"在社会中成为一种具有最根本性、最表征性的资源，信息工具成为社会最具表征性的工具，信息产品成为社会最具表征性的社会产品，"信息"，无所不在，离开了"信息"，社会将难以运转。[1]

与农业社会和工业社会相比，信息社会是以信息的获取和处理为社会发展的基本动力，以信息技术作为重要手段和保障，以信息经济作为维系社会存在和发展的主导经济，以信息文化和思维来改变人类学习、生活和工作方式以及价值观和时空观的新型社会形态。[2] 信息的获取和处理离不开信息技术，物联网、移动互联网、社交网络以及电子商务作为新一代信息技术的应用形态，这些应用在运行过程中产生了海量数据。云计算技术为这些多样化的海量数据提供了运算和储存平台，数据挖掘技术对数据进行分析、管理、优化，使得人类从海量数据中获得更多的社会价值和经济价值。大数据加快了信息技术融合的脚步，这种技术融合的过程促进了对海量数据的分析、利用

---

〔1〕 钟义信："信息社会：概念、原理、途径"，载《北京邮电大学学报（社会科学版）》2004 年第 6 期。

〔2〕 孙晓赟、陶慎亮："信息社会中的信息特征及其演进"，载《江苏警官学院学报》2015 年第 6 期。

需求，也促进了信息社会的形成与发展。

2. 信息社会的特征

相对于工业社会、农业社会，信息社会的生产力迎来了前所未有的发展，信息科技也给人类社会带来了深远的影响，其特征概括如下：

（1）社会结构的网络化。

随着互联网技术的快速发展，诸如卫星电视、无线网络、云服务等网络技术的广泛应用，使社会结构发生巨变。从个人到企业再到国家，数据化、信息化以及网络化逐渐成为日常生活与工作的主要演变方向，最终将社会结构推向网络化。网络社会（network society）成为一种历史趋势，信息时代的支配性功能与过程日益以网络为基础。甚至，网络建构了当前社会的新形态，而网络化逻辑的扩散实质地改变了生产、经验、权力与文化过程中的操作和结果。[1]

进入网络社会，信息在网络空间得到富集，通过计算机媒介通信技术，文字、人际关系、数据、财富和权力这些社会要素都能在网络空间得以体现。[2] 网络化特征决定社会信息的流动更加便宜，也导致信息被泄露的可能性增加，故如何在确保信息安全的前提下发展信息经济将是信息社会的重大议题。

（2）社会运行的数字化。

在信息社会中，信息的作用愈加凸显，其重要性已超过资本、能源、材料等传统生产要素。随着数字化进程的推进，信息以运动的数字化方式流动，使社会更加高效的运行。例如，

---

〔1〕 ［美］曼纽尔·卡斯特：《网络社会的崛起》，夏铸九、王志弘等译，社会科学文献出版社2001年版，第569页。

〔2〕 Rheingold. H., *The virtual community: Home-steading on the electronic frontier*, Reading, MA, Addison-Wesley, 1993, p. 5.

社会生产、管理和交往等活动逐渐以数字化为主要流向。在互联网、大数据等新技术的作用下，信息资源的获取与传输更加便利，数字化的信息技术手段不仅改变了人们的日常生活、企业的生产经营活动，也改变了国家治理的手段与方式。

（3）社会实践的虚拟性。

信息技术，尤其是互联网技术的普遍应用，在相当大程度上改变了社会大众的人际交往和社会互动场所。虚拟化生存的社会大众以信息生产和交换为纽带，在网络虚拟空间进行虚拟实践和虚拟交往活动，并在此基础上形成复杂的虚拟互动和虚拟关系。[1] 人们的实践活动从物理空间转移到电子空间，电子空间是一个虚拟的自由空间，信息以电子的形式进行传递，整个空间弥漫的是以信息、图像、文字等作为自己形式存在的虚拟的比特场景。[2]

借助信息技术，通过互联网，人们足不出户就可以享受各种文化成果、参与社会事务、进行社交活动等。在各种虚拟实践中，社会大众的能动性和自由度都大大得到提高，人类活动的深度和广度也得到前所未有地拓展。同时，在各种虚拟的或者虚拟与现实并存的空间中，现实中的人把代码或符号虚化成"虚拟人"，能遮盖现实生活中的所有的真实的社会属性，这一形式，不仅丰富了人们的社会体验，也突破了地域与种族的限制。

二、公平与信息公平概述

（一）公平、平等与正义

公平（Fairness），与公正（Just）、正义（Justice）、平等

---

〔1〕 曾令辉：《虚拟社会人的发展研究》，人民出版社 2009 年版，第 29 页。

〔2〕 场景是指特定的时间、地点和人物存在特定的场景关系。比特场景是指在网络虚拟空间，人们就虚拟化、数字的信息传递与交流关系。

（Equality）等词意思相近。公平指处理事情合情合理，不偏袒任一方。《布莱克法律词典》将公平定义为：公平是指法律的合理、正当适用，在法学上是指对有关赋予当事人权益的法律事件或争议所作的处理具有持久性。[1] 按亚里士多德的观点，公平是指同样的情况同样对待，平等的应当平等对待，不平等的应当不平等对待；公平表现为相对公平和绝对公平，相对公平即法律上的公平，而绝对公平是不受时空限制的公平，是建立在自然法基础上的公平。亚里士多德将公平与自然法联系起来，认为公平是应然、原初的价值。正因如此，虽然国家和社会的风俗习惯、社会状态和法律都随着时代的改变而改变，但是公平作为至善则始终如一。[2] 马克思主义认为，社会公平的实现程度总是同一定的社会制度相联系，是一个历史的过程。在集体、民族、国家之间的交往中，公平指相互给予大致持平的利益，同时也包含对待两个以上的对象时应一视同仁；在个人与集体之间，公平指个人的劳动创造的社会效益与社会提供给个人的回报达成合理比例；在个人与个人之间，公平指他们之间的对等互利和礼尚往来。[3] 公平强调利益主体权利的平等性，其侧重点在于平等或"不偏袒"，所以，平等应当是衡量公平的主要尺度。正因如此，有时人们往往把公平说成平等，如把机会公平说成机会平等。

而平等是指对某种资源（如自然资源、生产资料资源、生活资料资源、知识信息资源、权力资源等）的获取和分配过程

---

〔1〕 Henry Campbell Bloch, *Blour's Law Dictionary* M, A, 5Th ed. West Publishing Co, 1979, p. 766.

〔2〕 洋龙："平等与公平、正义、公正之比较"，载《文史哲》2004 年第 4 期。

〔3〕 冯契主编：《哲学大辞典》，上海辞书出版社 2001 年版，第 444 页。

中的平衡与对等状态。[1] 从马克思和恩格斯的论述中，可以看出公平与平等并不是一回事。公平是一定社会关系下的相对公平，其标准是历史的，就不同的社会制度而言，人们评价某一社会制度更公平，是相对以前的社会制度而言的。而平等的真实含义及其衡量标准虽然也具有相对性，但不受时代、社会制度等条件的制约，其标准是永恒的，平等是公平的理想境界，是最高意义上的公平。[2]

英语中正义（Justice）与 Impartiality, Rightness, Fairness, Correctness 相近，表示公正、正确、公平之义。在汉语中，正义与公正、公道、公平含义相当，仅在意义强弱、范围大小方面存在差异。正义一词由来已久。《荀子·正名》谓"正利而为谓之事，正义而为谓之行"。乌尔比安认为"正义是给予每个人应得的部分的这种坚定而恒久的愿望"。[3] 正义的原则，可以用"一视同仁"来形容，把正义与平等联系在一起，以平等支撑正义。因为缺少了平等，正义就会成为说不清道不明的抽象物。一个正义的社会，必然是平等的社会，缺少了平等的社会，正义便名不符实。而要使平等成为现实，正义应该是首要的社会条件，平等是正义的言中之义和重要构成要素。

（二）信息公平及其内涵

信息公平是一种理想的社会状态，也是一种影响社会政策或制度设计的理论。基于信息技术和通信技术而产生的数字鸿沟问题是一个全球性问题，受到世界各国学者的重视。信息公平作

---

〔1〕　蒋永福、刘鑫："论信息公平"，载《图书与情报》2005 年第 6 期。

〔2〕　洋龙："平等与公平、正义、公正之比较"，载《文史哲》2004 年第 4 期。

〔3〕　[罗马] 查订尼:《法学总论——法学阶梯》，张企泰译，商务印书馆 1989 年，第 73 页。

为对数字鸿沟问题研究反思的结果，特别是随着 2003 年联合国"信息社会世界峰会"的召开，信息公平理念得到了广泛传播，逐渐被世界范围内的学者关注。诚如美国学者 Leah A. Lievrouw（加州大学洛杉矶分校的传播学学者）和 Sharon E. Farb 所言，在分析 Equity（多指权利的公平、公正）和 Equality（多指资源分配的平均、公平）含义的基础上，结合信息的属性及信息资源分配时在数量上难以精确衡量的特性，认为 Information Equity 较 Information Equality 更合适作为信息公平的英文称谓。据此，可以将信息公平界定为：信息在个人、群体、地区、族群以及其他各种社会组织之间的公平合理分配，使所有人在生活中都有机会获得对他们来说至关重要及有意义的所有信息。[1] 范并思是国内较早关注"信息公平"的学者，他认为信息是公众参与社会管理的必备条件，如果不能保证公众自由地获取各种必需的信息，民主就只是一句空话。[2]

国内学者对"信息公平"具有代表性的论述主要有：

蒋永福等认为，信息公平是在一定历史时期和社会环境中，人们在信息资源的获取和分配过程中所体现的平衡与对等状态。[3]信息公平是人们面对信息资源的获取和分配过程中所产生的价值期望，其实质是信息权利的平等。信息不公平问题主要是信息主体在信息活动中处于不平等的地位，具体体现在信息获取机会与信息资源分配的不公平。肖希明认为，信息公平主要是指不同阶层、不同群体的社会成员，都能自由平等地获

---

〔1〕 Leah A. Lievrouw, Sharon E. Farb. Information and Equity, available at http://drzaius.ics.uci.edu/meta/class-es/informatioc161_ fall06/papers/03 - lievrouw.pdf.

〔2〕 范并思："建设一个信息公平与信息保障的制度——纪念中国近代图书馆百年"，载《图书馆》2004 年第 2 期。

〔3〕 蒋永福、刘鑫："论信息公平"，载《图书与情报》2005 年第 6 期。

取各种信息，包括公平地享有社会文化资源、文明成果和知识信息。[1] 兰小媛认为，信息公平的研究经历了从早期的"信息分化"到"数字鸿沟"再到"公平获取"的发展阶段，信息公平的实质就是信息权利的平等和信息权利的实现。[2]

综上，可以得出：信息公平是基于公平的价值视角，针对信息社会中因信息技术和网络技术的广泛运用而产生的信息在个人、群体、族群、地区和社会各组织之间分配不公平与信息分化而提出的。信息公平是利用公平正义的标准促进信息社会信息的公平分配、平等获取和平等利用，以求解决技术所不能解决的问题，实现信息在社会成员之间公平合理分配，使包括残疾人、老年人和穷人等，广大弱势群体在内的所有人都能获得信息，促进社会和谐发展。其实质是信息权利的平等和信息权利的实现，倡导在信息资源的获取与分配过程中遵循以公平为主导的社会价值导向。信息公平包括信息权利平等、信息获取机会的公平、信息资源分配的公平、信息获取能力的对等和信息使用机会的公平等。信息权利的平等是信息公平的本质，信息获取机会的公平是信息公平的前提，信息资源分配的公平是信息公平的基础，信息获取能力的对等是信息公平的根本，信息使用机会的平等是信息公平的体现。[3]

（三）信息公平的理论基础

信息公平理念有其广泛的理论基础，在哲学领域，可从社会公平理论、罗尔斯的正义论、普遍受益原则得以解读；在法

〔1〕 肖希明、小亮："和谐社会中的信息公平制度"，载《图书馆论坛》2006年第6期。

〔2〕 兰小媛："信息公平研究"，华东师范大学2007年硕士学位论文。

〔3〕 唐思慧："信息公平及其产生的背景研究"，载《图书与情报》2008年第5期。

学层面，可从人权、知情权、参与权和信息权利等方面得以注解；在经济学角度，信息不对称理论与阿玛蒂亚·森的公平分配思想等亦可给予其理论支撑；在信息学领域，信息共享理论同样可给予其理论解释。

1. 哲学基础

社会公平理论、罗尔斯的正义论和普遍受益原则等从不同角度为信息公平提供了哲学和伦理依据。

（1）社会公平理论。

20 世纪 60 年代后期，以弗雷德里克森为代表的"新公共行政学"发展了社会公平理论，认为经济和效率不是公共行政的核心价值，社会公平是现代公共行政发展的核心价值，主张将"效率至上"转为"公平至上"，强调将公众的需求作为行政组织存在与发展的前提和行政组织设计方案应遵循的目标。[1]美国学者罗伯特·B. 登哈特（Robert B. Denhardt）认为，公平包括平等感与正义感，具体而言，公平的重点就在于纠正现存社会价值与政治价值分配过程中的不平衡。[2]强调社会公平，要求对那些处于不利地位的人给予更多的福利，更注重社会公平，给予妇女、少数民族、残障人士等社会弱势群体公平待遇。

2005 年，胡锦涛在"省部级主要领导干部提高构建社会主义和谐社会能力专题研讨班上的讲话"中明确提出，社会公平包括权利公平、机会公平、规则公平和分配公平等。其中权利公平是社会公平的核心，机会公平是实现权利公平的前提，规则公平是社会公平的制度保障，分配公平是社会公平的具体评

---

〔1〕 李冠军："中国信息化趋势报告六十一：电子政务公共服务的理念、创新及其发展"，载《中国信息界》2007 年第 2 期。

〔2〕 ［美］罗伯特·B. 登哈特：《公共组织理论》（第 3 版），扶宋茂、丁力译，中国人民大学出版社 2003 年版，第 13 页。

价标准和归宿。[1] 党的十七大报告中也明确提出逐步建立以权利公平、机会公平、规则公平、分配公平为主要内容的社会公平保障体系，切实维护和实现社会公平正义。[2] 十八届五中全会提出了"创新、协调、绿色、开放、共享"的发展理念。共享就是要让民众平等参与现代化建设、共同分享现代化成果，新技术环境下的信息领域更是需要通过构建共享机制，实现社会的公平。习近平在 2016 年 9 月二十国集团杭州峰会上指出："在新的起点上，我们将坚定不移推进公平共享，增进更多民众福祉。"[3] 公平是一种社会价值观念，属于哲学范畴。社会公平是指社会生活中每一个人都能有全面发展自己和获得自己正当利益的机会。社会公平是社会发展的一种理念，是人类不懈的精神价值追求，是人类自我解放、自我发展、自我完善的需要。[4]

实现权利公平是尊重和保障人权的体现，而人权涵盖了政治、经济、文化、社会以及环境资源等各个方面，涉及每个公民生存和发展的各项权利。因此，权利公平意味着社会成员平等地享有各项公民权利，切实尊重和保障每个人的政治、经济、文化、社会以及生态权益，让社会发展成果惠及全体人民。机会公平是指社会为每一个社会成员提供均等的生存与发展机会，

---

〔1〕 胡锦涛："2005 年胡锦涛在省部级主要领导干部提高构建社会主义和谐社会能力专题研讨班上的讲话"，载 http://www.southcn.com/nflr/jcck/200609270384.htm，访问日期：2016 年 12 月 11 日。

〔2〕 "十七大报告解读"，载 http://news.qq.com/a/20071122/001296.htm. 访问日期：2016 年 12 月 9 日。

〔3〕 习近平："坚定不移推进公平共享增进更多民众福祉"，载 http://news.xinhuanet.com/world/2016-09/03/c_129268288.htm，访问日期：2017 年 6 月 11 日。

〔4〕 袁洪英："政治哲学视野下的社会公平存在基础探究"，载《大连大学学报》2006 年第 3 期。

主要表现为社会成员平等地获得政治参与、资源利用、获得信息、接受教育和培训、劳动就业等方面的机会。虽然机会公平不一定必然导致结果公平，但没有机会公平就必定没有结果公平。对于心理、身体等方面有缺陷或相对较弱的人，社会应为其创造条件，使其能够享有与普通人相当的生存和发展的机会。规则公平与过程公平密切相关，是指社会运行的各项规则如法律法规、规章制度等具有合理性和统一性，符合社会经济发展规律，体现人民群众的愿望和要求。分配公平也被视为结果公平，体现着社会财富分配的合理性，是人们评判社会公平程度的直接依据。信息作为个人发展、参与社会生活和政治生活的必需品，保障每个公民的信息权利和平等获取信息的机会是我国社会公平建设中不可或缺的内容。

（2）罗尔斯的正义论。

罗尔斯的正义论包括两大原则：第一原则为自由原则，即每个人都应该在社会中享有平等的自由权利；第二原则为差别原则，即在社会资源进行分配时，首先应当坚持平等分配，如果不得不产生某种不平等的话，这种不平等分配应该有利于"最少受惠者"。[1] 自由原则是基本原则，差别原则是建立在自由原则基础之上的。公平是社会生活的最高价值，剥夺个人自由、歧视他人、以多数为名迫害少数或者坐视个人之间的命运差距，均有悖于正义的要求。

罗尔斯还提出了社会基本品（Primary social goods）概念。所谓社会基本品又称社会基本产品，是指每个人都希望得到的与个人的偏好无关的东西，如权利与自由、机会与权力、收入与财富等。这些东西同社会基本结构安排相联系，应该由社会

---

〔1〕 ［美］约翰·罗尔斯：《正义论》，何怀宏、何包钢、廖申白译，中国社会科学出版社2001年版，第305页。

制度进行调整。他认为社会基本品的分配必须符合差别原则，社会基本品的公正分配必须通过改善那些拥有较少基本品者的境遇来实现。[1] 随着信息社会的到来，信息成为一种竞争性资源，成为人们生活的必需品。根据罗尔斯的社会基本品的定义，信息也属于社会基本品的范畴，信息的分配可适用罗尔斯的差别原则，以此为依据可改善弱势者的信息获取环境以及对信息的占有状态，从而达到信息资源的公平分配。

罗尔斯正义论不仅为社会公众享有平等的信息获取权提供了理论依据，还为探讨信息的合理分配、信息无障碍等提供了理论依据。网络环境下，大部分的网站建设主要针对普通人，忽略了残疾人和老年人等弱势群体的特殊信息需求，为保障弱势群体的特殊信息需求，就必须依据罗尔斯的差别原则给予弱势群体以特殊待遇，才能保障公众的平等信息权利。

此外，罗尔斯在经济权利问题上的基本观点是正义优先于效率，为信息公平与效率之间的关系提供了理论依据。在当前社会中，人们通常认为效率应优先于公平，在电子政务建设的初期，提出信息公平理念有违效率原则。如果政府为满足广大弱势群体的信息需求，其投入产出将严重不平衡。因此，政府和社会倾向于先不考虑广大弱势群体的基本信息需求。根据罗尔斯的正义论观点，显然这种做法是不正义的。政府的投入应当为改善所有人的前景服务，如果只是为某一部分人的利益服务，而牺牲大多数人的利益，这样是不符合民主原则的。罗尔斯认为，当差别原则与效率原则两者矛盾时，正义应当优先于效率，效率原则在公平正义原则中处于从属地位。如果能提高社会

---

〔1〕　汪行福：《分配正义与社会保障》，上海财经大学出版社 2003 年版，第 79 页。

最不利者的利益，即使牺牲某些效率，也是符合正义的内涵。[1]

（3）普遍受益原则。

普遍受益原则是指社会发展要使所有成员都能得到实惠或利益，并且这种利益要伴随着社会的发展而不断增强或增加[2]，即社会成员能够持续不断地得到社会发展带来的好处。其目的是使广大社会成员受益，这在客观上要求建立一套相对公平的制约机制。普遍受益原则是社会公正、以人为本的发展观、公平与效率相统一的综合体现，它的确立使社会发展真正具有了归属性，为社会发展提供了巨大的驱动力。缺乏普遍受益原则，会造成社会财富分配的严重不均，破坏社会公平原则并降低社会整合程度，限制社会成员的潜能开发。[3]

从经济生活的角度分析，它体现着合理、公平分配社会物质财富、缓解或消除贫富不均的追求；从政治生活的角度分析，它含有通过调节和舒缓公众心理以达到社会安定、民心顺畅的追求；从伦理道德的角度分析，它代表了社会发展的道德准则和伦理规范，体现着社会发展的正义和公正追求。

普遍受益的主体应是正在参与或将参与社会发展活动的现实的或潜在的绝大多数社会成员。受益者的普遍性具有相对性，而非绝对性。普遍受益原则所提倡的精神应体现为一种良性趋向的选择性，为弥补事实上存在的不平等而努力，防止现实中条件和机会不均等所带来的负面影响，真正体现出受益对象为社会发展过程中的弱势人群，使社会系统保持一种普遍而积极

---

〔1〕 汪行福：《分配正义与社会保障》，上海财经大学出版社2003年版，第79页。

〔2〕 邱耕田、万峰峰："论社会发展的普遍受益原则"，载《求索》2001年第2期。

〔3〕 韩克庆、董建军、韩锋："普遍受益：中国社会发展的重要原则"，载《文史哲》1999年第6期。

向上的良好态势。作为普遍受益的施与物不应仅仅是收入、财产等物质性的东西，对社会成员来说，获得性机会平等也是普遍受益的重要内容。普遍受益原则是信息公平原则的思想渊源，信息公平是信息社会保障公众普遍受益的另一种表述。奥雷利奥·佩西曾认为，权利和收入必须在所有公民、集团和国家中得到更为公正的普及。该原则的解释必须是毫无偏见的，社会必须努力使这个体系能够提供所有利益——包括商品和公用事业——真正能够被所有人分享和支配。唯有如此才能保证每一个人都有一个公平合理的达到自己希望的机会。[1]

2. 法学基础

信息公平包括信息权利的平等，而信息权利的平等的主要理论渊源来自于人权宣言——倡导信息公平是对人权的尊重与保障。信息公平的提出还源于人们对信息自由的无限期望，源于公众对知情权与参与权的不断追求。

知情权与参与权是公众参与社会活动的基本人权，是与生俱来的权利。公众知情权与参与权对于公众的重要性不言而喻，知悉与其相关的重要信息并借此参与社会决策是公众生存与发展的必要内容与过程。如在政府信息服务的获取方面，公众对政府信息与服务平等获取与否，即公众知情权与社会参与的权利实现程度，往往对公民个人的发展、个人生活的质量和生活的水平有着巨大影响；特别是在经济、社会地位等方面存在巨大差异的情形下，保障公众知悉政府决策并参与公共决策，以获取平等发展的机会，是帮助弱势者摆脱其出身群体的局限，显著改善其生存状态，赋予公平竞争、向上流动的机会，减少社会性不公平的关键。这种关键作用不仅表现在直接的经济利

---

〔1〕〔意〕奥雷利奥·佩西：《人类的素质》，薛荣久译，中国展望出版社 1988年版，第 53 页、第 152 页。

益的分配上，还表现在个人的发展机遇及发展空间方面，以及个人的政治参与和民主表达等方面。因此，可以说对知情权与参与权的满足是维护人们作为独立主体的必然要求。

1948 年联合国将"信息权利"作为人权的一个方面写入了《人权宣言》。宣言第 19 条规定："人人有权享有主张和发表意见的自由；此项权利包括有主张而不受干涉的自由，和通过任何媒介和不论国界寻求、接受和传递信息和思想的自由。"[1] 2003 年 12 月 12 日在日内瓦召开的"信息社会世界高峰会议第一阶段会议"订立的《原则宣言》中提到，"每个人无论身在何处，均应有机会参与信息社会，任何人都不得被排除在信息社会所带来的福祉之外""我们要坚定不移地赋予穷人、特别是生活在边远地区、农村和边缘化城区的穷人，获得信息和使用信息通信技术的能力，使其借此摆脱贫困"。[2]

基于人们对人权的尊重，对知情权与参与权的追求，对信息获取权的不断努力，国际社会在追求信息公平方面已经达成基本共识，特别是在信息贫富差距日益拉大的情况下，保障弱势群体的基本信息权利的实现，缩小数字鸿沟，摆脱贫困，构建包容的信息社会已成为世界各国共同的愿望，也是各国政府努力追求的目标。

3. 经济学基础

数字鸿沟是信息不公平的主要问题之一，是人与人之间占有、使用信息的强烈不对称的表现。经济学领域著名的信息不对称理论为倡导和实现信息公平的必要性提供了理论支持，该理论是由美国三位经济学家斯蒂格利茨、阿克尔洛夫和斯彭斯

---

〔1〕《世界人权宣言（中文版）》，载 http://www.un.org/chinese/work/rights/rights.htm，访问日期：2016 年 5 月 23 日。

〔2〕《日内瓦——原则宣言》。

提出的，他们因此于 2001 年被授予了诺贝尔经济学奖。[1]

信息不对称，原本专指市场交易的各方所拥有的信息不对等，买卖双方所掌握的商品或服务的价格、质量等信息不相同，即一方比另一方占有更多的相关信息，处于信息优势地位，而另一方则处于信息劣势地位。在各种交易市场上，都存在不同程度的信息不对称问题。随着信息社会的到来，信息不对称概念不再局限于市场交易中的各方所拥有信息的不对等，而扩展到社会生活的各个领域。"信息不对称"中的"信息"除了包括经济信息，还包括社会信息、政府信息、科学信息和医疗信息等。

所谓信息不对称理论，是指由于社会分工的发展，专业化程度的提高和获取信息需求成本的增加，社会成员之间的信息差别日益扩大，这种日益扩大的信息差别意味着公众越来越处于市场信息的非对称分布中，信息拥有方为牟取自身更大的利益往往会使信息需求一方的利益受到损害。信息经济学认为，信息不对称造成了市场交易双方的利益失衡，影响社会的公平、公正原则以及市场配置资源的效率。

根据博弈理论，在信息不对称与不完全的情形下，正如"囚徒困境"所显示的，合作与集体理性难以发生。"囚徒困境"是博弈论里最经典的例子之一：两个嫌疑犯（A 和 B）作案后被警察抓住，隔离审讯；警方的政策是"坦白从宽，抗拒从严"，如果两人都坦白则各判 8 年；如果一人坦白另一人不坦白，坦白免于处罚，不坦白的判 10 年；如果都不坦白则因证据不足各判 1 年。

在这个例子里，博弈的参加者就是两个嫌疑犯 A 和 B，他

---

〔1〕　刘向荣："信息不对称理论及其意义——对 2001 年度诺贝尔经济学奖的评介"，载《新疆社科论坛》2002 年第 1 期。

们每个人都有两个策略，即坦白和不坦白，判刑的年数就是他们的支付。可能出现的四种情况：A 和 B 均坦白或均不坦白、A 坦白 B 不坦白或者 B 坦白 A 不坦白，这是博弈的结果。A 和 B 均坦白是这个博弈的纳什均衡。因为，假定 A 选择坦白的话，B 最好是选择坦白，因为 B 坦白判 8 年而抵赖却要判十年；假定 A 选择抵赖的话，B 最好还是选择坦白，因为 B 坦白不被判刑而抵赖却要被判刑 1 年。也就是，不管 A 坦白或抵赖，B 的最佳选择都是坦白。反过来同样，不管 B 是坦白还是抵赖，A 的最佳选择也是坦白。因此，A 与 B 最好的选择均是坦白，各判刑 8 年。在（坦白、坦白）这个组合中，A 和 B 都不能通过单方面的改变行动增加自己的收益，于是谁也没有动力游离这个组合，因此这个组合是纳什均衡。

"囚徒困境"反映了个人理性和集体理性的矛盾。如果 A 和 B 都选择抵赖，各判刑 1 年，显然比都选择坦白各判刑 8 年好得多。当然，A 和 B 可以在被警察抓到之前订立一个"攻守同盟"，但是这可能不会有用，因为它不构成纳什均衡。根本原因在于信息不对称与不完全，每个人无法知晓对方的选择与策略；反之，如果信息充分与完全，合作则是双方最佳选择，没有人有积极性遵守这个协定。

通常，信息不对称发生在市场交易前后会分别产生逆向选择（Adverse Selection）和道德风险（Moral Hazard）。逆向选择就是指交易双方拥有的信息不对称，拥有信息不真实或信息较少的一方会倾向于做出错误的选择。[1] 可见，信息不对称一方面损害了一部分的经济利益。从本质上来说，信息不对称就是信息在社会各群体和个人之间的不公平分配，导致了信息垄断

---

〔1〕 〔美〕约瑟夫·斯蒂格列茨：《信息经济学基本原理》（上），纪沫、陈攻、李飞跃译，中国金融出版社 2009 年版，第 216 页。

和信息寻租等现象的发生，进而严重损害他人的利益。信息不对称理论是对经济学领域中信息不公平问题的集中阐述，它为信息公平的研究提供了经济学基础，也为倡导信息公平提供了理论支撑。

经济学中除了信息不对称理论对信息公平具有重要指导意义外，经济学家阿马蒂亚·森（1998 年诺贝尔经济学奖得主）的相关研究成果，福利经济学成果如社会选择理论、对福利和贫穷标准的定义、对匮乏的研究等，也为对信息资源的合理分配，向贫困人群倾斜等补偿性公共政策的制定提供了理论依据。阿马蒂亚·森紧紧围绕分配问题中的普遍利益和社会成员中大部分贫困人口的特殊利益而展开，采用经济学与哲学及伦理学相结合的方法，研究经济问题及贫困问题，使其研究成果富有伦理性，并将其用于公共决策，认为公共决策的制定要紧密地围绕个体权利的范围，通过对不同个体福利的可用信息的分析，考虑最贫困者的状况，进而制定令更多人满意的政策。

4. 信息学基础

信息具有可传递性和可存储性等特征。随着信息记录载体的变革，信息不再受传统的物质载体的限制。随着计算机技术的发展，信息的二进制编码形式存在为信息网络传播奠定了基础。只要有网络的地方，信息就能被获取，信息的触角涉及世界各个角落，人们用"地球村"来形容当今社会信息传播的速度，在地球任何角落发生的事情可以几秒钟就传播到世界各地。信息的易于传播、易于复制和易于共享的特性，使得信息一旦产生，不仅不会随着信息的传递而消失，反而扩大了信息的覆盖面，为更多人所掌握。正如 Herb Schiller（赫本·席勒）所说，信息是一种社会物品，当公众能够自由获取并使用它时，信息就成为一种惠及整个社会的资源。[1] 基于信息的共享性，信息资源的公平合理配置更易于实现，信息公平的实现也具备了可行性。

综上所述，社会公平理论、罗尔斯的正义论和普遍受益原则为信息公平奠定了政治哲学基础和道德与伦理基础。因为严格而言，社会公平理论、正义论隶属政治哲学[2]范畴，具有浓厚的道德评判与价值色彩；人权、知情权、参与权等则为信息公平奠定了法律基础；信息不对称理论与信息共享论则为信息公平的实现进行了可行性的论证与提供了理论支撑。

（四）信息不公平的表现及成因

1. 信息不公平的表现

信息公平是人们面对信息资源的获取和分配过程所产生的价值期望。在人类社会进入信息社会之前，信息资源的稀缺性和竞争性尚未突出，因此那时人们对信息公平的需求也不那么强烈，信息公平问题尚未表现为一种"社会问题"。但是，随着人类社会逐步进入信息社会，信息资源逐渐成为越来越重要的、人们竞相争夺的目标资源，其稀缺性和竞争性骤然加剧，信息不公平与信息失衡的问题越来越严重。信息不公平的表现有以下几种：

（1）信息冲突。

信息冲突（information conflicts）就是由信息资源的稀缺性导致的对信息资源的争夺或竞争状态。[3] 进入信息社会，信息

---

〔1〕 Schiller, H. I. , *The privatization of information*, Mass Communication Year-book, pp. 537~568.

〔2〕 政治哲学是指用传统上用的思辨方法，从纯理论角度探讨政治的本质、目的和发展规律，具有浓厚道德色彩与价值色彩的政治研究。

〔3〕 张春春："基于信息公平的信息生态研究"，黑龙江大学 2010 年硕士学位论文。

成为最重要的生产要素，各社会成员根据自己生产需求，为了最大限度地获得和占有稀缺资源，社会成员之间由于竞争产生的对抗性加大，社会成员的行为倾向于非理性，非法竞争行为的可能性增加。社会成员的自私性导致相互不信任，因此出现了"囚徒困境"引发效率低下以及信息孤岛问题，信息冲突现象与信息的公共产品的特性相悖离。

（2）信息分化。

信息分化（information differentiation），又称为"数字分化"，它是指在当代社会信息化发展过程中，不同国家、不同地区、不同组织、不同群体、不同个体之间，由于其对信息技术、网络技术占有和应用程度的不同，以及信息接收、信息消化与知识创新能力的差异，而日渐显现和迅速显著的一种新的社会分化现象。[1] 信息分化有两层含义：一是作为一种社会存在状态的含义，"信息区隔""信息差距""信息贫富差距""信息的富有与贫乏"等，它表示社会中现存的一种信息差距；二是作为一种社会变化过程的含义，即"信息分裂""信息差距的扩大""信息鸿沟的加深"等，它表示社会中信息差距的动态扩大。[2]

作为社会存在状态意义的"信息分化"，是指在信息活动过程中，各类信息主体对于相关信息掌握的质与量的差异。信息富有者一方处于比较有利的地位，而信息贫乏者则处于不利的地位。从全球范围看，各个国家、一国内的不同地区在政治、经济、文化、科学发展水平、信息基础设施建设等方面的发展不平衡，不同群体在社会中面临信息机遇不等，致使信息不对

---

〔1〕　谢俊贵："'信息分化'刍议"，载《情报资料工作》2003年第1期。

〔2〕　谢俊贵："信息分化：一个信息社会学新概念的界定"，载《求索》2006年第1期。

称的程度日趋扩大。主要表现为：

第一，数字鸿沟。数字鸿沟又称为信息鸿沟，指信息富裕者与信息贫困者之间的巨大的信息差距，它产生于个人之间、行业之间、区域之间、城乡之间乃至于国家之间。莱利·欧文认为："所谓'数字鸿沟'，指的就是那种横在拥有连接新技术手段者与不拥有连接新技术手段者之间的差别。"[1] 美国国家商务部认为，在所有的国家，总有一些人拥有社会提供的最好的信息技术。他们有最强大的计算机、最好的电话服务、最快的网络服务，也受到了这方面最好的教育。另外一部分人，他们出于各种原因不能接入最新的或最好的计算机、最可靠的电话服务或最快最便捷的网络服务。这两部分人之间的差别，就是所谓的"数字鸿沟"。处于这一鸿沟的不幸一边，就意味着他们很少有机遇参与到我们以信息为基础的新经济当中，也很少有机遇参与到在线的教育、培训、购物、娱乐和交往当中。[2]

由于大数据、云计算等新技术的快速发展与广泛应用，以信息获取能力的实质不公平为特征的数字鸿沟日益发展为信息主体在数据挖掘、分析与再利用能力的差异，对弱势群体而言，基于技术的数据控制、处理能力的欠缺，使其将静态的信息转为价值增值的有效数据或商业秘密成为短板势成必然。正因如此，信息鸿沟日益向数据贫困的趋势发展。

第二，信息垄断。信息垄断是指信息资源被不合理地专用或独享的信息配置状态。"信息"从其本性来说不同于"物质"，

---

[1] 胡延平编著：《跨越数字鸿沟：面对第二次现代化的危机与挑战》，社会科学文献出版社2002年版，第179~265页。

[2] 曹荣湘："数字鸿沟引论：信息不平等与数字机遇"，载《马克思主义与现实》2001年第6期。

物质产品一旦为某人所占有就不能为另外的人占有，即不能"共享"；而信息则可以同时为不同的人所"共享"，并且共享的人越多，该信息所产生的价值就越大，这也是信息在文化意义上所表现出来的一种特征或"内在要求"，从信息的这一"本性"或价值最大化的要求来说，信息产品被生产出来后，如果免费无偿提供给需要它的所有人，就可以在尽可能多的人中被使用从而实现其最大的价值。可见，信息的"有偿使用"或"信息垄断"与信息价值的最大化实现之间无疑在某种程度上形成了矛盾。[1] 当大量公开性的、社会性的信息被少数利益集团独占时，信息垄断将阻碍社会的进步和发展。

第三，数据霸权。数据霸权主义是指发达国家利用其在信息产业领域的优势地位，对在信息产业领域发展相对落后的国家实行文化渗透和产品倾销甚至随意"窃取"他国的机密信息，从而在"信息战"中居于绝对优势的地位，"棱镜门"事件所反映出来的就是这一事实。

作为变化过程意义的"信息分化"指的是信息差距变大的过程与态势。由于"先发优势"，当前的发达国家通常信息技术发展成熟，云计算、大数据等信息技术发展程度较高，信息财富更多地掌握在这些国家的手中；这些国家同时还是游戏规则的制定者，制定了各种法律和制度来保护自己所掌握的这些信息财富，使其被"合法地垄断"起来；而发展中国家如果要使用这些信息，就必须付出高额的费用，这一切都使得国际社会信息分化加剧。

信息冲突和信息分化的恶性结果就是造成信息社会的失序，即信息不公平现象的凸显。信息不公平现象愈演愈烈，反过来

〔1〕 肖峰、张坤晶："信息悖论与社会制度问题"，载《理论视野》2013 年第 7 期。

提醒人们开始注意信息公平问题的重要性。2000 年 7 月在日本冲绳召开以"全球信息问题"为主题的西方八国首脑会议，会议通过的《全球信息社会冲绳宪章》就特别强调了消除数字鸿沟、共同建设公平的全球信息新秩序问题。[1]

2. 信息不公平的成因分析

（1）信息资源配置的结构维度。

信息资源的结构配置，是指信息资源在不同的地区、行业之间的分布。可以通过分析我国信息资源配置结构状况，找到我国信息公平实现的障碍因素。

东西部结构。由于我国人均 GDP 呈现从西到东升高的态势，因此可以用东西部结构代表经济发达地区与经济不发达地区信息资源分配。因为信息产品和服务的获取和使用不仅需要一定技能，也需要支付费用，这导致经济不发达地区人群处于弱势地位，也就是数字鸿沟的负极。鸿沟负极的人群在面临数字贫困挑战的同时，也极容易陷入传统贫困的窘境，"穷者越穷，富者越富"的马太效应将其阶层固化。而雪上加霜的是，部分人群对信息诈骗的辨识度也相对较弱。《2016 年中国电信诈骗形势分析报告》显示，中国自东南至西北，用户对电信诈骗的识别能力逐渐减弱，东部用户的识别能力平均要高于西部用户，南方用户的识别能力平均要高于北方用户，且大数据显示全国只有上海、北京、香港三地实现了平均"20 秒内辨真伪"。[2]一般来说，一个国家或地区经济越发达，信息资源基础设施建设投入越多，信息资源就越丰富；经济越落后，信息资源就越贫乏。分享信息技术发展带来的红利最基础的要素是信息通信技术基

---

〔1〕 蒋永福、刘鑫："论信息公平"，载《图书与情报》2005 年第 6 期。

〔2〕 周向红、王琳："数字贫困维度分析及基于跨越视角的减贫策略"，载《中共浙江省委党校学报》2017 年第 2 期。

础设施覆盖（包括数字化资源质量和数量）。经济发展水平是制约公民信息公平权行使的首要因素。

城乡结构。在城乡二元体制下，尽管城乡经济发展的差距在缩小，但信息分化程度随着信息技术的发展而加大，已然成为不争之事实。首先，在农村信息基础设施的占有率上，解决数字鸿沟的基础条件（如计算机与网络的普及范围）处于相对较低的水平，远落后于传统信息工具（如电视与手机）的覆盖率；其次，从信息资源内容来看，新闻、电视剧、综艺节目为农民消费时的主要选择，农民的信息消费内容仍停留在生活娱乐信息的基本消费阶段，尚未对农民生计、生产产生有力的影响。最后，从信息传播渠道来看，虽然广播电视已成为农民主要的信息渠道，但与农业生产相关信息的传播在受众比重上仍不足，质言之，农民生计相关的信息传播渠道仍停留在传统的人际关系中。

（2）信息社会规则维度。

公平的信息制度对保护信息生态系统的平衡起着决定性的作用。所谓公平的信息制度，实际上包括了平等获取信息以及信息公平分配的制度。

第一，信息获取制度层面。信息获取制度，是指通过制度安排保障公众获取信息机会的公平，包括政府如何"给"信息和公众如何"得"信息两个方面，即政府信息公开问题和信息扶贫问题。从实质上说，政府信息属于公共信息资源，除了涉及国家秘密的信息，其他的信息都应被公众知晓。美国是法治程度较高的国家，十分注重公众的公共信息权利，强调公众对政府的有效监督。美国早在 1966 年就颁布了《信息自由法》，第一次在成文法中明确了公众享有获取政府信息的权利。公民只要指明所需要的信息，按照政府规定的程序，缴纳一定的费用，就能得到政府信息。如果行政机关拒绝提供信息，当事人可以提起诉讼，请求法院命令行政机关提供当事人所需要的信息，而且诉讼费用由政府负担，并可以对违法拒绝提供信息的官员进行行政处分。[1] 1996 年美国对《信息自由法》进行第三次修正，即《电子信息自由法修正案》，增加了对电子信息的自由获取权的规定，同时要求政府机构必须提供进入政府数据库的渠道，确保公众能够更快捷地获取政府信息。这为公众通过信息通信技术等手段获取政府电子信息提供了法律依据。除了《信息自由法》以外，美国图书馆与信息科学全国委员会（NCLIS）于 1990 年发表了行业规范《公共信息准则》，进一步明确公众享有公共信息获取权，并提出了 8 条政府信息资源管理准则。美国《信息自由法》和《公共信息准则》分别从法律和行业规定的角度赋予了公众平等的公共信息获取权利，在规定政府信息的公开义务与操作规程的同时，赋予公众对政府信息的知情权。[2] 我国虽然于 2008 年 5 月 1 日起开始施行《中华人民共和国政府公开条例》，但与美国相比，尚未形成完善的公民信息获取权的保障制度。

信息扶贫如同对物质匮乏的群体实施救助一样。在信息社会，信息贫困也是需要救助的重要方面，即保障信息弱势群体的信息获取。农民是我国社会经济领域中人口比重最大的弱势群体，相较于其他弱势群体，农民在经历信息化和信息社会的变革过程中，陷入信息"边缘化"困境的状态要更为恶劣和持久。许多偏远的山村至今还没有接入互联网，而另一些发达城

---

〔1〕 陈琳、罗力可："美国政府信息公开政策的启示"，载《图书馆》2006 年第 6 期。

〔2〕 唐思慧：《电子政务信息公平研究》，上海世界图书出版公司 2011 年版，第 100 页。

市已经开始普及无线上网，农村人口与城市人口的技术差距很大。群体之间产生"数字鸿沟"的主要原因是农村接入网络的技术设备和基础设施差距较大。1996年以后，美国通过普遍服务政策让越来越多的人能用得起因特网，普遍服务政策就是为了促进落后的、偏远的、贫困的或欠发达的地区信息基础设施建设，设计一套合理的集资办法，在透明、公正的条件下，通过恰当的方式让企业为此承担一定的义务。而中国政府尚未制定类似的政策。[1]

第二，信息分配制度层面。信息分配制度是用来保证信息资源在信息人之间得到合理分配，不偏袒任何一方。不同的信息人对信息资源的需求不尽相同，信息资源的分配不可能完全均等，也不应该平均化。如美国除保障一般公众的信息权利外，对残疾人等弱势群体的信息权利也非常重视。针对政府信息的网络传播，美国政府在1998年《康复法修正案》的第508条中明确要求自2001年6月起所有联邦机构网站实现无障碍访问，且要求所有公共机构及政府资助的机构都必须提供信息无障碍的设备。我国对残疾人信息权利的保障规定内容较少。信息垄断、信息霸权、信息壁垒等因素会扰乱信息市场的有序竞争，最终破坏信息生态的良性循环。

（3）信息人主体能力维度。

信息社会，不同信息人对信息的需求不同，以及自身信息能力的差异，导致信息自决与信息获取能力程度不同。一般而言，信息能力优势的一方在信息获取与使用方面具有竞争优势，从而能够获得更多的稀缺资源。因此，信息能力便成为重要的

---

〔1〕 邵培仁、张健康："关于跨越中国数字鸿沟的思考与对策"，载《浙江大学学报（人文社会科学版）》2003年第1期。

竞争工具和竞争利益。[1] 信息能力（Information Literacy），有学者也将其译为信息素养，在20世纪70年代被提出。信息素养由信息意识、信息知识、信息能力和信息伦理等组成，其中信息能力是信息素养的核心。通常情况下，信息能力与信息素养二者可互换，但从严格意义上说，二者并非同一概念，在内涵与外延上均有差异。其区别在于：信息能力更强调实际操作技能；信息素养则更强调文化底蕴，是传统文化素养的延伸和拓展，其范围较广。

通说认为信息能力具体包括：①运用信息工具的能力。能熟练使用各种信息工具，特别是网络传播工具，如计算机及相关软件的使用能力和网络的使用能力等。②获取信息的能力。能根据自己的需要有效地收集各种资料与信息，能熟练地使用获取信息的方法。③处理信息的能力。对检索到的信息能进行分析并能对其信息的权威性、可靠性和有效性进行评价，有学者还提出信息免疫概念，即能自觉地抵御和消除垃圾信息和有害信息的干扰和侵蚀，并且有合乎时代的信息伦理素养。④生成与创造信息的能力。在信息搜集的基础上，能准确地概述、综合改造所需要的信息，并充分发挥创造性思维，创造新信息。⑤应用信息解决问题的能力。在掌握上述能力的基础上，养成用于解决问题和与他人进行信息协作的能力。[2]

从世界各国信息能力的教育与培养的情况来看，仍有部分公众不具备基本的信息能力，即信息弱势群体，其信息能力表现为：①信息意识差。敏感的信息意识即敏锐的信息洞察力，

---

〔1〕 吴伟光："大数据技术下个人数据信息私权保护论批判"，载《政治与法律》2016年第7期。

〔2〕 唐思慧：《电子政务信息公平研究》，上海世界图书出版公司2011年版，第100页。

能迅速从周围社会捕捉信息，重视各种信息的利用。信息弱势群体在总体上具有封闭的特点，由于长期生活工作在一个相对封闭、贫困的环境中，接触的信息数量少、质量差、范围狭窄，长此以往就形成了不重视信息作用的习惯。②信息获取能力弱。信息获取能力即通过多种渠道从社会获取各种有用信息的能力。目前，社会上主要的信息获取渠道包括政府或非政府部门的公开信息发布、广播电视、报刊等印刷型出版物、互联网络、人群之间的私相传递等。一般由于经济原因或文化知识水平较低，信息贫困者更倾向于政府和私人传递两种渠道获取信息资源，但政府公开的信息渠道信息量有限，私人渠道信息质量不高，局限性较大，真假难辨。因此，贫困公民获取信息的能力总体上较差。③信息分析与鉴别能力差。信息分析与鉴别能力即能够做到批判性地分析信息、鉴别信息，从获得的大量信息中分析出有价值的、真实的信息，剔除无价值的和虚假的信息。这需要相当的文化素质和信息分析鉴别能力和经验，才能从大量的信息中选择、分离出有用的信息。④信息组织能力低。信息组织与整合能力即将获得的众多信息分门别类地组织起来为己所用，使信息转化为资源，产生价值。贫困公民往往长期从事直接的体力劳动或单一的技术性较低的封闭性工作，缺乏接触周围社会的机会和从周围社会获取信息并使用信息的经验，多数人对作为原始状态的信息只能做简单的组合，而缺乏对其进行真实性和完整性加工组织的能力。⑤信息利用能力弱。信息的价值在于利用，在获得有用的信息后，应使用这些信息以改变自己的生活处境或开创自己的事业。由于利用信息往往需要一定的资金和技术基础，或需要个人做出比较困难的抉择，而信息弱势群体的大多数人缺少资金、文化知识、社会人际资源、熟练地应用技术等，更缺乏相应的信息能力，从而难以把握机会、创造机会。

社会学学者谢俊贵等基于湖南信息分化调查及相关资料，对信息弱势群体的人口特征即信息弱势群体的生理特征、性别特征、社区特征、文化特征、职业特征、身份特征、经济特征做了详细的分析，将信息弱势群体分为七大类别，即残老人口、女性人口、农村人口、低文化人口和差就业人口、低身份人口和低收入人口。[1] 通过对"信息弱势群体"数字化贫困的归因研究，我们可以发现：用户数字化动机与实际接入行为之间存在着相互强化，持续循环的关系。由于生活情境与信息需求的限制，"信息弱势群体"通常存在接入动力不足的问题。在这种生产生活环境单一，信息密集度低的条件下，个体一般不会选择接入数字化设备，不能打破长期以来形成的低水平的均衡状态，丰富化信息实践设备与技能的接入不足会反向扼制用户接入数字化设备的动机，引起进一步的数字化接入萎缩，导致数字鸿沟进一步扩大。

三、信息公平与人类社会

(一) 权利保障：信息公平促进个体的自由

人类社会已进入信息社会，人们不断挖掘信息资源的价值，在追求利益、实现价值的过程中，信息资源的稀缺性日益凸显，各种竞争不可避免且日益加剧，竞争的排他性使得信息主体在争夺个人利益时与他人利益形成冲突，甚至会对社会发展造成严重的影响，由此引发"信息权利"问题。如何保障信息人的

---

〔1〕 谢俊贵、周启瑞："我国信息弱势群体的人口特征分析——基于湖南信息分化调查及相关资料"，载《怀化学院学报》2007 年第 4 期。

信息权利，"信息公平"起到了启示的作用。[1] 信息人的信息权利在信息活动中主要体现在信息的获取和分配上——信息获取机会的公平和信息资源配置公平，这也是信息公平的主要研究内容之一。信息获取机会的公平主要是指信息人在获取信息的过程中获取资格平等，所有信息人在法律允许的范围内都有获取相应信息的权利和自由。信息资源配置公平是指在信息资源在信息人之间分配时能够得到合理的安排，但不是意味着信息平均分配，而是强调信息人对信息资源的"各取所需"和"所需能取"的一种状态。信息公平反映了社会管理者把信息资源视作一种能够计量的事物，并依据其价值在所有公民中进行公平分配，每一位公民在上述过程中均应被赋予被平等对待的权利。[2]

信息公平意味着公众（特别是处于偏远地区的穷人以及存在身心障碍的人士等）平等融入信息社会、享受信息技术所带来的益处。信息人获取和使用信息能力的强弱等级，直接影响着信息人的发展。信息作为现代社会最基本的范畴，同时也作为一种财产，为公众提供发展的机会，公众的信息拥有量的多寡及可能获取信息的能力是社会成员平等发展的最基本要求。在这个意义上，平等获取信息的权利与基本权利一样属于基本人权的范畴。无视公众对信息的需求，忽视公众获取信息能力较大程度上影响公众基本人权的实现。

从个人发展的角度来看，信息知情权和信息获取权是保障公民获得与自身休戚相关信息的前提，也是参与社会公共决策

〔1〕　白娟："新媒体环境下的'信息公平'探究"，载《赤峰学院学报（自然科学版）》2014 年第 10 期。

〔2〕　李秋枝："基于信息公平的公共图书馆公民阅读权利保障策略研究"，载《河南图书馆学刊》2015 年第 11 期。

的基础。如果社会信息公平不能实现，将会严重减损公众知情权和信息获取权，妨碍此种基本人权的实现，使相关公众缺少应有的发展机会，面临被社会排斥和边缘化的威胁。

信息公平理念要求：通过消除城乡信息基础设施分布的不均匀与东中西部地区经济发展的不平衡，有目的地缩小公众在获取信息方面的差距；保障公众知情权和参与权，实现人与人之间在信息获取与使用上的平等，促进社会公平的实现。

信息公平的实现，需要借助政府为信息弱势群体创造有利条件，为其享受信息化发展所带来益处铺就道路。因此，从某种意义上说，信息公平推动公共服务均等化，对处于偏远贫困地区和身心障碍的人士而言，是保障其基本人权实现的重要途径。

（二）资源共享：信息公平促进社会福祉的增进

英国社会学家吉登斯认为，社会排斥指个体有可能堵塞参与社会的渠道，是造成新的不平等的根源。[1] 社会排斥的出现与社会整体发展水平有关。在原先穷而平均的社会中，社会排斥并不是突出的问题。正如美国学者 Anthony G. Wilhelm（安东尼·G. 威廉）所言，我们一味地追求经济快速增长与物品价格低廉使我们丧失了社会公平理念，现在是我们重新找回社会公平理念的时候了。[2] 在信息社会，信息排斥将严重影响个人的发展，阻碍个人享受社会发展带来的各种福利。现代社会，"信息竞争"现象已经屡见不鲜，信息作为一种重要的战略资源，部分人获取到足够的信息进而得到利益，就表明其他人在丧失

---

〔1〕 ［英］安东尼·吉登斯：《社会学》（第4版），赵旭东等译，北京大学出版社2003年版，第409~413页。

〔2〕 Anthony G. Wilhelm, *Digital Nation: toward an inclusive information society*, Cambridge, Mass.: MIT Press, 2004, p. 184.

部分利益。知情权和获取信息的权利作为基本人权，是人们实现自我良好发展的关键。但信息不公平将导致社会福利只被信息富集者占有，信息贫困者将继续处于信息贫瘠的境地，长此以往将导致"马太效应"的扩大，最终出现信息的"两极分化"。

信息公平的价值论意义就在于通过规则的制定，促进信息主体利益的合理实现。[1] 信息不公平问题导致信息弱势群体得不到社会的重视，在许多方面成为游离于社会发展主流之外的一个特殊阶层，且得不到应有的信息资源和条件，进而丧失在社会发展中的基本话语权，逐渐被边缘化，成为引发社会发展不稳定的力量。另一方面，信息不公平导致信息断裂，社会阶层的严重分化，引起社会结构之间的冲击，破坏原有稳定的社会结构，造成社会动荡，影响和谐社会的构建。

信息公平是一种社会公正理论，它的含义是社会发展所取得的信息资源对于绝大多数的社会成员来说具有普遍共享的性质，即为了"公益"而充分开发利用信息资源的"共享性"。信息资源的共享性开发可使社会成员更为方便地取得所需的信息资源，降低民众作为信息主体的信息使用成本（包括信息资源开发成本和信息资源交易成本），从而降低开发利用信息资源的社会总成本，使信息资源配置最优成为可能。

信息转化成一种能够被量化的"公共物品"，在社会大众之间进行公平分配。从根本上说，社会的公共信息资源是人类的共同财富，理应由全人类共享。基于信息公平的数据信息共享对公共利益的贡献要比"信息竞争"机制所产生贡献效率更高，大数据技术使得信息共享与社会福祉增进的关系更为密切。

---

〔1〕 王株梅："信息公平的本体论研究（一）——论信息公平的内涵、原则及具体表现"，载《山东图书馆学刊》2009 年第 5 期。

四、信息公平原则

（一）差别性原则

信息公平并不意味着对信息进行平均分配，而是将信息在不同主体间进行公平分配，实现"各取所需，所需可取"的状态。因此，信息分配的差别原则是信息公平的一项重要原则。信息群体的不同，信息公平必须以差别为前提，如对残疾人士信息获取方式与传播途径的差别化待遇；对西部信息基础设施建设的财政扶持，以及专门针对农村居民的信息化培训等。信息公平要求在特定的标准下消除差别，但只有保持对不同群体的差别化待遇，才可能消灭信息获取的差距，实现信息公平，实现社会的平等与正义，所以差别性原则是信息公平的首位的基本原则。

（二）历史性、客观性原则

历史性原则，是指信息公平是历史的，其内涵随着经济发展水平与社会结构的发展而变化。农业社会的土地是农业社会发展的主导因素；资本是工业社会发展的主导因素；在信息社会，信息成为社会发展的主导因素。信息社会背景下，信息公平的内涵不同于农业社会与工业社会。农业社会时期信息不是生产和生活的必需品，信息公平处于混沌状态；工业社会信息逐渐被人们所重视，信息公平概念处于萌芽阶段；信息社会信息已成为生产要素，信息关系到个人、企业乃至社会的发展。信息社会信息公平的实质是信息权利的平等和信息权利的实现，在信息资源的获取与分配过程中追寻以公平为主导的社会价值导向成为必然。

信息公平的客观性原则，是指信息公平的评判标准是客观的，是与一定的经济、社会发展水平以及个人的具体条件相适应的。国家与国家、地区与地区之间要考虑到国家、地区的经济发展状况，不能以主观标准或是简单套用非本土化的标准来评价信息公平的状态，应根据地域差的客观状况，采取合理客观的标准对信息公平进行评价。

（三）信息自由原则

信息自由，是人类的自由理想在信息活动领域的体现，也是人类借助技术的手段在合法的限度内自由地进行信息活动的一种理想状态。大数据技术使得信息的流动变得更加自由，更加符合信息自由不受或少受外力限制的情况下进行信息活动的要求。具备相应的数据信息能力与获得社会所赋予的数据信息权利是信息个体处于信息自由状态的决定性条件。自由强调的是免于强制，权利强调的是不被侵犯。大数据技术下信息自由原则强调的公民的信息权利需要公权力予以保障，也是要求作为数据控制者的公权力部门克制公权力对权利领域的天然的扩张性。保障公民在法律的许可范围内充分享有信息自由的权利，是实现信息公平的最基本的前提条件。

（四）信息平等原则

人们所追求的平等，主要指的是权利平等、机会平等和分配尺度平等，而不是结果平等。信息平等，是指在信息社会中获取信息、利用信息活动中所处的权利平等、机会平等和分配尺度平等的状态。在大数据时代，信息权利平等是指通过规则的制定与制定的安排，设置权利制度，打破技术的垄断，保障信息面前实质上的人人平等，不因其民族、种族、性别、职业、社会出身、宗教信仰、居住期限、财产状况、政治态度和政治面貌的不同而有所差别。信息机会平等，主要是指信息获取机会的平等，即指社会上的所有信息资源和信息服务都应该无差别的向公众开放和提供，打破教育程度、职业领域以及经济差别的壁垒，实现无条件无差别的信息获取方面的公平。信息分配尺度的平等，是指在信息资源的配置和信息服务的提供过程中对所有需求者一视同仁，而不采取强行的区别或歧视性对待。

第2章
新技术发展对信息公平机制的影响

一、信息技术的变革及其对信息公平的影响

（一）信息技术历史发展概述

信息技术是推动人类文明与社会进步的重要力量。美国学者阿尔温·托夫勒在《第三次浪潮》一书中将人类文明分为三次浪潮：第一次是人类从原始渔猎社会过渡到农业社会的农业文明浪潮；第二次是工业文明浪潮；第三次则是以电子计算机为工业文明输入智慧的信息文明浪潮。[1]

1. 农业文明时代信息技术的发展

在人类社会进入农业文明之前，火的制取以及文字的产生是这一时期人类信息技术发展史上的重大进步，其促进了人类传递和获取信息的能力。农业文明时代，造纸术和印刷术是信息技术发展史上最具革命性的发明，极大地改变了传递和交流信息的方式，使信息传递步入向社会范围扩展的阶段。一方面，造纸术的出现和应用使人类社会通过纸质媒介来传递信息成为可能；另一方面，印刷术的发明和应用则大大增加了纸质媒介传递信息的数量，提高了纸质媒介传递信息的速度，并且使信

---

〔1〕 〔美〕阿尔温·托夫勒：《第三次浪潮》，朱志焱、潘琪译，北京三联书店1983年版，第76页。

息传递的时间和空间界限进一步得到扩展。[1] 印刷术的发展、应用大幅降低了信息传递的成本，但因此对版权保护带来挑战，一定程度上推动了版权制度的变革。由于作品附载了信息，对作品的使用意味着数据信息的使用，在很大程度上，技术的发展进步实质性改变了数据信息的利用方式，这打破了信息主体与作为使用者的公众之间的利益平衡。

2. 工业文明时代信息技术的发展

18 世纪 60 年代蒸汽机的发明标志着工业时代的到来。蒸汽动力与传统技术的结合使印刷业发生了巨大的改进，电报机的研制成功意味着人类以电流方式传递信息的划时代开始，但电报传输电文采用的编码技术程序较为复杂，对信息传输速度产生了较大的影响。电话机可以直接通过语言来传递和交流信息，省去了电报译码的中间环节，较大地提高了传播效率。广播、电视的发明实现了无线电和光电效应在信息传输技术上的突破，电视技术使信息在同一时间内多维度、多主体传递成为可能，同时能够大幅提升信息传递效果。

在工业文明时代，从电报机、电话、海底电缆到整个太空布满的电波信息网，信息的社会化日益影响了人们的信息传播方式、工作方式与思维方式。在一定程度上，工业文明时代深深刻上了人类信息活动的烙印。这些变化推动了著作权法中的广播权、播放权、信息网络传播权等权利的产生，其中蕴含著作权人（多为数据控制者或信息主体）与公众使用作品之间的冲突与平衡。在此意义上，著作权法就是对数据客体的控制与反控制、使用与限制。

---

〔1〕 陈玉和："信息技术的历史演变及对经济社会发展的影响研究"，载《未来与发展》2014 年第 1 期。

3. 信息文明时代的信息技术的发展

信息化社会的技术发展主要可分为三个阶段：计算机（PC）时代、互联网时代和大数据时代。这种分类的主要依据在于各自驱动力的不同：计算机解决的是数据计算问题，互联网解决的是数据传输问题，大数据则是在此基础上用数据化的方式来解决人类生存发展所面临的各种问题。[1]

第一台电子计算机系 1946 年由美国国防部组织的计算机研制小组耗时 3 年完成，而后电子计算机技术不断成熟和发展起来，20 世纪 50 年代至 80 年代晚期，计算机主要是用于科学计算和数据处理，在这一时期，计算机数据存储和处理技术经历从电子管、晶体管、集成电路和大规模集成电路的发展。1981年 10 月，IBM 推出首款个人计算机，个人电脑推出的 5 年时间里使计算机产业发生了巨大变革，而计算机产业的发展促进了个人电脑在商业领域的应用以及向普通公司扩展的进程，形成了一个全新的纵向整合的 IT 信息产业。

1962 年，美国计算机的专家提出了"网络"的概念。1969年，在美国国防部国防高级研究计划署的资助下，阿帕网（AR-PANET）诞生，当时 4 台计算机采用专门的交换机和通信线路互联。1972 年，开始有成千上万的早期网络用户开始使用电子邮件作为通信工具。1974 年，TCP（传输控制协议）和 IP（因特网协议）问世。1980 年，世界上存在着除了采用 TCP | IP 协议的阿帕网外，还有很多使用其他通信协议的网络。为使这些网络能互联互通，美国人温顿·瑟夫提出了网络和网络之间通信时使用 TCP | IP 协议，最终带来 Internet 的诞生。

在 20 世纪 90 年代中后期，互联网开始普及，随后各路资本

---

〔1〕 谢文：《大数据经济》，北京联合出版公司 2016 年版，第 5 页。

涌入互联网，互联网基础设施进一步完善、Web2.0 概念的出现与应用、电子商务的发展、电子政务的普及、云计算、无线网络以及物联网的出现等，无一不说明互联网的应用在广度和深度上的"量"变引起了信息社会的"质"变。[1]

互联网引发的信息爆炸积累到了引发变革的程度。天文学、基因学等学科在经历信息爆炸后，逐渐意识到"大数据"这一概念。知名咨询公司麦肯锡提出"大数据"概念，将其定义为：大数据是大小超出常规的数据库工具获取、存储、管理和分析能力的数据集，同时强调，并非一定要超过特定 TB 级的数据集才能算是大数据。[2] 关于大数据的特征，有早期的"3V""4V"说法到现在的"5V1C"等，"5V1C"说为通说，即大数据时代数据呈现的大量（Volume）、高速（Velocity）、多样（Variety）、灵活（Vitality）、价值（Value）和复杂（Complexity）的特点[3]，因为分析对象不是随机样本，而是全体样本，不再过分执着于精确度，不再强调因果关系，而是通过数据的收集、整理、挖掘和分析，厘清数据之间的相互关系。大数据的核心是预测，数据可以从最不可能的地方提炼出来，将云计算技术与数据挖掘技术有机融合，实现海量数据的快速分析、计算、存储等一系列操作，使得数据挖掘工作的效率与质量均能够得到大幅度提升。[4]

大数据浪潮绝对是信息技术领域革命带来的，其中最重要

---

〔1〕 赵衍：《互联网时代的信息安全威胁个人、组织与社会》，企业管理出版社 2013 年版，第 15~16 页。

〔2〕 方巍、郑玉、徐江："大数据：概念、技术及应用研究综述"，载《南京信息工程大学学报》2014 年第 5 期。

〔3〕 何清："大数据与云计算"，载《科技促进发展》2014 年第 1 期。

〔4〕 周戈："云计算时代下数据挖掘技术的应用分析"，载《数字技术与应用》2017 年第 3 期。

的变化是数据的占有、控制、传播及其利用方式，使得数据在信息主体、数据控制者、数据处理者、企业之间、国家之间的数据失衡，其中在个人层面表现为个人数据的泄露、数据私权保护与数据安全遭受严重挑战；在企业层面则表现为基于数据收集、挖掘与利用的信息垄断与商业秘密保护的新挑战；在国家层面则体现为数据强国与数据弱国基于数据跨境流动控制的数据霸权。总体上，数据技术进步带来信息失衡的恢复、信息公平的重构，在全球范围推进透明政府、加速企业创新、引领社会变革，实现大数据、云计算等技术环境下数据有序、高效流转。

（二）技术变化与法律制度变迁的辩证关系

自 1946 年世界上第一台电子计算机问世以来，信息对整个社会的影响日益提升。伴随着计算机的普及，人类进入信息时代，信息技术步入飞速发展的黄金时期。由于计算机语言的全数字化，信息获取、传递、处理技术的本质性变化，衍生出数字化信息时代这一称谓，而信息数据的井喷式增长、数据处理的巨量需求进一步催生了大数据与云计算等新技术的发展应用。云计算技术作为新兴的互联网应用模式，不仅改变了现有商业模式与管理模式，也带动了物联网、智能电网、电子商务等诸多产业强劲增长，是推动信息产业整体升级的核心基础之一。而随着信息传播技术与互联网应用模式的发展，法律理念、法律制度等都随之变化、演进，尤其体现在与数据信息密切相关的隐私、数据权、商业秘密及数据主权等法律制度的挑战与变革方面。

科学技术的发展促使新制度产生与变革，如知识产权法是商品经济和科学技术发展到一定阶段后对知识产品资源进行最佳市场配置的制度。[1] 对不同类型知识产品的保护也在一定程度上取决于受保护的知识产品本身的特性以及实施保护所需要的专门技术。法律制度的发生、变化和分野，不能仅用个人的偏好、传统的法律分类理论或者法律制度自身的逻辑变化来解释，而是源于技术的进步、发展，促使某些客体需要以法律形式保护，才有不同知识产权制度的产生、演变。不同类型知识产权保护的效果也有赖于技术的进步、应用与发展。[2]

大数据技术进步引发商业模式变革，对当下法律制度提出了挑战，如数据搜集与再识别技术的应用使得很多价值密度低的数据被赋予"可识别性"特征，对个人隐私的界定和保护制度造成了冲击；数据控制者的数据垄断不断加强，数据主体对数据的控制权被严重削弱，数据安全风险和数据监控风险增加。具体而言，大数据技术对当前法律秩序与权利体系形成的挑战，具体体现在隐私权、数据权利、不正当竞争权、数据主权、数据监管机制等领域的法律规范需要调整。

（三）大数据技术进步引发的信息不公平问题

1. 信息不公平的宏观表现

第一，信息获取机会的不公平，信息实质失衡凸显。随着新技术的快速进步与应用，海量数据的价值凸显，日益成为各方利益争夺的对象。而大数据改变了以往的信息获取方式。以美国为代表的强权国家靠霸权主义实施"棱镜计划"非法攫取数据，而数据弱国则在数据跨境转移、流动或储存中处于未知、不确定乃至不可控的无奈状态；资本雄厚的商业主体通过市场

---

[1] 冯晓青：《知识产权法利益平衡理论》，中国政法大学出版社 2006 年版，第 86 页。

[2] 苏力："法律与科技问题的法理学重构"，载《中国社会科学》1999 年第 5 期。

交易中的优势地位占有数据，一些专业的数据公司通过非法获取数据成为交易的上游；互联网环境下，公众将其作为获取信息的主要渠道，公众信息获取能力的差距、受教育程度和经济水平成为信息主体在信息活动中参与度高低的主要衡量指标。在这个意义上，新信息技术的发展与应用，导致信息获取机会的不公平，信息实质失衡凸显，信息公平被打破，数据权利与信息公平难以实现。

第二，信息应用规则遭受挑战。个人隐私、商业秘密、国家秘密等在原有的信息应用规则体系下，是被各方利益主体在应用信息时必须绕过的"信息敏感区"，大数据技术使得数据当事人变得日益透明，原有的信息应用规则在新技术面前失灵。在数据收集、二次利用个人数据时，不侵犯个人信息的相关权益；当大数据技术对现有的知识产权和商业秘密制度构成挑战，在技术发展与现有制度所构建的利益平衡机制被破坏时，如何重构平衡以应对新技术的冲击值得进一步探讨。

第三，信息公平生态被破坏。这主要表现在：一方面是信息源失真。公众越来越依赖海量数据及基于此的大数据挖掘、分析时，"恶性竞争"现象使公众信息来源信任体系存疑，如网站虚假评论混杂在真实评论中，用户难以合理分辨，甚至带来误导，而用信息安全技术手段鉴别所有来源的真实性是不可能的。由于沉默螺旋效应，现实中公众的意见表达往往由于个人真实信息的暴露，顾及来自群体的压力，不能真实地表达自己，选择沉默。而在网络社交媒体上，用户状态是匿名的，因而没有个人真实信息的顾忌，可以自由发声，且人工干预的数据采集过程可能引入误差，导致数据失真与偏差，最终影响良好信息生态的构建。另一方面是信息传播渠道参差不齐。新技术条件下，传播媒体尤其是纸质媒体日益式微，而微信、微博等自媒体日渐强盛。自媒体没有门槛限制，信息发布自由、便捷，时效性极强。因此，自媒体侵权行为如侵犯他人隐私权或著作权的行为泛滥，对自媒体的监管而言，无论在技术上或者制度上均存在巨大挑战，信息传播的良好生态也可能被打破。

2. 信息不公平的微观表现

（1）权利贫困：基于个人视角。

经济学家阿马蒂亚·森（Amartya Sen）认为，"贫困不仅仅是相对的比别人穷，而且还基于得不到某种基本物质福利的机会，即不拥有某些最低限度的能力……贫困最终并不是收入问题，而是一个无法获得某些最低限度需要的能力问题"。[1] 并在《贫困与饥荒》中提出采用权利方法研究贫困。[2] 技术的发展能够改变人类生产关系，在一定程度上影响到利益分配格局。当技术高度发展，而权利配置相对滞后时，信息公平的现状被打破。

大数据的重要价值之一是通过数据挖掘与分析，对未知情况进行有效预测，在这一过程中，由于数据量的巨大和挖掘分析算法的复杂性，即使是数据挖掘分析的执行者也并不能确定挖掘分析的结果范围，挖掘者极有可能获得目标之外的分析结果和相关联系性结果。基于此的数据利用在很大程度上是在数据主体未发觉的情况下进行，既导致隐私权等传统民事权利受损，也使得数据主体的数据自决权、同意权、删除权、更正权、赔偿请求权等数据权利很大程度上无法实现。这主要表现在：

首先，"黑箱行为"导致数据控制边界模糊化。大数据时代

---

〔1〕 李珍主编：《社会保障理论》，中国劳动社会保障出版社 2001 年版，第 235~259 页。

〔2〕 ［印］阿马蒂亚·森：《贫困与饥荒：论权利与剥夺》，王宇、王文玉译，商务印书馆 2001 年版，第 56~65 页。

强调全社会信息资源的开放共享和开放利用，信息主体对个人信息的控制权明显减弱。当用户需要高质量的个性化服务时，就必须用个体的透明度来换取，最大的个性化同时意味着最大的透明化。多数网站在注册时会提供隐私说明等协议、条款，声明不会将用户的个人信息以未经同意的方式使用或者提供给第三方。但由于没有法律法规的严格约束，这些隐私声明或协议多数难以得到有效落实。从信息的采集、存储，再到对信息分析和结果应用，这个过程均不透明，且全过程没有监管部门有效监督，用户并不知道自己的信息被处理的量和度，不知道被哪些网络运营商采集、存储，也不知道其是否准确、传播至哪里、如何分析处理、删除信息。"黑箱行为"排除数据主体的参与，同时监管机制缺失，导致数据主体和数据控制者、处理者的数据控制边界模糊化。

其次，数据权利体系缺失。我国与信息权益相关的立法相对滞后，2017 年 10 月 1 日实施的《中华人民共和国民法总则》做出破冰之举，其第 111 条规定：自然人的个人信息受法律保护，任何组织和个人需要获取他人个人信息的，应当依法取得并确保信息安全，不得非法收集、使用、加工、传输他人个人信息，不得非法买卖、提供或者公开他人个人信息。[1] 第 111 条专门规定个人信息保护规则，首次从民事基本法的层面保护个人信息的权益，并明确了个人信息保护的基本行为规范，但依然没有上升到权利高度，实践中的实施效果将大打折扣。实践中，个人的数据权利诉求也难以得到支持。例如，任甲玉诉百度公司案，原告要求删除对其不利的过时搜索词条信息，在一审败诉后，二审法院北京市第一中级人民法院认为我国现行

----

〔1〕 参见《中华人民共和国民法总则》第 111 条。

法律中并无对"被遗忘权"的法律规定，亦无"被遗忘权"的权利类型，因此其诉请不能被支持。[1] 在我国立法和司法中，不仅被遗忘权难以得到保障和实现，隐私权的范围与边界、个人数据权利体系、商业秘密定义和要件的挑战、国家数据主权的内涵和实现等均缺乏现实有效的制度框架。面临大数据带来的风险，应当建立一套新的制度规范，明确个人数据权利、保护新技术下的商业秘密，加强国家数据主权的保护。

（2）信息垄断：基于社会视角。

市场经济鼓励自由竞争，其核心在于资源的优化配置。信息本身是一种资源，其他资源的优化配置也依赖信息来完成。信息优势企业对数据信息的利用包括以下几种方式：第一，客户分析。对客户数据（包括客户的个人数据、消费行为数据）进行深度挖掘，可以使企业真正地了解他的客户，有针对性地将产品投放目标市场。第二，产品研发。通过产品指标结合客户消费喜好进行综合挖掘，可以预测未来市场需求，提升市场营销的成功概率。第三，合作选择。通过对合作者的信息和其交易数据，可以得知合作者的信誉、优势、劣势以及同自己的合作前景，作出对企业自身发展最有利的决策。

大数据等新技术的发展使得信息更为集中，大型企业利用其在互联网技术、信息基础设施、专业性人才及资金等方面的领先优势占据了信息市场的主导地位，作为数据控制者，独占并控制、支配信息，进而表现为对信息的不合理控制，进而形成信息垄断。这主要表现在：第一，大型互联网企业作为数据生产者与控制者，在信息链条上处于绝对优势，通过信息的控制和再次利用获得竞争上优势；第二，与数据控制相比，公众

---

〔1〕（2015）京一中民终字第 09558 号民事判决书。

对数据处理者的身份、被利用的数据范围、处理程序、数据保留时间、传输分享给第三方、传输过程安全等难以确切知晓并控制，更不用说制止对数据的修改、删除等。第三，公众获得互联网服务的前提是接受互联网企业的契约，公众只有"Yes"或"No"的选择，缺少行业自律的监管与谈判机制。

当大量社会性、公开性的信息或知识被少数利益集团垄断时，大型互联网企业充分利用其对信息的垄断地位，对信息匮乏的中小企业或个人进行信息屏蔽、信息控制、信息渗透以及信息产品倾销。信息垄断作为一种独占行为，必然对公众的信息权利以及中小企业的市场竞争地位造成侵害，破坏了市场的自由竞争，对社会的信息资源共享的信息公平理念造成冲击。

（3）数据主权的挑战：基于国家视角。

沈国麟梳理了从主权到信息主权再到数据主权的概念："主权是指一个国家代表其人民在其疆域内拥有的最高的权力，处理国内国际一切事务，二不受任何外来因素干涉。信息主权是指一个国家对其政治管辖低于范围内任何信息的制造、传播和交易活动以及相关的组织和制度拥有的最高权力。而数据主权指一个国家对其政权管辖地域范围内个人、企业和相关组织所产生的数据拥有的最高权力。"[1] 数据主权包括两个方面：一是作为权利的数据主权，对本国数据所享有的管辖权、利用权等；二是作为责任的数据主权，如对个人隐私权和财产权的数据保护、对企业资产的数据保护以及对国家安全的相关数据保护等。作为责任的数据主权意味着主权国家对本国公民和其他境内行为体在国际社会的数据行为负责。

当前，我国数据中的很大一部分是由国外运营商提供的软

---

〔1〕　沈国麟："大数据时代的数据主权和国家数据战略"，载《南京社会科学》2014 年第 6 期。

硬件荷载，云计算及其相关服务大数据分析系统也主要由美国公司掌握与提供，海量数据多存储在美国等数据强国的服务器上，数据存放呈现跨国界、去国家化的状态。国家数据安全领域的攻防态势正从初期单纯的技术比拼扩展到制度博弈，尤其是法律层面的争夺，欧盟成员国、俄罗斯正积极推进数据立法，通过制度战回应国际数据霸权的威胁。数据主权的指向虽然是非传统安全，它的特殊之处在于没有物理空间和地理边界，是在大数据生态系统中，但人民安全、政治安全、国土安全、军事安全、经济安全、文化安全、社会安全、科技安全、核安全中的任何一个方面都离不开数据的支撑与表达，这些领域的大数据足以威胁总体国家安全。[1]

大数据技术的发展使得行为主体能力分散化，很多私营部门甚至个人都拥有跨境转移大批数据的能力，数据跨境流动成为常态，一国政府对其国内数据的控制难度加大，当数据被传到云端后，国内数据的定义越来越模糊，在数据分类、保存规则、程序控制和国际监管未达成一致的情形下，数据由技术强国储存、控制并向其跨境流动正日趋加强，数据霸权正逐步在事实上形成，这将严重威胁国家数据主权。信息就是权力，正如约瑟夫·奈所言：权力正在发生从"资本密集型"（capital-rich）到"信息密集型"（information-rich）的转移，这种趋势值得关注。

数据主权已经成为信息时代国家主权的第一主权。未来国家间的侵略不会仅限于单一的物质财富掠夺，必将更多地指向对信息的侵占和控制，对国家主权的侵犯会从侵犯一个国家的信息主权开始。国家层面的竞争力将部分体现为一国拥有数据

---

〔1〕 肖冬梅、文禹衡："数据权谱系论纲"，载《湘潭大学学报（哲学社会科学版）》2015 年第 6 期。

的规模、活性以及解释、运用数据的能力。可以预见，数据主权将成为继边防、海防、空防之后，另一个大国博弈的空间。[1]

二、数据权利法律关系中的利益冲突与平衡

法律的主要作用之一就是调整、调和社会关系中的各种相互冲突的利益，无论是个人的利益还是社会的利益。[2] 数据保护利益平衡的制度安排是认识利益、表达利益的过程，也是重构和恢复利益平衡的过程。

（一）数据主体的权利悖论

数据利益平衡是指个人（数据权利人）对个人数据信息保护的利益、信息业者（数据控制者）对所控制的数据信息利用的利益和国家管理的公共利益之间的平衡。[3] 在社会生活中，个人随时随地可能利用国家机构或者商业机构提供的相关信息服务，如较为普遍的谷歌搜索或者百度搜索引擎服务等，而这些互联网信息检索和查询系统的有效运转依赖大量个人的信息收集、处理，如各种身份核查服务、信用核查服务等是社会层面信息利用的表现形式。由于网络传播的便捷性与广泛性，在用户能得到更好的信息服务的同时，我们对数据权利人的隐私保护提出了更高要求。

以大型互联网公司为代表的数据控制者、数据处理者以商业目的对个人信息进行收集和利用有着极致的商业偏好，并在此基础上挖掘、分析以追求效用最大化，这是其作为商业主体

---

〔1〕　刘琼："数字主权将成大国博弈新空间"，载《中国电子报》2012 年 7 月 17 日，第 3 版。

〔2〕　[美] E. 博登海默：《法理学：法律哲学与法律方法》，邓正来译，中国政法大学出版社 1999 年版，第 398 页。

〔3〕　张新宝："从隐私到个人信息：利益再衡量的理论与制度安排"，载《中国法学》2015 年第 3 期。

的合理诉求。但这一过程中对个人数据信息的过度利用、消费者信息保护不足的风险随着数据产业的蓬勃发展而与日俱增，因此，这一过程亟须调整、规制。

政府作为社会管理和社会福利的主要承担者，公共安全、公共管理和公共福利的推进日益电子化、系统化、平台化，作为公共服务提供者的政府部门是数据控制者、数据处理者，出于行政效率的追求，在这一过程中，政府部门存在不适当保存、收集和处理个人信息的潜在动力，因而需要合理确定与公众隐私利益保护的冲突与平衡。

数据收集、挖掘、分析与处理等过程中，数据法律关系中各方主体的冲突，各方主体之间的利益博弈与重构平衡随着技术发展而动态变化、调整。

（二）经济学视角下数据的稀缺性与公共产品属性

对数据信息的保护，一般通过"隐私权"等人格利益来保护。但在技术方面，个人数据信息所包含的隐私利益的琐细性、模糊性和双重性，使得数据信息的个人主体很难针对每一次个人数据信息的收集、传播或者使用做出及时、精确的判断。

由于对个人数据信息使用的目的多样性，数据之间的关联性和可智能化处理，大数据技术的挖掘、开发和处理可以进一步衍生出新的价值增值的数据，在这个意义上，数据信息的保护需求与隐私权保护边界日益模糊。

近年来，数据信息的交易日益常态化，随着"虚拟财产"保护理论的提出，以财产权的形式保护数据信息逐步为学界乃至立法所认可。但数据信息的低密度以及不具有稀缺性等特点往往造成市场失灵。吴伟光认为，人类社会发展过程中的重要政治任务便是解决社会成员之间由于各自的自私性导致的相互不信任而造成"囚徒困境"的问题，公权力社会依赖的是公权力组织的自觉性，私权利社会依赖的市场交易的透明性和重复博弈性。但是在大数据技术下，依赖私权交易来解决围绕着个人数据信息的不信任问题恰恰造成了相关各方的"囚徒困境"和低效率。[1] 在大数据时代，公众个人信息不再是绝对的自治，国家与政府乃至非政府公共组织不仅负有消极的义务，而且还负有积极地运用适当的手段保护个人信息及相关隐私，防止他人侵害的义务。

经济学上的数据，本质上既具备物的稀缺性，也具备公共产品属性。作为稀缺性的物，其使用价值凸显，数据使用的效率要求合理界定数据、隐私产权及其边界；数据的公共产品的属性是指数据的占有、使用并不因为使用的增多而增加边际成本，数据共享是提高其效益的重要目标。因此，既需要基于提高社会福利的公共利益属性推进数据的共享，又要基于稀缺性合理划定边界、确立产权，提高私法保护水平。

（三）信息公平中的公共利益

就国家而言，为了满足社会管理之目的，需要收集、处理、储存和利用必要的个人数据。但作为公权主体，国家需要通过立法为隐私利益、数据权利等保护划定边界，为数据控制者、数据处理者的经营活动制定包括公平竞争在内的管理规范，为个人数据库的建立及其安全保障提供一切必要的条件和制度保障。[2] 美国《大数据与隐私报告》指出：虽然确实有一类数据信息对于社会来说十分敏感，甚至占有这些数据信息还可以构成犯罪（如儿童色情），但大数据中所包含的信息所可能引起的

---

〔1〕　吴伟光："大数据技术下个人数据信息私权保护论批判"，载《政治与法律》2016 年第 7 期。

〔2〕　张新宝："从隐私到个人信息：利益再衡量的理论与制度安排"，载《中国法学》2015 年第 3 期。

隐私顾虑越来越与一般商业活动中、政府行政中或者来自公共场合的收集中的大量数据无法分开。信息的这种双重特征使得规制这些信息的使用比规制收集更合适。[1]

资源共享的前提是将民众个体拥有的信息"公共拥有化"，当共享平等、有序地进行时，每个民众均是受益者。但当信息不均衡、单向流动时，数据主体的权利是不对称、不平衡的，对数据弱势主体参与社会、生存权与发展权的实现均不利，从长远看，社会公共利益也会受损。因此，要实现信息资源共享，必须做到公共利益优先，从而改变数据失衡的状况，重构信息公平机制。

三、大数据时代信息公平机制重构的路径选择

在具有全球性、虚拟性和开放性的网络社会中，信息成为重新构建社会结构的基本要素，是公众参与社会的重要保障。

（一）加强数据立法，赋予数据权利

个人信息之上的权利是一项基本人权，包括公民的基本权利，尤其是人格权和隐私权利益。应将个人数据信息权上升到权利高度，给予其更为严格的保护与保障。在未来的立法方向上，依据数据信息的属性以及各权利主体关系，综合数据产业实践，构建数据权利内容体系。数据权利体系包括财产权制度和人格权制度。《中华人民共和国民法总则》第111条规定了信息权益，这是立法对人格权保护的极大进步。本书认为，为突出对个人数据的特殊保护，还应该单列数据权，并具体化为知

---

[1] Eprot To The President Big D ata A nd Privacy：A T echnological Perspective, Executive Office of the President, President Councilof A dvisors on Science and Technology, May 2014, 载 https://www.whitehouse.gov/sites/default/files/microsites/ostp/PCAST/pcast_big_data_and_privacy_-_may_2014.pdf, p.50, 访问日期：2017 年 1 月 30 日。

情同意权、数据查阅权、反对权、补正权、删除权、监督权和请求损害赔偿权等，使公众在数据生产、使用和流动中获得充分的自决权；加强公众在信息获取权方面的保障，如通过信息基础设施支撑计划、信息扶助政策等，合理布局信息基础设施，为民众的个人数据权的充分实现提供物质保障。

（二）强化数据监管，提升行业自律

在打破数据控制者、数据处理者的信息垄断方面，数据监管与行业自律尤为重要。基于商业考量，数据控制者和数据处理者往往难以诚信履行义务，因此监管必不可少。大数据环境下，完全由政府监管的"一头监管"模式很难有成效，"行业自律"同样重要，因此应在设置总监管机构的基础上，将数据控制者、数据处理者的自律纳入监管体系。应设立专门的大数据监管局作为国家监管机构，使之成为个人数据权的主要保护者，它也将是数据空间秩序和信息公平的重要维护者，同时应在监管权限、范围、程序法定化，在监管队伍上实现专业性、职业化；数据控制者、数据处理者应在内部设置个人数据监管专员，独立负责内部监管。

应建立法律政策监管、市场自我监管以及技术平台监管综合机制。第一，通过法律政策监督完善顶层设计，合理设计个人数据权利体系，构建数据控制者、处理者的义务体系，明晰数据收集、处理、利用和流通规则，奠定数据监管的法理基础，划清监管权责界限。第二，通过市场自我监督加强数据监管的可操作性，一是自由市场下主要通过当事人之间的合同、习惯等进行约束的自行协商模式；二是包括达成协议、制定行业标准、建立行业自律组织等政府监管下的行业自律模式。第三，通过技术平台支撑数据监管。搭建网络安全平台，运用加密、跟踪等技术监管数据安全；构建数据共享平台，缩小信息获取能力差距。

（三）厘清数据主权，反对信息霸权

作为海、陆、空、网络之外的第五空间，数据空间在新技术环境下的重要性日益凸显。传统国家主权的维护越来越依赖于信息和数据的影响力和控制力。这决定了主权国家必须充分维护和发掘自身在数据空间的管辖力，从而在国际国内关系中获得主动权。数据主权的内涵包括两个层面：一是作为权利的数据主权，如对本国数据所享有的管辖权、利用权、获取权和消除权等；二是作为责任的数据主权，如对隐私权和生命财产权的数据保护、对企业商业秘密的数据保护以及对国家安全的相关数据保护等。作为责任的数据主权还意味着主权国家对本国公民和其他境内行为体在国际社会的数据行为负责。数据主权的行使须强化对数据空间的规则与秩序，保障数据安全的同时，应在国际层面加强数据主权的谈判，引导主题，协调与数据弱国的立场，打破数据强国的信息霸权。

第3章

个人数据权利：信息控制者与个人的冲突

随着云计算、大数据等现代信息技术的发展，数据获取方式途径更为多样化，对数据的占有和掌控成为国家间以及企业间新的竞争焦点。习近平在 2015 年 5 月 23 日召开的国际教育信息化大会上指出，当今世界，科学技术日新月异，互联网、云计算、大数据等现代信息技术深刻改变着人类的思维、生产、生活和学习方式，深刻展示了世界发展的前景。[1]

在商事领域，对信息的把握也成为企业精准决策、个性化服务的"炼金石"。个人生活方式也因大数据而高度网络化和信息化。在这个信息高度密集、数据交换频繁、信息网络高度发达的时代，数据共享成为人们生活的主要方式之一。大数据技术带来高效便捷的同时，也引发信息安全等诸多问题。如公民个人数据的泄露、收集、转卖等灰色产业链仍属于法律空白地带。据中国互联网协会发布的《2016 中国网民权益保护调查报告》显示，84%的网民曾亲身经历过个人信息泄露带来的不良影响。[2] 例如，山东的徐玉玉因为个人信息泄露，遭遇电信诈骗，不堪承受打击而突发疾病身亡；大麦网遭黑客袭击，用户

---

〔1〕 "习近平致信祝贺国际教育信息化大会开幕"，载《终身教育》2015 年第 3 期。

〔2〕 中国互联网协会：《2016 中国网民权益保护调查报告》，载 http://blog.sina. com. cn/s/blog_15b6a6ca90102xdme. html，访问日期：2016 年 6 月 23 日。

的个人信息被盗，在全国因此遭遇诈骗的案件共 39 起，涉案金额多达 147 万元。[1] 上述事例表明，新技术环境下公民个人数据、信息保护问题日益突出，加强个人数据保护迫在眉睫。

一、大数据时代个人信息公平悖论：数据获取、利用与个人数据

（一）大数据带来社会经济利益

个人数据的利用呈现出新的变化：数据的收集、加工、使用越来越便捷，收集的数据规模越来越大，对数据的需求越来越大。大数据技术为市政建设、企业规划以及个人生活提供了科学、舒适、便捷的直通车。如西班牙电信哥伦比亚公司通过"smart steps"（一种大数据产品）对数据进行汇总、计算和分析，为政府市政、基础设施提供规划建议。哥伦比亚公司通过分析 A 点到 B 点的人流量及规律，从而帮助政府决定在 A、B 点之间是修公路合理还是修地铁更适合。企业、网络经销商、网络平台等通过挖掘原始数据进行精准分析与处理，从形形色色的用户中挖掘信息，进而帮助企业进行专项定位、准确决策，掌握先机，为自身带来更多利益。DHL（敦豪快递公司）通过大数据可以对每次运输成本、收益和利润率进行核算，根据客户收入、利润进行客户分类，从而能够清晰掌握运输成本，并有针对性地合理定价。[2] 个人也因为大数据享受到了更方便、更个性化的服务。

---

〔1〕 张晓："大麦网遭黑客'撞库'39 名用户被骗 147 万余元"，载《北京晚报》2016 年 7 月 16 日。

〔2〕 胡敏："大数据变现四种途径，如何把海量数据变成现金？"，载钛媒体 http://www.tmtpost.com/1024274.html，访问日期：2015 年 6 月 12 日。

（二）微观层面个人数据受到侵害的威胁

大数据带来便捷高效的生活以及巨大的经济利益的同时，数据收集与利用无处不在，如淘宝、亚马逊记录消费者购物习惯；百度、谷歌监视网民浏览网页习惯；支付宝知晓个人的银行卡号、账户余额以及消费记录；微信、QQ 掌握个人的大量社交信息，包括用户的聊天记录、旅程、照片以及社交关系网等。个人隐私在大数据环境下无处遁形。由于个人数据、信息泄露，骚扰电话、垃圾短信与日俱增，身份盗窃、电信诈骗屡见不鲜。

大数据技术将互联网给个人隐私带来的威胁数倍放大。2014 年 3 月 22 日携程网因系统存在技术漏洞，导致用户姓名、身份证号、银行卡信息、银行卡 cvv 码（信用卡背面的三位数安全码）等个人信息泄露。[1] 2015 年 1 月 15 日"新华视点"披露，银行信用卡客户数据泄露现象颇为严重，通过 QQ、微信等网络工具，仅花 0.5 元钱，就能买到客户的姓名、电话、地址、工作单位、职业等完整的个人数据。[2] 据华商网报道，2017 年 1 月 11 日，西安警方侦破一起特大侵犯公民个人数据案，上亿条个人信息被非法获取、售卖，囊括了几乎西安市所有公民的个人数据。涉案人员向某与其同伙以买卖公民个人数据为生，并形成了买卖个人数据的黑色利益链。

（三）宏观层面从数字鸿沟到数据贫困

大数据、云计算、人工智能等新技术的广泛应用，使民众便捷高效共享信息成为可能，但每一项新技术都包含了不平等

---

〔1〕 自拖把儿："乌云漏洞发布报告消息，携程存在泄漏用户信用卡支付漏洞"，载 https://www.aliyun.com/zixun/content/2_6_14651.html，访问日期：2014 年 8 月 1 日。

〔2〕 杜放、罗政："网信办回应信用卡信息买卖：制定个人信息保护法"，载新华网 http://money.163.com/api/15/0201/10/AHC3N02K00254TI5.html? frp21，访问日期：2015 年 2 月 1 日。

的社会关系，因而信息和数据资源不能在公众间自然依理想状态进行分配，由此带来的数字鸿沟、数据贫困，致使社会信息分化加剧，进而导致信息的不公平转向社会的实质不公平。

数字鸿沟（Distal Divide）问题是在全球数字化进程中，不同国家地区，行业、企业人群之间，对信息网络技术的占有和应用程度的差异引发的。根据经济合作与发展组织（OECD）的界定，数字鸿沟是指不同社会经济水平的个人、家庭、企业和地区在接触信息通信技术和利用因特网进行各种活动的机会的差距。[1] 简言之，就是数字时代信息通信技术（ICT）接入和使用的差距。不同国家、不同地区、不同领域、不同阶级、不同人群对 ICT 开发和实际应用不同所造成的信息落差与知识分隔问题。

数据贫困是数字鸿沟问题不断扩大化的结果，是数字鸿沟升级的表现。不仅仅指低收入的状态，还包括了 ICT 接入和使用的重要指标，比如数字信息供给能力，数字信息获取能力及数字信息应用能力等多方面的考量。美国的 ICT 开发和实际应用水平处于国际上先进行列；在国内地区间的比较，东部地区高于中西部地区；行业比较中金融行业明显要比家具行业高。从表面看，这仅仅体现出数据利用的差距，其实质是社会以信息获取、利用为标准的阶层分化，及其背后隐藏的社会不平等。我国中西部的偏远山区，由于地理位置和经济水平的制约，信息通信基础设施建设、现代信息技术掌握程度与东部地区的差距越来越大，参与创造分享信息的状态逐渐被边缘化，ICT 开发利用的差距不断扩大化。数字鸿沟越来越大，逐渐发展成数字贫困。

阿马蒂亚·森认为，贫困来源于对权利和能力的剥夺。信

---

〔1〕 茶洪旺、胡江华："中国数字鸿沟与贫困问题研究"，载《北京邮电大学学报（社会科学版）》2012 年第 1 期。

息贫困是指，那些被剥夺了获得知识与信息的能力和机会的人们，不能够参与创造和分享以知识为基础的社会的文明成果的状态，其本质就是与现代化隔离，与对外开放无缘，与经济全球化无关，进而形成知识社会与信息社会的"落伍者"或"边缘化"人群或地区。[1]　信息贫困可分为获取信息能力的贫困、吸收信息能力的贫困和交流信息能力的贫困。获取信息能力的贫困主要指处于信息贫困状态的人群缺少引进信息的途径；吸收信息能力反映人们利用已有信息的能力，即人们在获得信息之后能否利用这些信息来促进自身发展；交流信息能力反映一个地区人口传播信息的能力，决定了该地区人口在其需要信息时是否有获得信息的途径以及通过这种途径传播信息的效率，其贫困状态主要表现为获得和使用信息交流工具的缺乏。[2]

在数据获取、掌握和分析上的劣势被称为 21 世纪的新型贫困类型——"数字贫困"。十八届三中全会提出要让民众平等参与现代化进程，共同分享现代化成果。十八届四中全会提出五大发展理念，"共享"是其中的重要理念之一。克服"数字贫困"，让公众分享数据"红利"不仅是现代化的重要内容，也是信息社会建设的题中之意。

大数据浪潮下，社会数据化势不可挡，现代社会就是数据社会，其带来便利的同时也凸显了社会的不稳定性、不确定性和难以控制性等特征。《道德经·七十七章》："天之道，损有余而补不足；人之道则不然，损不足以奉有余"，也就是常说的"马太效应（Matthew Effect）"。大数据环境重新诠释了社会各

---

〔1〕　周向红："从数字鸿沟到数字贫困：基本概念和研究框架"，载《学海》2016 年第 4 期。

〔2〕　李勇、叶艳鸣、刘金玲等：《信息资源的社会问题研究》，四川科学技术出版社 2007 年版，第 22 页。

方主体的数据能力差距，数字鸿沟和数字贫困的实质就是其参与社会能力的不公平和不平等。

（四）社会层面数据自决权失控

相比于互联网时代的交流、协同、合作、互通，大数据时代更突出分析与预测的作用。数据控制者、数据处理者借助信息技术强大的收集、存储和分析能力，收集数据主体个人信息资料、教育工作社交、生活兴趣爱好、消费习惯水平等数据，经过大数据技术整合、对比、分析、建模，塑造出"数据人格"，能够准确体现数据主体性格、能力等方面的特征。"数据人格"一定程度上是数据主体在虚拟环境下的人格展现。"数据人格"是现实生活中的真实的人在网络数据环境下的折射，产生于网络世界的"数据人格"可能比本人更了解本人，真实人格与"数据人格"捆绑在一起，难以划分清界限，针对"数据人格"的歧视直接指向真实人格。

数据控制者、数据处理者通过分析"数据人格"，为数据主体提供准确、个性化的推送服务，得到数据主体的信任，在经过长期接受此类服务后，数据主体容易形成路径依赖，数据商对数据主体的决策实施有效的干预和引导，数据控制者、数据处理者逐渐影响数据主体的市场选择，最终获利，而该选择并不见得是数据主体作为"经济人"最明智的选择。

大数据技术通过对个人数据的分析预测为商家提取商业信息、精准营销创造了条件，但对数据的挖掘与计算属于"黑箱行为"。在数据主体不知情的状态下，数据被收集与利用。对于数据处理者的身份、被利用的数据范围、经过何种数据处理程序、数据将会保留多长时间、是否会传输分享给第三方、传输过程是否安全等问题，数据主体均不得而知。即从对个人数据收集的知情同意到价值利益的分享，数据主体缺乏透明度，导致对个人数据丧失掌控，数据主体与数据控制者、数据处理者之间形成权利失衡，导致信息不公平的结果出现。

基于数据主体、数据处理者和数据控制者之间市场地位的不均衡以及技术的偏见，数据主体对于数据自决利益的丧失，亟须通过制度的安排寻找数据各方主体的利益平衡点。

二、我国个人数据保护的立法现状及不足

（一）行政法对个人数据保护的不足

2016 年，欧盟公布了新的个人数据保护法——《一般数据保护条例》，它在诸多方面作出了重大变革，如赋予个人更多数据权利，限制数据分析活动，完善跨境数据流动规则等。对比欧盟最新的立法动向，我国的个人数据行政立法保护多有不足。

第一，我国对个人数据保护缺乏统一的立法，以部门规章形式存在的法律规范之间缺乏统一性、协调性。各部门分别在各自职权范围内立法，政出多门。从行政主体的角度看，当个人数据同时涉及多项法律的调整范围时，易造成多头执法或者相互推诿，行政相对人不能对法律产生强烈的敏感度，过于依赖行业规范指导自己的行为。

全国人民代表大会常务委员会于 2016 年 11 月 7 日通过《中华人民共和国网络安全法》，这部法律对我国个人数据保护有重要意义，但其依然不能看做个人数据保护单行法。该法第 1 条规定："为了保障网络安全，维护网络空间主权和国家安全、社会公共利益，保护公民、法人和其他组织的合法权益，促进经济社会信息化健康发展，制定本法。"此条表明《网络安全法》保护的法益并不是单一的，它既保障社会公共利益以及上升至国家层面的法益，又保护公民、法人和其他组织的合法权益，并且对私主体的保护系后顺位的。首先，它没有明确规定

数据主体享有"个人数据权"，这就使得数据主体在主张权利时缺乏积极性且难以引用合适条文；其次，《网络安全法》体现立法者站在宏观角度对整个网络空间的规范，并非着眼个人数据收集、存储、利用、传输等各环节组成的动态过程，这就导致《网络安全法》所提供的保护只能是原则性的，并不能细致到个人数据收集处理的全部环节，对个人数据权利规定不全面、不具体，对数据控制者的义务规定不完善。

第二，个人数据信息的行政立法层次不高、效力低。如2000年《中华人民共和国电信条例》就是针对电信市场秩序的规范，维护电信用户和电信业务经营者的合法权益，保障电信网络和信息的安全而制定。2006年信息产业部制定的《互联网电子邮件管理办法》的适用范围仅仅限于互联网电子邮件关系中各主体的权利义务关系。《中华人民共和国居民身份证法》《纳税人涉税保密信息管理暂行办法》等同样是仅规定了特定领域内对个人信息、商业秘密的保护。

第三，目前行政规范性法律文件制定时间较早，不足以应对新技术发展出现的问题。大数据等新技术发展使个人数据权益更易受到侵害，现有制度不能提供充分保护，且跨国公司、互联网巨头等数据控制者越来越多地将个人数据传输到境外，新型数据权益得不到现行的行政规范的保护。现有规范性文件缺乏对个人数据收集、存储、处理、利用、公开、传输等各个环节的全面规制，难以实现对个人数据进行全面有效的保护。2011年工信部颁布的《规范互联网信息服务市场秩序若干规定》第11条规定"未经用户同意，互联网信息服务提供者不得收集与用户相关、能够单独或者与其他信息结合识别用户的信息。"规定了对信息收集环节的规制；第12条"互联网信息服务提供者应该妥善保管用户个人信息"是对于存储环节的规定。

2005 年工信部颁布的《互联网电子邮件服务管理办法》第 13 条第 3 款规定"发送包含商业广告内容的互联网电子邮件时，应在互联网电子邮件标题信息前注明'广告'或者'AD'字样"，第 14 条"互联网电子邮件服务发送者发送包含商业广告内容的互联网电子邮件，应当向接受者提供拒绝继续接收的联系方式"。这是关于信息利用环节的规定。工信部在 2013 年实施的《信息安全技术公共及商用服务信息系统个人信息保护指南》对信息处理划分了收集、加工、转移、删除环节，并针对每一个环节提出落实八项基本原则的具体要求，然而由于该指南缺乏法律约束力，也缺乏事前及事中的监管及法律责任的追究，仍然无法有效保护个人数据。

第四，现有行政规范性文件多为笼统性表述，缺乏可操作性。例如，《高等学校档案管理办法》规定"高效档案机构对保管期限已满、失去保存价值的档案，经有关部门鉴定并登记造册报校长批准后予以销毁"，该条文中的"有关部门"概念模糊，在实际操作中缺乏可实施性，是向教育部还是国家档案局申请批准、还是向省市的教育部门或者档案部门申请批准？实践操作中行为人往往无所适从。

第五，行政规范性法律文件偏向于事后处罚机制，但缺乏事前、事中规制。例如，《全国人大常委会关于加强网络信息安全的决定》中对于违反规定的"依法给予警告、罚款、没收违法所得、吊销许可证或者取消备案、关闭网站、禁止有关责任人员从事网络服务业务等处罚，记入社会信用档案并予以公布。"

（二）民法对个人数据保护的不足

1. 民法对个人数据保护的现有规定

（1）《民法通则》与《民通意见》中相关规定。

与个人数据密切相关的隐私权经历了一个漫长的过程才作

为一项独立的民事权利在我国基本法律中被正式确认。1986 年的《中华人民共和国民法通则》并没有提及隐私权或是个人信息保护权，其后在 1988 年 4 月发布的《最高人民法院关于贯彻执行〈中华人民共和国民法通则〉若干问题的意见民通意见》中，第 140 条在保护名誉权的同时间接为公民的隐私权提供了保护，2001 年 3 月发布的《最高人民法院关于确定民事侵权精神损害赔偿责任若干问题的解释》中提到了"隐私"利益的保护。

（2）侵权责任法。

2009 年，中国通过了《侵权责任法》，该法第 2 条明确提出"本法所称民事权益，包括……隐私权等人身、财产权益"，正式确认了隐私权。虽明文规定了隐私权，但该法没有一般性地规定个人数据保护问题，只是对特定个人数据的保护有所提及。如《中华人民共和国侵权责任法》第 61 条、第 62 条的规定，都是对个人医疗数据的规制。

（3）民法总则。

2017 年 10 月 1 日实施的《中华人民共和国民法总则》第 111 条规定了自然人的个人信息受法律保护。任何组织和个人需要获取他人个人信息的，应当依法取得并确保信息安全，不得非法收集、使用、加工、传输他人个人信息，不得非法买卖、提供或者公开他人个人信息。第 127 条规定法律对数据、网络虚拟财产的保护有规定的，依照其规定。这是立法层面对个人数据信息保护的极大进步。

2. 个人数据民法保护之不足

我国民法制度中并未设立"个人数据权"这一民事权利，而与个人数据关系较为密切的隐私权不能被用来对抗所有的个人数据侵权行为。现有民事权利类型中并没有一个可以涵盖个人数据的权利，因此数据主体并不能充分行使其民事权利。

如果要对方承担侵权赔偿责任，权利人就需要证明自己因为对方的行为受到了实际损害（物质上或者是精神上的），实践中大量存在未经数据主体同意收集、存储、分析个人数据的现象，当行为仅仅停留到此阶段时很难证明数据主体在物质或精神上受到了实际损害，因此，要通过《侵权责任法》进行维权实则困难。再者，侵权行为的归责原则一般为过错责任，除法律明确规定为严格责任的即为过错责任。侵犯隐私权、姓名权、肖像权、名誉权的责任都为过错责任，但应用到个人数据权保护就会出现困难。《民法总则》虽然对个人信息保护以及对数据、网络虚拟财产做了明确的法律规定，但依然没有将对个人信息、数据的保护上升为信息权或者数据权，保护力度依旧不足。

（三）刑法对个人数据保护的不足

目前可借助刑罚权保护个人数据的罪名主要有：窃取、收买、非法提供信用卡信息罪，出售、非法提供公民个人信息罪，非法获取公民个人信息罪，非法侵入计算机信息系统罪，破坏计算机信息系统罪，非法获取计算机信息系统数据罪，非法控制计算机信息系统罪，侵犯公民通信自由罪。

通过刑法调整的通常是最严重的的侵害行为，较行政法而言有较强的公权力强制性的色彩。虽然刑罚对侵犯个人数据的犯罪行为有较强的惩治效果，但目前的罪名中没有一条可全面保护个人数据，或是仅适用于特定行业或者国家尖端科技领域，或是要求侵害行为造成严重后果，并且也并未包含涉及个人数据的各个环节；强调事后的责任追究与惩处，而没有事先的预防机制与事中的控制机制。此外，如窃取、收买、非法提供信用卡信息罪、非法侵入计算机系统罪，保护的客体是双重法益，并且个人数据权为附属保护的法益，这就表明能否引用相应的法条作为保护自己合法权益的法律依据具有不确定性。

维持数据保护与数据经济的平衡，实现数据主体、数据控制者、数据处理者的权利义务的合理分配，有赖公正的数据保护制度。目前由于电商、网络平台等数据优势企业对数据的绝对掌控，作为数据主体的个人处于市场劣势地位，数据主体与数据控制者和数据处理者实践中的权利分配较不合理。

电商、网络平台、企业、政府部门普遍以所有可能的方式"不动声色"地收集用户数据、信息。许多用户数据从产生那一刻起便脱离具体用户的控制或占有，由真正的数据控制者或处理者——电商、网络平台、企业等事实上掌控，普通用户只是信息的产生者。通讯、网络等基础设施和技术形态造成了"寡头格局"，个人没有采集其数据、信息的技术能力，也不能实际控制自己的数据和信息，甚至连自己的个人数据由谁控制都无法确知。鉴于数据义务主体对庞大数据库的控制和普通个人无法控制自己数据之间已形成的明显失衡的力量对比格局。新技术条件下个人数据保护需要实现数据保护与隐私保护、数据正常使用之间的平衡，譬如赋予个人数据权利，对数据收集者、控制者、使用者课以数据保护义务。要求数据义务主体履行应急预案、采取特别安全保护措施、实行数据等级保护制度以及数据保护专员岗位制度等保护个人数据权强有力的措施，这些制度性规定在我国法律框架下仍处于缺位状态。

目前世界各国都在构建或者完善适合本国发展的个人数据保护法，欧美在个人数据保护制度立法和实践上已相对完善，加强个人数据保护乃国际大势所趋，我国有必要合理借鉴吸收其他国家立法和实践经验，制定专门的个人数据保护法，构建完善的个人数据保护机制。

三、域外个人数据保护法的立法现状

从 20 世纪 70 年代开始，世界上部分国家、地区或国际组织开展了个人数据保护立法活动，其中欧洲地区、美国以及我国台湾地区、澳门特别行政区的数据保护立法相对完备，值得探讨以便探寻中国个人数据立法保护的进路。

（一）OECD 关于个人数据保护的立法

OECD 经济合作与发展组织早于 1980 年在《隐私保护和个人数据跨境流通指南》中明确了保护个人数据的八项基本原则。2013 年的《隐私保护和个人数据跨境流通指南》第二部分基本原则[1]将其进一步概括为收集限制原则（Collection Limitation Principle）、数据质量原则（Data Quality Principle）、目的特定化原则（Purpose Specification Principle）、使用限制原则（Use Limitation Principle）、安全保护原则（Security Safeguards Principle）、公开原则（Openness Principle）、个人参与原则（Individual Participation Principle）、责任原则（Accountability Principle）。[2] 限制收集原则、数据质量原则以及目的特定化原则不仅限制了收集数据的手段与目的，还赋予个人在数据被收集之前有知晓或同意（knowledge or consent）的权利。公开原则以及个人参与原则规定了数据公开的内容和范围，赋予个人在数据被存储过程中获知自身数据被存储情况的权利。此外，限制使用原则、安全保护原则和责任原则还明确了数据控制者、使用者的数据保护义务。上述原则涵盖数据收集、处理、利用等环节，为个人数

---

[1]　参见 OECD Guidelines on the Protection of Privacy and Transborder Flows of Personal Data. PART TWO. BASIC PRINCIPLES OF NATIONAL APPLICATION。

[2]　高富平：《个人数据保护和利用国际规则：源流与趋势》，法律出版社 2016 年版，第 6 页。

据的保护奠定了基础框架。

（二）欧洲委员会关于个人数据保护的立法

欧洲委员会 1981 年制定《个人数据自动化处理中的个人保护公约》其第 2 章第 8 条规定的数据主体的额外保障制度[1]中规定个人有权确定数据控制者的身份、惯常居住地或主要营业地，以及获得有关自身的数据保存状况的确认函，这一规定赋予个人在数据被收集之初以及处理过程中的知情权；还规定个人有修正或消除有关自身数据的权利，以及获得救济的权利。该公约第 2 章第 5 条[2]明确了数据控制者应保障所存储数据的质量的义务。2012 年的公约修订案第 2 章第 8 条将个人数据权利的范围扩大为不受自动化处理、反对处理有关自身数据、获得有关个人数据处理的确认函、获知数据被处理的理由以及后果、更正或消除个人数据的权利以及获得救济等多项权利。

（三）欧盟关于个人数据保护的立法

欧盟议会与欧盟理事会 1995 年颁布的《关于涉及个人数据处理的个人保护以及此类数据自由流通的第 95/46/EC 号指令》（以下简称《95 指令》）第 2 章第 1 节[3]提出数据处理应当合法且正当原则（processed fairly and lawful）、数据处理的合目的

---

〔1〕 参见 Convention for the Protection of Individuals with regard to Automatic Processing of Personal Data. Strasbourg, 28. I. 1981. Chapter II-Basic principles for data protection. Article 8-Additional safeguards for the data subject。

〔2〕 参见 Convention for the Protection of Individuals with regard to Automatic Processing of Personal Data. Strasbourg, 28. I. 1981. Chapter II-Basic principles for data protection. Article 5-Quality of data。

〔3〕 参见 Directive 95/46/EC of the European Parliament and of the Council of 24 October 1995 on the protection of individuals with regard to the processing of personal data and on the free movement of uch data. CHAPTER II GENERAL RULES ON THE LAWFULNESS OF THE PROCESSING OF PERSONAL DATA. SECTION IPRINCIPLES RELATING TO DATA QUALITY。

性原则、数据的更新、删除或更正以及数据的存储等相关原则。第 2 节提出数据处理合法化的标准，将个人的同意作为数据处理合法的标准之一。[1]第 4 节分别从两种情形阐述了应该告知个人的事项：一是从数据主体处收集数据时应当告知的内容（information in cases of collection of data from the data subject），[2]二是非从数据主体处获得数据时的告知内容（information where the data have not been obtained from the data subject），[3] 该项规定赋予个人在数据被收集之初参与数据处理的权利。第 5 节规定了数据主体访问数据的权利即访问权（right of access）[4]；第 7 节规定了数据主体的反对权（the data subject's right to object）以及个人不受自动处理结果约束（automated individual decisions）

---

〔1〕 参见 Directive 95/46/EC of the European Parliament and of the Council of 24 October 1995 on the protection of individuals with regard to the processing of personal data and on the free movement of such data . CHAPTER II GENERAL RULES ON THE LAWFULNESS OF THE PROCESSING OF PERSONAL DATA. SECTION IICRITERIA FOR MAKING DATA PROCESSING LEGITIMATE。

〔2〕 参见 Directive 95/46/EC of the European Parliament and of the Council of 24 October 1995 on the protection of individuals with regard to the processing of personal data and on the free movement of such data . CHAPTER II GENERAL RULES ON THE LAWFULNESS OF THE PROCESSING OF PERSONAL DATA. SECTION IV INFORMATION TO BE GIVEN TO THE DATA SUBJECT . Article 10。

〔3〕 参见 Directive 95/46/EC of the European Parliament and of the Council of 24 October 1995 on the protection of individuals with regard to the processing of personal data and on the free movement of such data . CHAPTER II GENERAL RULES ON THE LAWFULNESS OF THE PROCESSING OF PERSONAL DATA. SECTION IV INFORMATION TO BE GIVEN TO THE DATA SUBJECT . Article 11。

〔4〕 参见 Directive 95/46/EC of the European Parliament and of the Council of 24 October 1995 on the protection of individuals with regard to the processing of personal data and on the free movement of such data . CHAPTER II GENERAL RULES ON THE LAWFULNESS OF THE PROCESSING OF PERSONAL DATA. SECTION V THE DATA SUBJECT's RIGHT OF ACCESS TO DATA。

的权利。[1] 在第8节和第9节分别规定了数据控制者的数据处理保密义务、安全保障义务以及向监管机构报告的义务等。

2012年1月27日欧盟委员会发布了《欧盟议会和欧盟理事会关于规范个人数据处理中个人保护和所涉数据自由流通的条例建议案》（以下简称《12条例》建议案）。该建议案从性质上来讲是一种过渡性的法律文件，但在内容上比《95指令》更为完善。直至2016年4月27日，欧盟正式公布了《统一数据保护条例》（以下简称《16条例》），意味着欧盟在其域内正式拥有一部统一的、具备直接效力的个人数据保护法律规范。

《16条例》在《95指令》的基础上，有一系列重大变化，其中条例的效力增强，在欧盟范围内具有直接的法律效力，可以适用于各个层次的适格主体；[2] 明晰了个人数据的定义：个人数据应当符合可识别性要件，即个人数据应当能够直接或间接指向某一类人或其特征；[3] 明确数据处理的合法性原则，即必须经过数据主体同意或者为履行涉及公共利益的职责的需要等，才可以进行数据处理；详细规定了数据主体享有的权利，包括获取必要信息的权利、访问权、拒绝权、更正权、被遗忘权、限制处理权、持续控制权等；[4] 对数据处理者课以相应的义务，如保存、安全保障、影响评估、设立数据专员等义务；在国家层面，《16条例》对个人数据跨境转移进行规制，要求

---

〔1〕 参见 Directive 95/46/EC of the European Parliament and of the Council of 24 October 1995 on the protection of individuals with regard to the processing of personal data and on the free movement of such data . CHAPTER II GENERAL RULES ON THE LAWFULNESS OF THE PROCESSING OF PERSONAL DATA. SECTION VII THE DATA SUBJECT's RIGHT TO OBJECT。

〔2〕 参见2016年欧盟《统一数据保护条例》第3条。

〔3〕 参见2016年欧盟《统一数据保护条例》第4条。

〔4〕 参见2016年欧盟《统一数据保护条例》第12~22条。

接收国达到"充分保护水平"，并且遵循适当保护措施，但此限制规定了例外条款;[1] 在监督方面，设立独立的监管机构并加强数据保护监管机构的执法权，赋予监管机构调查权、矫正权、授权和建议权、司法参与权等;[2] 此外，还设立了数据保护专员制度、数据保护认证机制、拓宽了救济渠道并加重了违法制裁措施。欧盟对个人数据的保护十分严格，从配置权利义务，到建立数据监管机制，欧盟的立法涉及整个数据活动过程。

（四）美国关于个人数据保护的立法

美国将个人数据的保护纳入隐私权保护的范畴，并采用分散立法模式保护个人数据。在个人数据保护方面，倾向于将其纳入隐私权保护范围之内，在美国法体系中，隐私权的保护制度是通过对大量的司法实践提炼而出，形成《美国侵权行为法重述》。该法案将侵犯隐私权的情形归纳为：盗用肖像及姓名、非法入侵、公开他人私生活、公布他人不实影像四类。法官在司法实践中可以运用其自由裁量权进行解释，因此，美国的隐私权制度具备较强的开放性，将个人数据保护纳入隐私权保护制度中具备可能性。《美国隐私法》也对公共部门处理个人记录进行了规制，所涉环节包括对个人信息的收集、使用、公开以及保密等，但法案明确只有在涉及侵犯个人权益时，才能进行法律规制。

美国还通过分散式的立法对个人数据进行保护。例如 1970《正当信息通则》确立了 5 种隐私保护原则，包括通知/获知原则、选择/同意原则、访问/参与原则、完整性/安全性原则、执行/救济原则，为美国的隐私保护确立了基本框架。其他相关的立法还有《家庭教育权和隐私法》《电子基金转移法》《有线通

---

〔1〕 参见 2016 年欧盟《统一数据保护条例》第 45、46、49 条。
〔2〕 参见 2016 年欧盟《统一数据保护条例》第 6 章。

信隐私政策法》《电子通信隐私法》《电信法》以及《计算机比对和隐私权保护法》等。总体来讲，美国立法原则性规定较多，需要依靠法官的自由裁量权来判定是否侵权，稳定性不强，个人数据保护力度相对欧盟较小。

（五）我国台湾地区关于个人数据保护立法

我国台湾地区为打击网络诈骗、电话诈骗泛滥、非法贩卖个人资料等猖獗行为，于 2015 年 12 月 30 日修订 "个人资料保护法"，加强对个人数据的保护。该法第 3 条明确规定公民就其个人资料享有查询、请求阅览、请求制作复制本、删除、补充、更正、请求停止搜集、处理或利用的权利。[1] 第 28 条、29 条明文规定公务机关、非公务机关有违反 "个人资料保护法" 的情形时，被害人有要求损害赔偿的权利。[2] 将收集个人资料的行为分为直接搜集个人资料和间接搜集个人资料两种情形，并详细规定了资料相对人的事先告知义务；除此之外，该法针对公务机关和非公务机关制定了较为完善的义务体系，包括：公务机关或非公务机关应依当事人之请求的答复义务、维护个人资料的正确性、主动或依当事人之请求更正或补充的义务、安全维护义务以及委托机关的保密义务。公务机关应将所保存的个人资料文件名称、保有的机关名称及联络方式、保有个人资料档案的依据特定目的、个人资料类别及其变更情况向公众公开等。

（六）我国澳门地区关于个人数据保护的立法

澳门特别行政区于 2005 年制定了《个人资料保护法》，该法第 3 章赋予个人咨询权、查阅权、反对权、不受自动化决定

---

〔1〕 参见我国台湾地区 "个人资料保护法" 第 3 条。
〔2〕 参见我国台湾地区 "个人资料保护法" 第 28 条、第 29 条。

约束的权利和损害赔偿权。[1] 第 4 章规定了个人数据义务主体应当承担安全维护、实施特别的安全措施、次合同人的限制处理以及职业保密等多项义务。[2]

咨询权要求除符合法律规定的情形外，资料收集人应当告知当事人收集人身份、处理目的、资料接受者类别、当事人回复的强制性或任意性，以及不回复可能产生的后果等信息。查询权是指负责处理个人资料的机构应当准许资料当事人不受限制地行使获取资料的权利。反对权是指除法律特别规定外，资料当事人有权在任何时候，以与其私人情况有关的正当或重大理由反对处理与自身有关的资料。不受自动化决定约束权是指任何人有权不受对其权利义务产生影响的决定的约束，且这一决定是仅基于对数据的自动化处理对自身人格某些方面而做出的。例如某银行拟以电脑做出的心理测试，来决定是否批准核发贷款，当事人便有权拒绝受该自动化决定的约束。损害赔偿权是指任何因资料的不法或违规处理而遭受损害的当事人均有权向负有责任的收集者、控制者、使用者要求赔偿损失。

在义务体系中，安全维护义务指负责处理个人资料的实体应采取适当的技术和组织措施保护个人资料，措施的安全程度应与资料处理所带来的风险及所保护资料的性质相适应。在委托他人处理时，需谨慎选择次合同人，并应监察有关措施的执行。在次合同进行处理过程中，应有约束次合同人和负责处理资料实体的合同或法律行为规范。特别的安全措施是指负责处理资料的实体应采取适当的措施，以便控制进入设施、资料载体、输入、使用、查阅、传送、引入以及运输。并对所收集、处理和使用的个人资料应分类管理，即有关系统应确保将与健

---

〔1〕　参见澳门特别行政区《个人资料保护法》第 3 章。
〔2〕　参见澳门特别行政区《个人资料保护法》第 4 章。

康和性生活有关的个人资料，包括遗传资料，同其他个人资料分开。次合同人的限制处理是指次合同人和任何隶属于负责处理资料的实体或次合同人在查阅资料时，如没有负责处理资料的实体的指引则不得对资料进行处理，但履行法定义务者除外。职业保密义务是指负责处理个人资料的实体和在履行职务过程中知悉所处理个人资料的所有人士，包括为公共当局从事顾问或咨询工作的公务员、服务人员或技术员，均负有相同的职业保密义务。

（七）对域外立法的评价

OECD 颁布的系列文件中确立的数据处理原则为个人数据利用与保护奠定了基础性框架，但囿于效力和具体制度，缺乏可操作性。

欧盟个人数据立法在静态层面，为数据主体设立诸多权利，对数据处理者课以相应的义务。动态层面，各国数据监管机构、独立监管机构和数据保护专员制度共同构成严格、高效的数据监管机制；除此之外，欧盟立法还完善了救济措施、惩罚机制。因此，欧盟立法中制度设计比较完善，在执行方面也体现出高效便捷的优势。

在美国，通过隐私保护个人数据面临较大困境：大部分数据都不具备隐秘性，这与隐私权保护的私密要件相违背，以保护隐私权为由要求保护不具备隐秘性的个人数据，难以获得法官支持。虽然有众多分散立法保护各自领域的个人数据，但大多都为原则性规定，缺乏可操作性，且没有相应的救济措施和监督机制。

我国台湾地区和澳门特别行政区的个人数据立法多涉及个人权利和数据处理者的义务，对数据监管没有或者缺乏具体规定。譬如我国台湾地区"个人资料保护法"未规定对数据处理的监督管理；而澳门特别行政区《个人资料保护法》明确了

"公共当局"的监督职能，对涉及特定内容的信息、资料的处理，应当经过"公共当局"的审查、许可和登记，但"公共当局"只能被动地行使其监管职能，缺乏主动执法的权力，在大数据、云计算等新技术环境下个人数据被侵犯的频率高、受害者数量多，被动监管难以及时有效作出应对措施。

世界各国、各地区个人数据保护立法差异化明显，这与各自情况密切相关。美国是数据技术强国，数据控制者、数据处理者集中于美国，倾向于促进数据自由流通，弱化个人数据保护，这样的立法及政策有利于发展其数据产业与"数据霸权"。与美国相比，欧盟在技术和企业方面处于相对弱势地位，一直强调个人数据的严格保护，而2013年发生的"棱镜门"事件，直接导致欧美"安全港协议"作废，促使欧盟在立法层面对个人数据作出更严格的保护。我国在数据技术和数据产业方面处于相对劣势地位，却是创造数据量的世界第一大国，个人数据面临被滥用的风险，基于此国情个人数据保护立法、政策的制定均迫在眉睫。

四、我国个人数据保护的对策与建议

对个人数据的保护不仅要确立数据收集、处理、使用的原则，还应赋予数据主体数据保护权利，同时对数据控制者和数据处理者课以义务。个人在私人活动、家庭活动或者在公共场所、公共活动而收集、处理、使用个人数据、公知数据属于合理使用，不在本书所讨论的个人数据保护之列。国家机关、政府部门在履行合法公务职责的过程中收集、处理和使用个人数据亦不在本书讨论范围之列。本书仅讨论除上述两种之外的个人数据收集、处理和使用等行为。

（一）构建数据控制者的义务体系

1. 数据义务主体收集、处理、使用个人数据的原则

个人数据处理应兼顾个人的数据安全、隐私保护与数据流通的平衡，遵循诚实信用原则，遵守法律、行政法规，遵守社会公共秩序、善良风俗、商业道德，不得恶意处理个人数据，不得未经许可就对数据当事人的权利加以限制。[1]

第一，限制收集原则。收集个人数据应有所限制，获取数据的途径应当合法，收集数据的方式方法应当合理、公平，一般情况下应经数据当事人知晓或同意。数据获取、收集的途径多种多样，要加强对个人数据权利的保护，则需要对数据的收集方式加以限制。数据当事人同意或知情则是限制数据收集的一项强有力的手段。[2] 数据当事人同意或数据当事人知晓自身数据被收集，数据的收集行为才有合法正当的理由。法律禁止收集的数据，或者他人使用欺诈手段收集的个人数据，即使数据当事人知晓或者同意，也不具备合法性。

第二，目的特定化原则。收集个人数据的目的应当在收集之时就确定，之后处理以及使用均应限制在该目的的必要范围内。即使超出该目的范围处理、使用，其处理、使用也不得与收集之时就确定的目的相冲突。以及在之后更改的目的范围也不得与收集之时确定的目的相左。[3] 该原则要求收集个人数据

---

[1] 参见《中华人民共和国网络安全法》第9条。

[2] 参见 Collection Limitation Principle. 7. There should be limits to the collection of personal data and any such data should be obtained by lawful and fair means and, where appropriate, with the knowledge or consent of the data subject。

[3] 参见 Purpose Specification Principle. 9. The purposes for which personal data are collected should be specified not later than at the time of data collection and the subsequent use limited to the fulfilment of those purposes or such others as are not incompatible with those purposes and as are specified on each occasion of change of purpose。

的目的应当在数据收集之前或数据收集之时就确定下来，不得随意改变目的，即使是因为特殊情况需要调整目的范围的，调整后的目的也不得与收集之时确定的目的相冲突。不能随意变更目的，须经过一定程序方可进行，如通过公告、通知数据当事人收集的目的变更、经数据当事人同意、经法律法规、行政规章许可。数据的收集、处理与使用应与其所欲实现的合法目的相呼应，在处理数据的过程中应兼顾数据当事人与数据收集、处理、使用者的利益，实现个人数据保护与信息经济发展之间的平衡。存储个人数据的期间应为实现该特定目的所需要的时间，有特殊情况经相关管理部门同意可酌情延长。

第三，限制使用原则。数据控制者、处理者的数据活动应当被限定在数据主体可控范围内。个人数据不得未经数据当事人同意就被揭示、被他人获取或被超出收集时确定的特定目的范围的使用，除非该未经数据当事人同意的获取、使用行为经法律授权。[1]

第四，安全保护原则。数据的收集、处理、使用者或数据库的管理者应当妥善保护公民的个人数据，禁止个人数据被未经授权的获取、使用、修改，防止个人数据被盗、毁坏或泄露。[2]该原则要求数据收集、处理、使用者或数据库的管理者尽到数据的安全维护义务以及妥善管理义务，采取合理的安全保护措施，防止个人数据未经授权即被人获取、使用或修改，防止个人数据被盗、丢失、泄露。

---

〔1〕　参见 Use Limitation Principle. 10. Personal data should not be disclosed, made available or otherwise used for purposes other than those specified in accordance with Paragraph 9 except： · a) with the consent of the data subject; or b) by the authority of law。

〔2〕　参见 Security Safeguards Principle. 11. Personal data should be protected by reasonable security safeguards against such risks as loss or unauthorised access, destruction, use, modification or disclosure of data。

第五，公开原则。数据的收集、处理、使用者或数据库的管理者应当保证数据当事人的知情权、同意权，应当以合理、方便可行的手段向数据当事人告知个人数据被收集、被处理、被使用的事实，以及向数据当事人告知个人被收集、处理、使用的数据的种类、性质、存储状况、收集途径，使用者情况、使用目的以及已经采取或将要采取的保护措施，数据收集、处理者的信息、主要营业地、联系方式等必要信息。[1] 该原则要求数据收集、处理、使用者或数据库管理者获取、处理个人数据时，需要向当时告知当事人数据被收集、处理的事实、有关该数据被存储、被使用的情况以及收集者、处理者、使用者的信息等。数据当事人知悉自身数据被收集、处理的事实，才可能参与到数据的处理过程，行使和维护自身权益。

第六，个人参与原则。数据当事人有权获知自身数据被收集、被处理、被使用的事实，有权获知自身数据的相关存储、收集、使用的情况，数据当事人有权对自身数据被收集、被处理、被使用的全过程提出异议，要求数据的收集者、处理者、使用者或数据库的管理者删除、更正、完善个人数据。[2] 该原则旨在鼓励个人参与数据的处理过程，积极维护自身的数据权

---

〔1〕 参见 Openness Principle. 12. There should be a general policy of openness about developments, practices and policies with respect to personal data. Means should be readily available of establishing the existence and nature of personal data, and the main purposes of their use, as well as the identity and usual residence of the data controller。

〔2〕 参见 Individual Participation Principle. 13. An individual should have the right: · a) to obtain from a data controller, or otherwise, confirmation of whether or not the data controller has data relating to him; · b) to have communicated to him, data relating to him within a reasonable time; at a charge, if any, that is not excessive; in a reasonable manner; and in a form that is readily intelligible to him; · c) to be given reasons if a request made under subparagraphs (a) and (b) is denied, and to be able to challenge such denial; and · d) to challenge data relating to him and, if the challenge is successful to have the data erased, rectified, completed or amended。

益，行使查阅权、反对权、删除权、举报权等多项权利。当发现收集、处理、使用者有侵害公民的合法权利的行为，可以行使反对权或举报权，反对或举报该不合法行为；当数据没有正当理由被收集、处理或使用时，可以要求管理者删除；当发现数据有误或更新不及时，可以要求管理者更正；当发现数据不完整、不全面，可以要求管理者完善。

第七，责任原则。即数据收集、处理、使用者或数据库的管理者未合理尽到前述义务，需要承担责任。[1] 数据收集、处理、使用者或数据库的管理者通过数据挖掘、分析、利用或贩卖数据获取经济利益，因此也需要承担相应责任。数据收集、处理、使用者或数据库的管理者未能全面履行上述原则，造成数据当事人合法权利或利益损害的，应承担损害赔偿责任。[2]

2. 数据控制者的义务：数据控制权的消极层面

（1）实施个人数据保护政策。

数据控制者、数据处理者应当拟制个性化的个人数据保护政策（或称"用户隐私政策"），将其作为具有纲领性、原则性的个人数据保护框架。个人数据保护政策的内容应当涵盖原则宗旨、可能收集的数据类型、可能使用的方式、数据主体如何查看访问自己的个人数据、可能分享的个人数据、政策适用的例外、未成年人数据和敏感数据的特殊规定等。保护政策应当被链接至数据控制者、数据处理者网站全局导航栏，方便数据主体查阅。保护政策应当避免使用"霸王协议"，增大数据主体自主选择的空间，减少"接受/允许"模式对数据主体的

---

〔1〕 参见 Accountability Principle. 14. A data controller should be accountable for complying with measures which give effect to the principles stated above。

〔2〕 高富平：《个人数据保护和利用国际规则：源流与趋势》，法律出版社2016 年版，第 11 页。

影响。

个人数据保护政策仅靠数据控制者、处理者的自我约束来实现，缺乏强制力保障，可考虑借鉴美国联邦贸易委员会的措施，一旦数据控制者、数据处理者同意制定保护政策作为约束自己收集处理个人数据的行为准则，就应接受监管机构的对政策落实情况的监管以及对违反政策行为的惩罚。同时，随着数据处理技术发展、数据处理产业链的完善，个人数据的收集范围、再次使用目的等内容可能与个人数据保护政策发生偏离，此时数据控制者、处理者应当就变化的内容重新征得数据主体的许可，充分保护数据主体的知情权、同意权、更正权等权利。

（2）建立个人数据档案。

政府部门、电商企业、其他数据处理个人应当对获取的个人数据重新整理建档，分类管理。个人数据档案可以根据数据主体的姓名、身份证号码或者其他便于识别或搜索的符号命名。数据控制者、数据处理者应当对个人数据档案采取相应的保护措施。例如，技术上对个人数据档案加密，对其他主体的链接行为实施监控；组织上对能够接触到个人数据档案的主体严格筛选、签订保密协议、不定期工作考核等。数据主体在对个人数据档案查询之前也应接受身份信息验证。

数据控制者、数据处理者不仅需要在数据主体主动进行查询、要求更正修改个人数据时提供协助，还需要定期提示数据主体对个人数据进行核实，以防止数据主体因不了解个人数据档案的存在而阻碍数据查询权、数据修改权的行使。此外，还应当提示数据主体及时核对个人数据的方式，例如，电商在获得数据主体许可而收集处理个人数据时，同时告知个人数据档案存储的地点、进行查询的方式及程序等，并且定期以短信或者在数据主体运行应用软件时以显著的信息提示的方式督促数据主体对个人数据进行核实。

建立个人数据档案不仅可以保障数据主体对个人数据收集存储处理情况的掌控，而且方便数据主体对错误、片面、过时的数据要求改正、删除、遗忘。相对于在数据库海量数据中核实个人数据，在自己的个人数据档案中进行搜索成本更低，有利于数据主体尽可能在短时间里快速核对多项数据，及时行使更正权、删除权等。

（3）事先通知、获取同意。

数据控制者、处理者在收集、处理及使用个人数据之前，需要向数据主体履行告知义务并经数据当事人同意，切实保障数据主体的知情同意权。

通知义务要求数据控制者、处理者应当向数据主体告知其身份、经常居住地或营业地；并且告知其处理数据的目的、数据种类；如果这些数据被流通，还应当告知接收个人数据的主体身份及其类型；同时，数据控制者、处理者还应当提醒数据主体享有的权利类型，包括维护个人信息安全与自由的各项信息权利及其行使方式，以及权利受到损害时的救济方式。但由于法律原因或者事实原因不能告知的除外，如法定主体依据法律规定进行数据处理、进行犯罪侦查等活动，以及履行告知以为存在事实上的不能或特别困难，譬如相关数据没有数据主体的身份信息，也不能识别出数据主体，或者无法联系到数据主体。

"同意"有以下含义：首先，同意必须是数据主体自愿的，不能被威胁或者强迫；其次，同意必须是明确清晰的，不仅包括书面陈述、电子形式，也包括特定情形下的行为推定其同意；再次，同意必须是特定的，每一次同意仅针对特定目的或特定的处理行为，对超出数据主体同意范围之外的数据，必须另行征求数据主体的同意；最后，必须保证数据主体知晓同意的法律后果，现实中，数据主体可能不了解其同意处理的数据类型、数据处理行为类型以及数据处理的后果等，因此数据控制者、处理者必须采取必要措施保障数据主体充分了解同意的法律后果。[1] 值得注意的是，数据主体有随时撤销同意的权利，但撤销不具备溯及既往的效力。在特定情形下，不经过数据主体的同意也可以处理个人数据，比如司法机关为执行公务而处理个人数据等。

（4）保存数据处理记录。

规模较大（如企业工作人员人数超过一定数量）的数据控制者和数据处理者，具备较强的数据收集、处理能力，其处理数据的频率更高，处理的数据量更大，给个人权益带来的风险更高。然而在通常的数据处理活动中，个人数据一旦被违法收集、处理，甚至被肆意流通，导致个人权益受侵犯，往往难以找出具体的数据控制者或数据处理者，也无法确定个人数据被流通到哪些主体，导致个人数据安全遭受严重威胁。

因此应对此类数据控制者和处理者课以保存数据处理记录的义务。保存记录应当包括数据控制者、处理者的名称和联系方式，应当注明其处理数据的目的、被处理数据的类型、所涉及的数据主体类型，如果数据被流通，还应当记录数据接收者的名称、分类等身份信息。[2]

（5）安全保障义务。

数据控制者和数据处理者掌控大量个人数据，而这些数据一旦泄露或者被其他组主体非法窃取、篡改，将对个人权益造成损害。因此数据控制者、处理者应当承担安全保障义务，事前要采取技术措施保障数据的安全性，发生网络安全事件后，

---

〔1〕 参见欧盟 2016 年《一般数据保护条例》第 7 条。
〔2〕 参见欧盟 2016 年《一般数据保护条例》第 30 条。

要及时向相关监管部门报告。

首先，应当采取技术措施保障数据安全性。在数据控制者、处理者内部，要制定内部安全管理制度和操作规程，确定网络安全负责人，落实网络安全保护责任；[1] 并且应当提前制定网络安全事件应急预案，及时处置系统漏洞、计算机病毒，预防网络攻击、网络侵入等安全风险；[2] 采取防范计算机病毒和网络攻击、网络侵入等危害网络安全行为的技术安全措施（如监测、记录网络运行状态、数据分类、重要数据备份、加密、假名化等），安全措施不仅要根据技术的进步或社会的发展而不断改进，还应与所处理的数据具体情况（如数据性质、数据规模、数据储存时间的长短等）相适应。

其次，发生网络安全事件应当及时报告。如果数据控制者、处理者遭受网络攻击，导致个人数据泄露，应当及时（如在 72 小时内）向相关监管部门汇报。汇报的内容应当包括泄露的个人数据的性质、种类、规模，数据泄露的可能导致的后果、已经采取的技术措施以及相应的记录。[3] 如果数据处理者遭受网络攻击，产生风险，还应当向数据控制者报告。

（6）进行数据保护影响评估。

当一项数据处理行为可能给数据主体的权益带来风险时，那么数据控制者、处理者应当提前就该项数据处理行为对数据保护带来的影响作出评估，并就该评估结果向相关主管部门汇报，一旦该结果表明数据处理行为会导致新的风险，那么相关主管部门有权要求数据控制者、处理者采取相应的措施降低风险。

---

[1]　参见《中华人民共和国网络安全法》第 21 条。
[2]　参见《中华人民共和国网络安全法》第 25 条。
[3]　参见欧盟 2016 年《一般数据保护条例》第 33 条。

但并非所有数据处理行为都需要进行影响评估，应当根据处理行为的性质、范围、内容或者目的而定，比如处理行为涉及大量直接与个人信息相关的数据（如身份信息等），或涉及对大规模公共数据进行系统化处理时，就应当进行数据保护影响评估。而影响评估应当包括数据处理行为的种类、目的、必要性；数据处理行为将产生的风险；应对风险的预备方案。[1]

（7）保密义务。

数据控制者、处理者在数据处理过程中，可能知悉数据主体的个人信息、隐私数据等，甚至可能通过大量公共数据获知商业秘密等，因此任何接触个人数据的主体都应当承担保密义务，不得泄露、出售或者向他人提供这些信息。保密义务还意味着，仅能在数据控制者的指示范围内对个人数据进行处理，对指示范围之外的个人数据，不得处理，也不得泄露、出售或向他人提供。

（二）构建个人数据权的权利体系：信息控制权的积极层面

1. 权利构建的法理基础

数据非法收集、数据滥用与非法买卖等带来个人数据安全挑战，个人隐私等权利受到侵害，短信骚扰、电信诈骗、盗窃等现象屡见不鲜。大数据环境下数据立法应遵循两大基本目标：一是在开放的数据环境下保障个人数据安全，有力保护个人权利；二是在保证个人数据正当使用前提下，尽可能促进数据的自由流通，充分发挥数据的潜在价值。

我国《宪法》保护公民的人格尊严、人格平等、人身自由等。明确公民的住宅不受侵犯、[2] 通信自由和通信秘密受法律

---

〔1〕 参见欧盟2016年《一般数据保护条例》第35条。

〔2〕 参见《中华人民共和国宪法》第39条。

的保护，[1] 为公民的个人数据保护提供了宪法基础。

　　我国对个人数据的保护有隐私权保护说和财产权保护说。《侵权责任法》第 2 条明确地规定公民享有隐私权，但《侵权责任法》仅明确了隐私权的概念，并没有完整的制度性以及具体规定，对隐私权的内涵与外延、分类、权利行使和权利保护都缺乏具体、细化的规定。[2] 实际上，将个人数据信息视为一种隐私利益给予保护的确存在难以解决的问题，因为隐私权概念是私权利社会的制度要求，而大数据技术正在某些方面形成比私权利社会更为高效的有机社会，隐私权保护与这种高效的有机社会要求存在冲突。[3] 通过隐私权保护个人数据意味着个人数据在某种程度上是处于权利人控制之下的特定信息，数据控制者、处理者未经同意收集、处理此类特定信息，将削弱权利人的控制权、自决权。

　　将个人数据作为财产权予以保护也面临困境。首先，个人数据具有人身和财产双重属性，就其人身属性来讲，个人数据往往直接或间接指向数据主体的个人信息，体现出对数据主体的依赖性，而个人数据一旦被滥用，数据主体的财产权益和人身权益同样遭受侵害，因此，将个人数据作为财产权保护将会忽视数据主体对个人数据享有的人身利益。其次，作为私权的财产权，权利行使的效益取决于权利主体即自然人的判断能力，而自然人的信息处理能力无法与大数据技术下的智能信息处理能力相比，这决定了对个人数据信息的财产权保护既损害了公

---

〔1〕　参见《中华人民共和国宪法》第 40 条。

〔2〕　王利明："隐私权概念的再界定"，载《法学家》2012 年第 1 期。

〔3〕　吴伟光："大数据技术下个人数据信息私权保护论批判"，载《政治与法律》2017 年第 7 期。

共利益也损害了个人利益，因而恰恰是效率低下的。[1]

因此，个人数据保护不应仅着眼于个人数据的静态属性，而应从个人数据的动态属性着手，即为个人数据的保护设定权利。我国目前立法隐隐透出个人数据保护权的概念。2017 年通过的《民法总则》就明确保护自然人的个人信息，禁止非法处理个人信息的行为。[2] 2017 年 6 月 1 日实施的《网络安全法》也对个人数据的保护作了详细规定，而并非为个人数据设定权利。《网络安全法》加强对个人数据的保护，严厉打击网络诈骗；明确网络运营者、网络产品、服务提供者及网络相关行业组织的安全维护责任、应急处置义务以及告知、报告义务，严厉打击非法侵入他人网络、窃取数据、非法贩卖个人信息等不法行为；为个人数据安全提供了依据，但在作为私权的个人数据权方面，仍需要细化、具体化，前述欧美国家对个人数据权的立法就值得借鉴。

2. 个人数据保护权建构

（1）知情同意权。

个人数据的收集者、处理者和使用者在收集、处理及使用个人数据之前，需要向数据主体履行告知义务并经数据当事人同意。个人数据的收集、处理和使用若涉及个人的合法权利，或者对个人生理、心理、就业或经济状况有影响时，数据的收集者、处理者、使用者或数据库的管理者亦需要履行告知义务，向数据当事人清楚地告知个人数据处理的相关信息。网络平台

---

〔1〕 吴伟光："大数据技术下个人数据信息私权保护论批判"，载《政治与法律》2017 年第 7 期。

〔2〕《中华人民共和国民法总则》第 111 条：自然人的个人信息受法律保护。任何组织和个人需要获取他人个人信息的，应当依法取得并确保信息安全，不得非法收集、使用、加工、传输他人个人信息，不得非法买卖、提供或者公开他人个人信息。

运营商、网络产品或服务提供者除了要遵守法律法规关于个人数据保护的规定外，若其网络平台、网站、网络产品或服务具有自动收集、记录个人数据功能的，需要在用户访问网络或使用网络产品、服务的初始，就向用户说明并切实履行告知义务。[1]

收集当事人数据以及处理、使用个人数据时，除非当事人已经知悉自身数据被收集、被处理、被使用的事实以及收集者、处理者身份等事项的，个人数据的收集者、处理者、使用者需要告知当事人数据的收集者、处理者以及使用者的身份或其代表人身份，收集、处理的目的，数据的利用期间、方式以及数据的性质，以及提供或将要提供的数据使用者的身份、类别，数据的使用范围；[2]除此之外，还需要告知当事人享有的数据权利——数据查阅权、数据反对权、数据补正权、数据删除权、数据举报权、数据可携权以及损害赔偿请求权——以及权利行使的方式。若数据源于当事人以外的第三人，数据的收集者、处理者以及使用者还需要告知数据来源、第三人身份；[3]若数据的收集、处理、使用会对当事人的合法权利，或者对其生理、心理、就业或经济状况产生影响时，还需要告知可能产生的具体影响。

如果数据是源于公共网络这类公众可得知的"场所"即数据此时是"公知的"，则数据的收集者、处理者、使用者只需要向当事人告知数据被收集、被处理、被使用的事实以及上述告知事项，无需经其同意。即在该情形下，数据当事人只享有知情权而无同意权。若数据并非源于公共网络等"场所"或数据并非是"公知的"，则数据的收集、处理、使用者不仅需要清楚地告知上述事项，还需要取得当事人的同意。在此情形下，当

---

〔1〕　参见《中华人民共和国网络安全法》第 22 条。
〔2〕　参见我国台湾地区"个人资料保护法"第 8 条。
〔3〕　参见澳门特别行政区《个人资料保护法》第 10 条。

事人不仅享有知情权还享有同意权。这里的"同意"是指当事人经搜集者、处理或使用者告知前述应告知事项后，做出允许的意思表示。[1]"同意"要求当事人充分了解其具体内容及其法律意义。

权利的限制。并非所有情形下，数据的收集、处理、使用者都需履行告知义务。若法律法规免除了数据收集、处理、使用者的告知义务，则从法律法规的规定；基于侦查犯罪的需要，而收集、处理、使用个人数据的，亦无须告知；公务机关或公共机构为了进行社会普查、统计或科学研究的，收集、处理、使用公众的个人数据的，因为数据基数太大，告知成本过高或者根本不可能履行告知义务的，可以不告知。[2]虽然，公务机关或公共机构可以不履行告知义务，不代表没有告知义务存在。若当事人对公务机关或公共机构的数据收集、处理、使用提出异议，并要求行使查阅权、反对权、补正权、删除权等数据权利的，仍需按相关规则处理；公务机关依法执行职务而必须要对个人数据进行收集、处理、使用的，免为告知。这一情况适用于公务机关依法执行职务的过程中，必须要收集、处理、使用当事人的数据，且收集、处理、使用的数据范围必须要限定在履行该职务所必需的数据之列，才能免除公务机关的告知义务；[3]若告知当事人会妨碍公务机关依法履行义务或者告知将损害公共利益的，免除告知义务。这里的告知将损害公共利益是指确定如果告知当事人将要损害到公共利益，而不是可能损害公共利益这一或然性情形；[4]无法通知到数据当事人的，即

---

〔1〕 参见我国台湾地区"个人资料保护法"第7条。
〔2〕 参见澳门特别行政区《个人资料保护法》第10条。
〔3〕 参见我国台湾地区"个人资料保护法"第15条。
〔4〕 参见我国台湾地区"个人资料保护法"第8条。

无法与数据当事人取得联系的，可以不告知。[1]

（2）个人的数据查阅权。

数据查阅权是指数据当事人有权从数据收集者、处理者、使用者处或数据库的管理者处于合理期限内获知自身的数据情况，并有权在仅支付成本费用的条件下要求数据收集者、处理者、使用者或数据库的管理者出具有关其自身数据的情况的复制本，数据收集者、处理者、使用者或数据库的管理者没有正当理由应当予以答复、提供查询、阅览以及制作复制本的权利。数据当事人有权获知自身数据是否被处理，处理的目的，数据的类别，数据收集者、处理者、使用者的身份信息及类别；有权获知自身数据的来源；有权获知自身数据更正、删除以及保存情况。若当事人行使数据查阅权可能妨害数据安全，妨害他人的政治权利与自由的，经有关国家机关审核，可以有条件地查阅个人数据；当个人数据涉及刑事侦查及犯罪预防的，查阅权的行使必须经过有关国家机关批准；[2] 当个人数据的查阅妨害国家机关依法执行公务的，或损害数据收集者、处理者、使用者或数据库的管理者或第三人的重大利益的，个人不能行使数据查阅权（此处的"个人不能行使数据查阅权"是进行利益衡量的考虑，是指国家机关依法执行公务的权益以及数据收集者、处理者、使用者或数据库的管理者或第三人的重大利益要大于个人数据查阅权所代表的利益，所以以牺牲个人数据查阅权以保全更大的法益）；当个人数据的查阅妨害国家安全、社会经济利益或国家重大利益或可能泄露国家机密的，个人不再享有数据查阅权。[3]

---

〔1〕　参见我国台湾地区"个人资料保护法"第9条。
〔2〕　参见澳门特别行政区《个人资料保护法》第11条。
〔3〕　参见我国台湾地区"个人资料保护法"第10条。

（3）个人的数据反对权。

数据反对权是指数据当事人在数据被收集、处理、使用的任何时间段，有权以与自身有关的正当或重大理由反对对自身数据的收集、处理以及使用；或数据的收集者、处理者、使用者或数据库的管理者的数据收集、处理、使用行为违反了法律规定，或未经当事人同意，或侵犯了当事人权利的，数据当事人亦有权反对数据的收集者、处理者、使用者或数据库的管理者的数据收集、处理、使用行为。经审查，反对的理由正当且合理时，数据的收集者、处理者、使用者或数据库的管理者不得再对该数据进行收集、处理或使用。数据的收集者、处理者、使用者或数据库的管理者贩卖数据或将数据用作其他商业使用的，数据当事人亦有权以与自身有关的正当或重大的理由反对该商业利用行为。数据的收集者、处理者、使用者或数据库的管理者贩卖数据或将数据用作其他商业使用的，需在向第三人提供数据之前，向数据当事人告知数据即将被贩卖或使用的事实，保障当事人知情同意权的同时，亦保证了当事人及时行使反对权。[1] 前述"正当或重大的理由"并不意味着只要理由是重大的，就无须正当。正当或重大的理由是指正当的理由或重大且正当的理由。

数据的收集者、处理者、使用者或数据库的管理者经过对数据当事人提出的正当或重大的理由的审查，认为其理由合理的，需及时停止其数据的收集、处理、使用行为，或停止其对数据的贩卖或用作其他商事活动的行为。若数据的收集者、处理者、使用者或数据库的管理者收到当事人反对的通知后未及时停止其数据行为，或收到当事人的反对通知后，未在合理期

---

[1] 参见澳门特别行政区《个人资料保护法》第 12 条。

限内给予答复的，当事人可以报请有关机关处理，相关部门经审查确有理由的，可以责令数据的收集者、处理者、使用者或数据库的管理者停止其数据行为，或强制其停止数据利用行为。

数据的收集者、处理者、使用者或数据库的管理者可以以法律的强制性规定或其他合法且充分的理由，阻却当事人数据反对权的行使。即数据的收集者、处理者、使用者或数据库的管理者的数据行为是依据法律强制性规定，或其数据行为有合法且充分的理由时，即使当事人反对该数据行为，数据的收集者、处理者、使用者或数据库的管理者亦有权继续实施其数据行为。

（4）个人的数据更正权。

数据补正权包括两项权能：数据的收集者、处理者、使用者或数据库的管理者收集、处理或使用的数据不完整的，数据当事人有权要求其予以补充；以及数据的收集者、处理者、使用者或数据库的管理者收集、处理或使用的数据有误、不准确或更新不及时的，数据当事人有权要求其予以更正。[1]数据的补充以及更正，不仅是数据当事人的权利，更是数据的收集者、处理者、使用者或数据库的管理者的义务。数据的收集者、处理者、使用者或数据库的管理者可以依当事人请求，也可以主动补充、更正管理、控制的数据。数据的收集者、处理者、使用者或数据库的管理者在相关个人的数据予以补充、更正后，应当将数据补充、更正的情况告知数据当事人。[2] 若数据的收集者、处理者、使用者或数据库的管理者未及时补正个人数据，致使数据当事人因不完整、不准确或过时的数据而受有损失的，数据的收集者、处理者、使用者或数据库的管理者应当承当损害赔偿责任。若当事人请求予以补正的，数据的收集者、处理

---

〔1〕 参见澳门特别行政区《个人资料保护法》第45条。
〔2〕 参见我国台湾地区"个人资料保护法"第11条。

者、使用者或数据库的管理者未补正或未及时补正的，当事人可以向有关部门投诉，相关部门经查证认为当事人要求补正确有理由的，可以强制补正，也可以责令数据的收集者、处理者、使用者或数据库的管理者补正。

（5）个人的数据删除权。

数据删除权，也叫数据被遗忘权，是指数据的收集者、处理者、使用者或数据库的管理者收集、处理、使用的数据其收集目的或处理、使用的目的（这里的"处理、使用的目的"是指在收集之后的阶段，对于数据收集的目的变更后的目的。这里的处理、使用的目的依然要遵循目的特定化原则）已经实现，没有继续存储的必要时，当事人可以请求数据的收集者、处理者、使用者或数据库的管理者予以删除的权利；或数据存储期限届满，当事人请求删除的权利；[1] 或数据的收集者、处理者、使用者或数据库的管理者收集、处理、使用的数据违反了法律、行政法规，或侵犯了当事人权利的，或有违双方约定的，当事人有权要求数据的收集者、处理者、使用者或数据库的管理者予以删除，并有权依法寻求救济的权利。[2]

数据删除的对象包括个人数据、信息及其复制件、副本、备份，以及相关链接等（此处的"等"是泛指数据存储的一切方式，是对前述数据存储方式的补充，即一经删除，则数据无论以何种方式存储的，均需删除）。数据的删除既可以当事人请求予以删除，也可由数据的收集者、处理者、使用者或数据库的管理者主动删除。

（6）个人的数据监督权。

数据当事人发现数据的收集者、处理者、使用者或数据库

---

〔1〕 参见我国台湾地区"个人资料保护法"第11条

〔2〕 参见《中华人民共和国网络安全法》第43条。

的管理者有侵害其本人权利或利益的行为，或者有违反数据保护法律法规存储、传播危害社会公共利益和妨害社会管理的行为的，或者有其他危害社会公共利益、国家利益的行为的，可以向监管部门举报；数据当事人行使数据知情同意权、查阅权、反对权、补正权、删除权、损害赔偿权以及数据可携权、不受自动化决定约束权的，数据的收集者、处理者、使用者或数据库的管理者不予配合，经当事人申诉仍不履行相应义务的，可以向监管部门举报，以保障自身的数据权利。

(7) 损害赔偿请求权。

数据的收集者、处理者、使用者或数据库的管理者有违反法律法规，或违反数据管理规定，或违反数据保护义务，数据当事人因此而受有损害的，可以向数据的收集者、处理者、使用者或数据库的管理者要求损害赔偿。[1] 数据当事人因为数据的收集者、处理者、使用者或数据库的管理者不当的或不法的数据收集、处理、使用行为而遭受损害的，不仅可以要求数据的收集者、处理者、使用者或数据库的管理者承担损害赔偿责任，还可以要求数据的收集者、处理者、使用者或数据库的管理者承担赔礼道歉、消除影响、恢复名誉等责任。数据当事人还可以行使上述数据反对权、补正权、删除权以及举报权，要求数据的收集者、处理者、使用者或数据库的管理者采取及时停止侵权行为，补正不完整、不正确的数据，删除相关数据等多项补救措施。数据当事人在侵权事件发生后，可要求数据的收集者、处理者、使用者或数据库的管理者及时采取措施，防止事件影响进一步扩大。如果数据的收集者、处理者、使用者或数据库的管理者未及时采取补救措施，导致损失进一步扩大

---

〔1〕 参见澳门特别行政区《个人资料保护法》第 14 条。

的，数据当事人可以就数据的收集者、处理者、使用者或数据库的管理者未及时防止影响进一步扩大的行为要求损害赔偿。数据当事人受到的损害，既包括财产上的损害，也包括身体、健康、精神等多种损害。

若数据收集者、处理者、使用者或数据库的管理者能证明事件并非自身行为引起的，可以根据事实情形，免除其部分或全部责任。若数据的收集者、处理者、使用者或数据库的管理者仅仅是为用户提供数据、信息的存储、接入、搜索、链接、传播及分享技术支持与便利条件的，适用"通知－删除"规则。即数据的收集者、处理者、使用者或数据库的管理者只是为数据库的用户、网站使用者提供了数据、信息的存储、接入、搜索、链接、传播及分享等技术支持服务的，并未提供内容，[1]即此时数据的收集者、处理者、使用者或数据库的管理者只是用户（数据、信息的传播者）与数据当事人之间的中介，在收到当事人"合格的"通知后，及时删除采取删除、屏蔽、断开链接等必要措施的，可以要求不承担侵权责任。[2]

（8）个人的数据可携权。

数据可携权一词取自于欧盟 2016 年颁布的《统一数据保护条例》第 20 条的 Right to data portability（可以携带数据的权利）。数据可携权是指数据主体对于有关自身的个人数据，有权无阻碍地以有结构的、符合通常用法的、机器可读的形式将该数据传输给某一数据控制者，即使该数据被另一数据控制者掌控。如果技术可行的话，数据当事人有权直接将其个人数据从

---

〔1〕 熊文聪："避风港中的通知与反通知规则——中美比较研究"，载《比较法研究》2014 年第 4 期。

〔2〕 参见《中华人民共和国侵权责任法》第 36 条。

一个数据控制者处传往另一个控制者处。[1]

　　数据当事人有权将经其同意收集、处理、使用的个人数据，从一个数据控制者处传输到另一数据控制者处；数据当事人作为合同一方主体时，为了履行合同或订立合同，必须对当事人数据进行收集或处理、使用的，数据当事人在此情况下亦有权控制自身数据的传输；[2] 数据当事人的可携权亦适用于数据的收集者、处理者、使用者或数据库的管理者基于特定目的并经当事人明确同意收集、处理、使用的敏感数据。[3] 数据可携权的行使不得损害数据当事人的其他数据权利，也不得对他人的权利和自由产生不利影响。法律法规另有规定的，从其规定。为了公共利益的需要而必须对数据进行收集、处理和使用的，或有关部门授权特定数据的收集者、处理者、使用者或数据库的管理者收集、处理、使用或管控数据并限制传播的，数据当事人于此情形亦不得随意传输个人数据。[4]

　　因此，数据可携权是指数据当事人在一定情形下，有权将其数据转移给其他信息控制者，或从某一数据控制者处传输到另一数据控制者处，而不受原数据控制者阻碍的权利。数据可携权不仅实现了数据主体对自身数据的有效控制，促进数据的利用与流通，使个人数据在发挥其人格权的同时亦可发挥其财产权属性，使数据主体从数据传输与使用中获益。

---

　　〔1〕　参见 REGULATION（EU）2016/679 OF THE EUROPEAN PARLIAMENT AND OF THE COUNCIL of 27 April 2016. Article 20. Right to data portability。

　　〔2〕　参见 REGULATION（EU）2016/679 OF THE EUROPEAN PARLIAMENT AND OF THE COUNCIL of 27 April 2016. Article 6 . Lawfulness of processing。

　　〔3〕　参见 REGULATION（EU）2016/679 OF THE EUROPEAN PARLIAMENT AND OF THE COUNCIL of 27 April 2016. Article 9 . Processing of special categories of personal data。

　　〔4〕　参见 REGULATION（EU）2016/679 OF THE EUROPEAN PARLIAMENT AND OF THE COUNCIL of 27 April 2016. Article 20. Right to data portability。

第4章
商业秘密保护重构：基于信息控制者与企业的视角

大数据时代，数据洪流泛滥与数据安全问题频发的同时，数据的收集与挖掘却变得更为便捷。掌握大数据技术、挖掘数据价值是企业应对数据洪流的不二选择。在社会层面，运用大数据技术控制、挖掘信息使企业陷入信息泄露、信息失衡等高风险境地。新技术条件下新的传播方式以及信息的新存在形式与价值，使得数据、信息和商业秘密的内涵、外延亟须调整。因此，在社会层面探索大数据时代对企业商业秘密的界定、保护的影响变化以及企业数据控制的相关问题，建立更完备的商业秘密保护制度以重构信息平衡，在企业商业秘密保护与正常商业使用数据之间取得平衡变得尤为重要。

一、大数据时代商业秘密保护面临的挑战

大数据技术是通过利用和分析大量数据来提取有价值信息的信息技术，并且基于生成的数据积极回应变化带来的问题或用以预测信息，以做出有利于企业发展的决策。大数据不仅使企业的经营模式发生改变，而且也变革了企业的思维模式，企业掌握数据量的大小以及挖掘出数据的潜在价值成为其在竞争中脱颖而出的制胜法宝，而那些未能掌握大量数据的企业将可能被淘汰、不能利用数据提升自身的企业会将被历史洪流淹没。

（一）大数据时代的数据控制：企业的生命线

1. 数据的广泛应用与价值凸显

依据时代发展的驱动力的不同，可将人类走向信息化社会分为三个时代：计算机时代、互联网时代和大数据时代。计算机旨在解决数据计算问题，互联网旨在解决数据传输问题，大数据则是在此基础上用数据化的方式来解决人类生存发展所面临的各种问题。[1]

大数据时代数据所呈现的大量（Volume）、高速（Velocity）、多样（Variety）、灵活（Vitality）、价值（Value）和复杂（Complexity）的"5V1C"特点[2]，使数据的利用方式转变为对更多的数据进行分析、探求相关关系，找出并整合出更有用的资源，而不再过分执着于精确度。[3]

随着信息技术的飞速发展，人类进入了数字信息时代，企业获取信息能力的强弱等级也被视为衡量企业实力的标准之一。因此，大量的数据衍生出一门新技术——数据挖掘。数据挖掘，或称文本数据挖掘技术，是指为了发现知识，在文本数据中抽取隐含的、以前未知的、潜在有用的信息或知识的过程。[4]

只要有足够的数据量支撑，即使是最无害的数据，数据处理者也能通过数据挖掘得到与个人或企业相关的有价值信息。在此基础上，大数据衍生出更深层次的作用——预测未来（数据分析）。数据的预测作用体现在各行各业，方方面面，从最常见的改善人类社会生活的智能交通到医疗领域的临床判断、科

〔1〕　谢文：《大数据经济》，北京联合出版公司2016年版，第5页。
〔2〕　何清："大数据与云计算"，载《科技促进发展》2014年第1期。
〔3〕　[英]维克托·迈尔-舍恩伯格、肯尼思·库克耶：《大数据时代》，盛杨燕、周涛译，浙江人民出版社2013年版，第16~18页。
〔4〕　UK Intellectual Property Office, "Text Mining and Data Analytics in Call for Evidence Responses", available at http://www.ipo.gov.uk/ipreview-doc-t.pdf.

研实践再到提高政府公共文化的决策效果均是大数据分析预测的成果。[1] 对企业而言，可以应用数据挖掘技术做出更有益的策略调整。因此大数据技术成为许多企业提高其竞争力的重要手段。毋庸置疑，利用大数据的显著特征无疑将在大数据洪流中脱颖而出，例如苹果公司利用大数据提高销售额[2]等典型事例均凸显了大数据的应用价值。

2. 数据控制的边界亟须厘清

大数据时代企业数据与个人数据会发生一定重合，譬如企业的某些信息需要注册登录才可获取，因此用户注册登录的这些个人信息会形成一个数据库。这些个人信息包括姓名、电话、邮箱，其中还可能包括用户的上网痕迹，显示出使用者的生活方式和消费取向，这些数据对企业的经营而言是潜在的有利资产。再如企业与微博、微信等社交媒体合作，获得的用户相关数据的后续处理权限问题。当下大众点评、京东等商家均与微信进行合作，微信用户通过微信客户端购买商品或服务。就购买过程而言，商家企业获得消费者数据的合理性毋庸置疑，但对于作为中间商的微信平台而言，获取该购买过程中的消费者数据如何定性则值得探讨，其中的关键问题在于：哪些数据应该被储存、被控制？哪些可以被转移？数据合理使用的方式有哪些？数据主体、数据控制者与数据挖掘者之间的权利义务的边界何在？

大数据时代，数据的广泛流动使企业数据存储与用户数据控制的边界极为模糊。用户交易及隐私信息被大量收集与利用，

---

[1] 张兰廷："大数据的社会价值与战略选择"，中共中央党校 2014 年博士学位论文。

[2] ［英］维克托·迈尔-舍恩伯格、肯尼思·库克耶：《大数据时代》，盛杨燕、周涛译，浙江人民出版社 2013 年版，第 214 页。

用户个人信息安全面临巨大威胁。[1] 基于此，如何在作为数据控制者的企业、作为数据主体的个人及作为数据处理者或挖掘者的数据再利用人之间达成新的平衡是值得深入探讨的问题。

（二）大数据时代企业数据控制与商业秘密保护的挑战

数据是企业的核心资产，企业的经营模式、价值观及组织结构将发生快速变迁，大数据技术本身以及其在实际生产生活中的流动、应用等发生了颠覆性改变。信息快速增值，信息富有者掌握、控制越来越多的数据，企业主动生产、储存、获取乃至挖掘数据，企业商业秘密受到威胁，商业秘密侵权行为日益猖獗。据调查，过去十年，五家企业中至少有一家企业试图窃取对手的商业秘密，获得竞争对手的商业秘密成为提高自身市场竞争力的常规策略。[2] 全球竞争加剧，产品周期缩短，利润率及员工忠诚度下降，获得竞争对手商业秘密的竞争策略日益受到青睐。而如今，企业的资产大多以数据形式存在，通过网络转移数据来盗取商业秘密的问题严重。[3]

1. 数据控制加剧与信息失衡

大数据时代，企业通过不同渠道可以获取用户、合作商家和自身运营情况的大量数据，海量数据给企业带来商机。利用大数据的数据挖掘技术得出有益信息的前提是企业掌握了综合的、完整的、足够数量的数据。但这种"数据—数据挖掘—更

---

〔1〕 鞠晔、王平："云计算背景下欧盟消费者个人敏感数据的法律保护"，载《法学杂志》2014 年第 8 期。

〔2〕 Marco Alexandre Saias, "Unlawful acquisition of trade secrets by cyber theft: between the Proposed Directive on Trade Secrets and the Directive on Cyber Attacks", *Journal of Intellectual Property Law and Practice*, 2014.

〔3〕 Marco Alexandre Saias, "Unlawful acquisition of trade secrets by cyber theft: between the Proposed Directive on Trade Secrets and the Directive on Cyber Attacks", *Journal of Intellectual Property Law and Practice*, 2014.

大量数据—数据挖掘"的循环模式使数据富有型企业掌握更加海量的数据，客观上使得公众、数据贫困企业在数据的拥有、挖掘与利用方面的劣势愈发凸显。换句话说，数据富有型企业逐步形成数据垄断，社会层面的信息失衡趋势将更加明显。

信息失衡给网络行业带来巨大威胁。网络行业需要海量数据作为支撑，通常是通过对海量数据挖掘、分析，发现服务的新开发点。数据保有量可谓是网络行业和企业的生命线。如果中国互联网的发展长期失衡，那么不仅会阻碍整个社会的信息化进程，而且也会反过来抑制和缩小网络行业的生存发展空间。[1]

2. 商业秘密泛化

商业秘密（Trade scerets）是使用最为广泛且最古老的知识产权保护形式。无论企业种类、规模如何，对其业务和资产均以商业秘密这种古老的方式来进行保护。[2] 然而，数据挖掘技术使得商业秘密极易被他人获取，而传统商业秘密的范围已无法囊括大数据时代的"商业秘密"。

企业通过大数据的预测作用可以充分了解市场、迎合客户的需求，使自身在商业竞争中处于不败之地，同时，数据优势企业还可能通过大数据技术对竞争对手商业秘密进行挖掘，从而保持竞争优势。大数据的预测作用使得大数据时代商业秘密呈现出新的表现形式：之前没有价值性不属于商业秘密的信息以及非结构化数据在数据挖掘、分析和再利用的背景下价值凸显，从而可能需要纳入商业秘密的保护范围。

大数据具有价值密度低的特性，价值密度低是指获取有用

[1] 谢文：《大数据经济》，北京联合出版公司2016年版，第217页。
[2] Baker & Mckenzie, "Study on Trade Secrets and Confidential Business Information in the Internal Market", *Prepared for the European Commission*, 4 (2013).

信息的难度并没有随着数据量的爆炸性增长而降低，有价值的信息隐藏在巨量的数据中，易为数据控制者与数据处理者利用，而公众与其他企业则难以利用。因此，慎重斟酌商业秘密的保护范围是需要考量的重要问题。

商业秘密在数据挖掘技术的冲击下，传统的保护措施捉襟见肘、左支右绌。在大数据时代，商业秘密的内涵、外延和保护要件发生了重大变化，厘清其本质与边界刻不容缓。

二、大数据时代商业秘密构成要件的冲击与重构

（一）商业秘密的构成要件及其在大数据环境下的不适应性

大数据技术推动了社会数据化、精细化进程，胡适先生曾说，中国人大多是"差不多"先生，凡事习惯马马虎虎，并不求精确的时代将一去不复返。传统商业秘密的构成要件在大数据时代呈现出诸多不适应性。

1. 传统视角的商业秘密构成要件

依《中华人民共和国反不正当竞争法》（以下简称《反不正当竞争法》）第 10 条第 2 款之规定：本条所称的商业秘密，是指不为公众所知悉、能为权利人带来经济利益、具有实用性并经权利人采取保密措施的技术信息和经营信息。商业秘密的构成要件有秘密性、价值性、实用性与采取保密措施等四个。对此定义，理论界有不同观点。有学者持三要件说观点，认为商业秘密的构成要件有秘密性、价值性、独特性[1]；有学者持四要件说，认为商业秘密的构成要件有新颖性、价值性、实用性、秘密性四要件说[2]；还有学者持五要件说，认为商业秘密由秘

---

[1]　张今：《知识产权新视野》，中国政法大学出版社 2000 年版，第 23~31 页。

[2]　孔祥俊：《反不正当竞争法的适用与完善》，法律出版社 1999 年版，第 32~63 页。

密性、新颖性、价值性、实用性和保密性五要件构成[1]。就这一问题的分歧体现也体现在现有立法之中，2016 年 2 月 25 日公布的《中华人民共和国反不正当竞争法（送审稿）》第 9 条第 3 款将商业秘密的定义为："不为公众所知悉、具有商业价值并经权利人采取相应保密措施的技术信息和经营信息。"欧盟 2016 年 4 月 14 日通过的《商业秘密保护指令》规定商业秘密应当具备"秘密性""价值性"及"保密性"。[2] 本书总体上认同《欧盟商业秘密保护指令》对商业秘密的定义。

（1）秘密性。

根据《中华人民共和国反不正当竞争法（送审稿）》第 9 条第 3 款对商业秘密的定义，"不为公众所知悉"对应秘密性要件。首先，秘密性针对的主体是同行业、同领域中能够凭借该信息去获取经济利益或竞争优势且不负有保密义务的市场主体。[3]其次，秘密性暗含对新颖性的要求，但这里的新颖性并不要求达到专利授权中新颖性的高度，而只需要满足与公知信息相区别的要求即可。[4] 此外，秘密性还隐含对地域性的要求[5]，商业秘密与一国的经济发展水平密切相关，而我国地域广阔，经济发展不均衡，传统环境下信息的传播速度和范围参差不齐，某一地域的商业秘密有可能为另一地域公知信息。同样，某一地域的公知信息也可能成为另一地域的商业秘密。但随着技术发展和传播方式的进步，地域性因素对商业秘密的影

---

〔1〕 张玉瑞：《商业秘密法学》，中国法制出版社 1999 年版，第 152~185 页。

〔2〕 《欧盟商业秘密保护指令》第 1 章第 2 条。

〔3〕 戎辉鹏："论商业秘密的认定"，西南政法大学 2009 年硕士学位论文。

〔4〕 张磊："简述商业秘密的新颖性和有价值性"，东方企业文化 2011 年第 10 期，第 275 页。

〔5〕 黄靖："论商业秘密构成要件的界定"，中国政法大学 2008 年博士学位论文。

响会逐渐减少直至消失。

（2）价值性。

《中华人民共和国反不正当竞争法（送审稿）》第 9 条第 3 款将原来反不正当竞争法规定的"能为权利人带来经济利益、具有实用性"修改为"具有商业价值"，拓宽了商业秘密的保护范围。

"具有商业价值"对应商业秘密的价值性要件。商业秘密的价值性要包括经济利益或者竞争优势。首先是经济利益。传统环境中商业秘密的价值是指经济价值，而不包括精神价值和社会价值。经济价值是指商业秘密权利人使用商业秘密能够获得经济利益，主要体现在商业秘密权利人利用商业秘密取得的直接收益和间接收益、现实收益和潜在收益。[1] 其次是竞争优势。竞争优势是指商业秘密权利人在市场中的优势地位。这可以理解为一种时间上的优势，权利人利用优先研发出的产品或优先处理出来的信息，获得市场中的竞争优势地位。除此之外，消极信息（如研发失败的方案）在一定程度上可以使自己或竞争对手减少研发时间和成本。因此，消极信息也具备经济利益，应当被纳入商业秘密保护范围之内。

学界对商业秘密价值性和实用性之间的关系有所争议。有学者认为"实用性"应单独列为商业秘密的构成要件，也有学者认为实用性特征包含在价值性要件之中。但随着时代发展，对商业秘密价值性的探讨逐渐从"能为权利人带来经济利益"和"实用性"演变成单一的"具有商业价值"，变化过程虽然几次反复，但总体上对"实用性"的要求已逐渐减弱。国家工商行政管理局发布的《关于禁止侵犯商业秘密行为的若干规定》

---

〔1〕 张颖、于文广："论商业秘密的价值性"，载《科技与法律》2006 年第 2 期。

中规定：实用性是指"该信息具有确定的可用性"，体现在客观性、具体性、确定性三方面。

客观性是指商业秘密在客观上对其权利人具有价值，而且该价值能以某种形式表现出来，类似于工作经验等主观抽象的事物不能成为商业秘密；具体性要求商业秘密呈现为具体的方案或信息，能够在实践中操作、实施，而非抽象的想法或笼统的原理；确定性是指商业秘密的权利人能够确定商业秘密的具体内容并划清其保护界限，从而区别商业秘密和公知信息。

客观性、具体性以及确定性严格限制了商业秘密的形式要件，过度追求实用性将缩小商业秘密的保护范围。譬如，消极信息和阶段性成果因为不能实施或暂且未能实施到产业链中，而无法纳入商业秘密保护范围。因此，本书认为传统环境中商业秘密的价值性要件不包含实用性。

（3）保密性。

《中华人民共和国反不正当竞争法（送审稿）》第9条第3款中规定的"经权利人采取相应保密措施"即保密性要件。与现行立法相比，送审稿增加了"相应"一词。通说认为，商业秘密的权利人只要主观上有保密的意图，客观上采取了一定的保密措施，即符合保密性要件。[1] 现行立法中规定的"合理的保密措施"，也仅要求达到一定保护程度即可。

2. 大数据时代商业秘密构成要件

商业秘密的传统构成要件已无法涵盖大数据时代商业秘密的新表现形式，这些新形式的信息在大数据时代具备保护的必要性；实践中，与商业秘密相关的规则在大数据时代也遭遇诸多挑战。因此，商业秘密的重新界定对其法律保护至关重要。

---

〔1〕 逄淑琴、王潮："商业秘密保密性的判断"，载《人民司法》2009年第16期。

（1）对秘密性的冲击：新颖性和地域性要求弱化。

大数据时代，企业对敏感数据和分析数据的挖掘和利用愈发重视，这对秘密性要件提出挑战：一是对秘密性中暗含的"新颖性"要求被弱化，敏感数据和预测成果所使用的数据并不一定要达到与公知信息相区别的高度。这里的敏感数据有可能是市场主体一经搜索即可轻易获得的数据，这与传统环境中秘密性对"新颖性"的要求不同。二是在前述商业秘密的秘密性要件中对地域性的要求在大数据时代弱化的趋势更为明显。在网络不发达的时期，地域性是商业秘密考虑的因素之一，而在网络普及、知识信息高度发达的现今，商业秘密对地域性的要求可谓微乎其微。

（2）价值性的本质的冲击：经济利益和竞争优势显著。

商业秘密的价值性要件以商业秘密所带来的经济利益和竞争优势为判断标准。《反不正当竞争法（送审稿）》第9条第3款对价值性的表述是"具有商业价值"。在信息社会背景下，将企业敏感数据与公知的商业信息相结合，整合分析出的信息较大程度上能够为企业带来竞争优势或经济利益。

数据挖掘技术使得一些看似毫无关联的数据经过整合，就能够使其紧密地联系起来，从而分析出具有商业价值的信息，企业一旦获得这部分待加工的数据，就可能获得市场竞争优势和经济利益。在这个意义上，基于大数据的数据挖掘、分析使得原本没有价值的信息价值凸显，从而进一步获得保护的正当性。

（3）对保密性的冲击：保密措施的达标。

保密性是指权利人为保证商业秘密不为他人所知悉、避免进入公有领域而采取的合理保密措施。保密性的构成要件有：一是商业秘密权利人是否具有保密意愿；二是商业秘密权利人

是否采取合理的保密措施。[1] 然而，对于通过数据挖掘技术所
得到的数据企业可能并不满足此两点要求，但对于保密性所隐
含的保密力度要求企业可以轻易满足。例如，对网络信息、电
子文件进行数据加密处理；将内部计算机信息系统进行保密管
理等。

商业秘密是动态发展的，商业秘密的内涵随着技术的进步
与社会发展阶段的推进而改变。在理论和实践中，对商业秘密
的认定标准和保护范围做出正确揭示并明确其具体内涵才是关
键。[2] 商业秘密构成要件的内涵在大数据时代应有所调整。就
秘密性而言，在原有内涵的基础上去掉对新颖性和地域性的要
求合乎趋势；就价值性而言，经济利益和竞争优势在大数据时
代同样重要；就保密性而言，在企业存在保密意愿以及采取合
理保密措施方面，企业的保密意愿增强，并且企业通过对商业
秘密均采取一定的保密措施以强调这些数据的重要性，以防被
他人轻易知晓。因此，在新技术发展带来巨变的形态下，商业
秘密的构成要件应当融合新时代的特征，体现时代的内涵。

（二）商业秘密的保护客体及其在大数据时代的新发展

商业秘密传统构成要件的概括限定已经不足以囊括大数据
时代下的商业秘密所显示出来的共知性、易搜集性和可预测的
特征，为更好地保护企业的合法权益，商业秘密保护范围能否
适当扩展是值得讨论的问题。

1. 客体范围之一：技术信息和经营信息

商业秘密是受法律保护的信息。从基本属性上讲，商业秘
密是能够产生竞争优势和经济利益的信息，也是符合法律规定

---

[1] 逄淑琴、王潮："商业秘密保密性的判断"，载《人民司法》2009 年第 16
期。

[2] 周立波："试论商业秘密的认定"，载《时代金融》2011 年第 29 期。

的保护条件的信息。我国《反不正当竞争法》第 10 条规定商业秘密的客体包括技术信息和经营信息。技术信息，例如产品配方、技术工艺等；经营信息，如客户名单、企业发展规划等。从作用看，技术信息可以分为以下几类：能够生产或者制造新产品的技术信息；能够增加产量、改进品质或者降低成本的技术信息；能够改进运营管理设计或者操作的技术以及能够进行其他改进的技术信息。[1] 经营信息是指包括设计、程序、产品配方、制作方法、管理诀窍、客户名单、货源情报、产销策略、招投标中的标底以及标书内容等信息。[2]

2. 客体范围之二：敏感数据和分析数据

大数据时代，商业秘密的表现形式多样。数据比文字更真实，更能反映公司的真实运营情况，经过海量的分析得出企业的经营策略或者财产现状，这影响到企业的市场竞争地位或者合作伙伴对该企业的合作选择，那么基于这种分析的数据是否应当纳入商业秘密范围？有学者认为，将经营信息与技术信息进行深层次的关联分析、挖掘后形成的信息具有商业秘密属性。[3] 本书非常赞同上述观点，但在大数据时代，还有一部分数据如敏感数据，虽不完全符合商业秘密构成要件，却有保护的必要。

（1）敏感数据及其保护的必要性。

1995 年《欧盟个人数据保护指令》将"敏感数据"定义为："特殊数据即揭露或表明数据主体种族血缘、政治观点、宗

---

[1] 孔祥俊：《商业秘密保护法原理》，中国法制出版社 1999 年版，第 135 页。

[2] 国家工商行政管理局：《关于禁止侵犯商业秘密行为的若干规定》，第 2 条。

[3] 张冰、李仪："大数据背景下商业秘密的法律保护研究"，载《学理论》2016 年第 11 期。

教信仰或者健康、性生活的细节性数据。"[1] 在大数据时代，传统立法并不能满足新技术条件下对个人数据保护的需求。因此，2016 年 4 月 14 日，欧盟通过了《一般数据保护条例》(General Data Protection Regulation，GDPR)，将敏感数据在原有基础上增加了与个人安全相关的数据和基因数据。欧盟对新技术条件下敏感数据的认定需要结合具体内容和环境条件，因此对此并未做出明确定义。[2] 相比而言，企业敏感数据有别于个人数据范畴下的敏感数据。企业敏感数据是指既不完全符合商业秘密构成要件也不属于行业内公知数据的能够带给企业一定竞争优势的底层数据，企业的敏感数据需结合具体内容和环境条件方能发挥价值。由敏感数据推测出的具有价值属性的信息不仅指企业内部已经确切存在、已知的商业秘密，还包括敏感数据推测出来的对企业有价值的信息。

敏感数据虽不完全符合商业秘密的构成要件，但是敏感数据与可被公众通过一定手段获取的数据相结合后，在很大程度上可分析出企业的商业秘密，比如某汽车公司通过车载记录仪、传感器和相关软件等获得的汽车运行状态实时数据，并不符合商业秘密的构成要件（汽车所有人已知），若其他汽车制造商获取到此数据，结合汽车本身的零部件信息（可被收集数据），可以推测或分析出汽车制造商的汽车制造信息，较大程度上会接触到商业秘密。因此，企业敏感数据具有较高价值，能为同业竞争者带来竞争优势与经济利益，若将此数据排除在保护范围

---

[1] Directive 95 /46 /EC, of the European Parliament and of the Council of 24 October 1995 on the Protection of Individuals with Regard to the Processing of Personal Data and on the Free Movement of Such Data, 1995

[2] 鞠晔、王平："云计算背景下欧盟消费者个人敏感数据的法律保护"，载《法学杂志》2014 年第 8 期。

之外，不仅不利于商业秘密的保护，而且也不利于整个商业风气的形成，反而会刺激投机倒把行为滋生。

（2）分析数据及其保护的必要性。

分析数据是指数据分析结果，基于基层数据通过一定方式，结合相关数据对企业进行的预测得到的结果。值得考量的还有：公知信息经大数据分析之后，其分析结果是否应纳入商业秘密的范围之内？对此，有学者持肯定态度，认为其属于商业秘密范畴。[1] 2016 年 4 月 14 日通过的《欧盟商业秘密保护指令》（EU Trade Secrets Protection Directive，ETSPD）将商业秘密认定为：那些不公开、打算保密的有价值的专有技术和商业信息。其中将商业秘密的客体扩大到如客户和供应商的信息、商业计划、市场研究和策略等商业数据。[2]

判断分析数据能否纳入保护范围，应厘清分析数据是否能够为同行业竞争者带来经济利益或是竞争优势。首先，分析数据是企业付出一定的成本，整合分析相关数据得到分析结果。"洛克劳动理论"为分析数据的保护提供了哲学基础。其次，分析数据一般以本企业已有的相关信息为基础，可能已经融入了企业商业秘密，若任凭分析数据被随意获取，可能导致商业秘密及其利益被损害。

三、大数据时代商业秘密的保护

商业秘密侵权形式多样，当下法律体系对商业秘密的保护捉襟见肘。虽然《中华人民共和国民法典总则》已明确将商业

---

〔1〕　袁博："大数据是否构成商业秘密？"，载《中国知识产权报》2016 年 09 月 21 日第 008 版。

〔2〕　《欧盟商业秘密保护指令》第 1 章第 2 条。

秘密列为知识产权保护的客体。[1] 但目前我国对商业秘密保护立法散见于各部门法中，并未形成统一的保护体系。美国、日本、欧盟等国家或地区纷纷进行商业秘密专门立法，加大商业秘密保护力度。美国 2016 年通过了《保护商业秘密法案》，日本 2015 年修订的《不正当竞争防止法》以及欧盟 2016 通过《欧盟商业秘密保护指令》值得关注、借鉴。

（一）各国商业秘密立法保护及其大数据时代新趋势

1. 美国商业秘密立法保护

美国的商业秘密保护始于 1868 年的 Peabody v. Norfolk（皮博迪能源公司诉诺福克南方公司）案[2]。在该案中，一个经营者发明了一种制造工艺，并获得了一项禁止其原来的一个雇员向他人披露该工艺的禁令，该雇员在与经营者签订了一份不得泄露该制造工艺的合同后获知该工艺知识。之后，该雇员将该工艺提供给一个将要成为该经营者的竞争者，故该经营者起诉拟禁止该潜在竞争者使用该工艺。法院支持了经营者的主张。随后，学者和实务工作者相继提出了一系列保护商业秘密的理论。在美国一百多年来商业秘密保护实践中，1939 年美国法律协会制定的《侵权行为法第一次重述》（The First Restatement of Torts，1939）第一次对商业秘密进行了明确的界定。随着经济与科技的发展，《侵权行为法第一次重述》有关商业秘密的规定已难以符合新技术条件的需要，美国统一州法律委员会于 1979 年制定了《统一商业秘密法》（Uniform Trade Secrets Act）。1995 年，美国法律协会在《不公平竞争法第三次重述》中对商业秘密做了一系列规定。至此，美国建成了以《统一商业秘密法》为核心的商业秘密保护体系。但无论是《侵权行为法第一次重

---

〔1〕《中华人民共和国民法总则》第 123 条。

〔2〕 Peabody v. Norfolk，98 Mass. 452，457（1868）.

述》《统一商业秘密法》还是《不公平竞争法第三次重述》，均非立法机关制定的法律，而是民间机构对判例或普通法的归纳与总结。

就商业秘密制定法而言，1996 年 10 月，美国国会制定了第一部保护商业秘密的联邦制定法——《1996 年经济间谍法》（The Economic Espionage Act of 1996，简称 EEA），主要对商业秘密进行刑事保护。该法主要包括两部分，一是禁止为外国政府的利益而盗窃商业秘密的行为；二是禁止一般性的盗窃商业秘密的行为。在联邦立法外，各州也根据《统一商业秘密法》制定了州商业秘密法。随着经济、技术的发展，先前制定的商业秘密保护规定与现实情况相去甚远。再加之，美国商业秘密侵权诉讼层出不穷，企业在市场中的优势地位很大程度上取决于对商业秘密的占有程度，新技术发展使得企业对商业秘密的争夺日趋激烈。2017 年 2 月，谷歌起诉优步侵犯商业秘密案[1]可见一斑。因此，2016 年 4 月，美国国会通过了《2016 保护商业秘密法案》（Defend Trade Secret Act of 2016，简称 DTSA），形成了相对完善的商业秘密保护体系。

美国《2016 保护商业秘密法案》要点可分为六部分：

（1）商业秘密权利人提起诉讼的双重选择。

在进行跨州或跨境产品或服务交易中，商业秘密遭到不当使用的，商业秘密权利人即可向州法院提起诉讼，也可选择向联邦法院提起诉讼。

（2）单方申请扣押财产。

商业秘密权利人能够举证证明自己的商业秘密经不正当手段遭到了滥用，法院无须通知被申请人即可颁发查封令。但为

---

〔1〕　Mashable（Pg. Unavail. Online）2017 WLNR 6049393.

防止法院的查封令被商业秘密申请人滥用，商业秘密申请人需按法院确定的数额提供担保。

（3）赔偿金额大幅度提高。

将《1996年经济间谍法》中所规定的"500万"美元，修改为"500万美元以上或对商业秘密权利人而言其所具备价值的3倍"，其中包括研究费、设计费以及其他主体再次研出商业秘密的必需支出。

（4）美国境外窃取商业秘密报告制。

由司法部部长与知识产权执法部门等机构磋商后，就美国境外窃取商业秘密所受到的威胁、携带商业秘密出境所遭受的损失、美国贸易伙伴国在美国商业秘密保护上所受到的阻碍等事项向参、众两议院提交报告，同时向社会公布。

（5）美国商业秘密保护的普适性。

《2016保护商业秘密法案》所指的侵权行为发生地及于世界范围内。这对产品出口美国的国家及在美投资经营的外国企业而言是极大的挑战，需高度重视。

（6）雇员披露商业秘密的免责情形。

雇员仅以举报、配合违反法律规定的调查为目的或者处于诉讼、其他司法程序中时，以保密的方式直接或间接地向联邦、州、政府官员、律师披露商业秘密的。在雇佣管理或使用商业秘密或其他保密信息的雇员时，雇主应当在与雇员签订合同或协议中，将免责条款告知雇员。

2. 日本商业秘密立法保护

1911年，日本由农商务部草拟的不正当竞争防止法草案中保护商业秘密的规定，即第8条、第9条和第15条，其内容分别为"因业务受托模型、样本、制造方法或其他技术之秘密，无故泄漏或者利用者，被害人得请求损害赔偿"；"营业上之受雇人在委托或者雇佣关系存续中，泄漏因委任或雇佣关系所知悉之营业上秘密，被害人就其所受损害，得请求损害赔偿。前项情形，于业务上之受雇人，泄漏或利用前项规定雇佣人之业务上秘密时，准用之"；"为第 8 条、第 9 条……之违法行为者，处 5 年以下监禁或科千元以下罚金"。[1]

20 世纪 60 年代，日本经济快速发展，侵犯商业秘密的案件屡屡发生，企业对保护商业秘密的呼声越来越高。日本专利协会在 1967 年提出"关于保护专有技术（know how）的提案"，主张修改不正当竞争防止法，明确规定盗窃、滥用、泄露专有技术的民事与刑事责任。1974 年，日本刑法修正案中规定了关于侵犯商业秘密的条款，但因立法技术不高，导致立法原意模糊，使得这些规定难以实施。直至 1990 年，处于内外双重压力，日本在修正的《不正当竞争防止法》法案中增加了关于保护商业秘密的规定。

2015 年 7 月 3 日，日本国会通过《不正当竞争防止法修改议案》（2016 年 1 月 1 日生效），在原来以《不正当竞争防止法》为主的商业秘密保护新添助力，弥补了日本商业秘密保护立法的某些空白。修法主要针对日本的专有技术泄露到海外，从而造成巨大的经济损失以及海外利用网络空间窃取日本专有技术的问题，修改的具体内容体现在：

（1）扩大了刑事处罚对象的范围。

一是对盗取海外存储信息的处罚，修订前的《不正当竞争防止法》只对在日本境外不正当使用或者泄露由日本境内的个人或企业所控制的商业秘密的行为进行规制，修订后的《不正当竞争防止法》则将在日本境外获取商业秘密的行为也纳入了

---

[1]　孔祥俊：《商业秘密保护法原理》，中国法制出版社 1999 年版，第 118 页。

规制范围。

二是对窃取商业秘密的未遂行为的处罚，修改前的《不正当竞争防止法》只对窃取商业秘密的既遂行为进行处罚。修订后将窃取商业秘密的未遂行为亦纳入了规制范围，如为获取日本企业的商业秘密而实施的网络攻击就算最后以失败而告终，其行为也属于处罚的对象，而且与服务器所在的地点无关。[1]

三是对第三人的处罚：修改前只处罚侵犯商业秘密的第一人和第二人，修改后的《不正当竞争防止法》扩大了被处罚对象的范围，即一切明知商业秘密是通过不正当途径获得而仍然获取或者转售商业秘密的人。

四是对离职后窃取商业秘密行为的处罚，修改后将"退职犯"纳入规制范围。

五是关于出售、进口、出口侵犯商业秘密产品的刑事处罚以及民事救济程序，修订后对商业秘密侵权产品的"转让、交付，或为转让交付目的展览，出口或进口，或通过电子通信网络提供之行为"进行了规制。在民事救济程序方面，新法规定，对在获取产品时就知悉该产品系侵犯商业秘密而依然转让侵权产品，或者是本该知悉却由于疏忽大意而没有知悉为侵权产品的，被侵权人都可以诉诸民事救济程序维权。而对于知悉的人，则可以诉诸刑事救济程序。[2]

（2）加大刑事处罚力度。

一是提高了罚金刑的最大金额；二是引入了酌情没收的规

---

〔1〕郑友德、王活涛、高薇："日本商业秘密保护研究"，载《知识产权》2017年第1期。

〔2〕郑友德、王活涛、高薇："日本商业秘密保护研究"，载《知识产权》2017年第1期。

定，修订后的规定可以没收由商业秘密侵权而获得的收益；三是简化了刑事诉讼程序，不再要求刑事指控要被侵权人提出正式请求这一程序。

（3）完善民事救济程序。

一是减轻了原告的举证责任，规定生产过程的技术秘密实施举证责任倒置；二是延长诉讼时效，由于商业秘密侵权难以被发现，将权利人的诉讼时效由10年延长至20年。

3. 欧盟商业秘密立法保护

欧洲境内对商业秘密保护分为各国国内法保护与欧盟层面的保护。其中，各国对商业秘密保护主要分四种模式：一是以英国为代表的依靠信托关系法进行保护；二是以德国、西班牙和芬兰为代表通过反不正当竞争法进行保护；三是以法国与荷兰为典型通过民刑保护商业秘密；四是以瑞典为典型建立单一商业秘密法进行保护。[1]

在欧盟层面，对商业秘密保护主要通过条例进行。自1988年至2016年，欧盟共通过了四个保护商业秘密的条例，分别是1988年《商业秘密集体豁免条例》、1996年《技术转移集体豁免条例》、2004年新的《技术转移集体豁免条例》和2016年《欧盟商业秘密保护指令》。

自Rich Products/Jus-rol案[2]后，欧盟逐渐认识到商业秘密保护的重要性。1988年，欧盟委员会制定并通过《商业秘密集体豁免条例》，这是欧盟层面第一个单独商业秘密立法，条例第一次从欧盟层面清晰地对商业秘密进行了界定，认为商业秘密为实质的、秘密的并且可识别的技术信息。《商业秘密集体豁

---

〔1〕　曹煦："欧盟商业秘密保护探究及启示"，西南政法大学2015年硕士学位论文。

〔2〕　Commission Decision 88/143/EEC, 1988 O. J. （L 69）21.

免条例》仅可用于两方之间的单纯技术秘密许可使用协议、技术秘密与专利混合许可使用协议，而许可经营协议、合资协议、商业秘密保护池和跨境许可均不包含在内，这给商业秘密单独许可和专利与商业秘密的混合许可提供了一个避风港。《商业秘密集体豁免条例》包含"白色清单"和"黑色清单"，前者列举了符合《欧共体条约》第 81 条第 1 款规定的许可协议规定，包括被许可人不得泄露商业秘密，禁止擅自将商业秘密再转让和期限届满后许可人不得再使用以及发现侵权告知义务等这些条款，并允许限定许可区域和许可权利。黑色清单则为不能获得竞争法豁免的限制条款，包括限定转售价格、客户限制、协议自动延期、商业秘密进入共有领域后禁止使用、回授等。[1]

20 世纪 90 年代，知识产权对经济发展的重要性日益彰显，尤其是技术转移对经济发展的巨大促进作用，使欧盟开始考虑改革，1996 年形成了涵盖专利许可、商业秘密许可的统一的《技术转移集体豁免条例》（the Technology Transfer Block Exemption Regulation，TTBER）。与 1988 年《商业秘密集体豁免条例》相比，TTBER 消除了专利许可豁免与商业秘密集体豁免规定的冲突之处。但该条例仍沿用了"白色清单"和"黑色清单"立法模式，适用范围仍非常有限，且适用条件也不够灵活。[2]

2004 年欧盟制定新的《技术转移集体豁免条例》，并颁布与之配套的《技术转移指南》（the Guidelines on Transfer of Technology）。与 1996 年的 TTBER 相比，2004 年的 TTBER 适用范围

---

〔1〕 曹煦："欧盟商业秘密保护研究及启示"，西南政法大学 2015 年硕士学位论文。

〔2〕 宋建宝："欧盟商业秘密法律保护研究——以欧盟竞争法为中心"，载《科技与法律》2011 年第 4 期。

更广，对技术转移采取了更肯定、更宽容的态度，并明确了商业秘密的重要地位。

2016 年 4 月 14 日，欧盟通过了《欧盟商业秘密保护指令》（EU Trade Secrets Protection Directive），该指令对商业秘密进行了界定，并将商业秘密的客体扩大到诸如客户和供应商的信息、商业计划、市场研究和策略等商业数据。[1]《欧盟商业秘密保护指令》（以下简称《指令》）的主要内容有：

（1）对于言论自由与雇员流动性的保障。

《指令》在言论自由和雇佣自由方面均体现了商业秘密保护中的利益平衡原则。一方面，《指令》强调商业秘密的保护不应与言论自由相冲突，应保障《欧盟基本权利宪章》所规定的表达和信息自由权，包括媒体的自由和言论多元化；基于公共利益向公众或行政、司法部门公开包括商业秘密在内的信息的行为；为履行欧盟或国家立法中的义务，欧盟相关机构、实体或者国家公权力机关公开商业主体提供的秘密信息的特权；社会合伙人依法进行行业自治或订立集体协议的权利。

另一方面，《指令》规定，雇主不应以保护商业秘密为由对雇员使用专业经验进行绝对限制，如限制雇员在履行工作职责的正常范围内使用相关经验和技巧。商业秘密保护不应构成对雇员流动性的限制，员工的雇佣自由应获保障。

（2）关于侵犯商业秘密行为的"三色条款"。

《指令》第二章将侵犯商业秘密有关的行为分为三类。第一类是具有正当理由的合法行为，如独立研发商业秘密相关信息，对涉密产品进行观察、研究、分解或检验，以及其他遵从诚实信用原则的商业行为。第二类是非法行为，包括未经商业秘密

---

〔1〕《欧盟商业秘密保护指令》第 1 章第 2 条。

持有人同意获取、使用和泄露商业秘密的行为。成员国应当确保商业秘密持有者有权申请获得保障，主张对商业秘密享有权利的主体应当承担被告方存在实质非法行为的举证责任。第三类是非法行为中具有豁免理由的例外情形，包括基于言论自由，媒体进行相关报道；为维护公共利益的目的，揭露不法行为或非法活动；员工为履行相关工作职责而向员工代表进行汇报；欧盟或国内法规定的其他保护合法利益的情形。上述情形中商业秘密让位于公共利益，成为豁免理由，是欧盟委员会对于私人利益与公共利益进行衡量与比较的选择结果。

（3）实现利益均衡的比例原则。

《指令》第三章关于民事救济措施、程序和救济措施的一体化规定体现出比例原则的色彩。《指令》第 5 条明确提出，措施、程序和救济措施应遵从公平性和均衡性、必要性和合理性、有效性和劝诫性三原则。第 6 条围绕诉讼利益均衡与防止权利滥用展开，对于因错误之诉而受损害的当事方提供合理补偿。第 7 条关于诉讼时效的规定也体现出比例原则，诉讼时效从持有人知道或有理由知道非法获取、使用、泄露行为之日起不超过 6 年。为维持内部市场的平稳发展，确保法律的确定性，督促商业秘密持有人尽监督与保护的合理义务，诉讼请求应在诉讼时效内提出。

企业往往通过申请临时禁令或事前救济防止不可弥补的损害发生。但禁令救济难免会对被告方、第三方甚至整个市场产生影响。因此一方面基于阻碍非法行为和惩罚侵害者的目的，另一方面考虑到对市场竞争与创新能力的影响，《指令》对申请临时禁令或事前救济的条件进行严格限制，要求法院充分考量后才能颁发禁止令。在实施临时禁令和事前救济时，还需充分尊重双方平等参与司法的权利，采取的证据应确实充分，保障程序正义。《指令》的上述规定与美国《商业秘密保护法》的价值取向一致，要求对商业秘密持有人、被告方和第三方的利益以及对市场效应进行均衡考量。

4. 大数据时代商业秘密保护趋势

新技术条件下，企业面临商业秘密被竞争对手知晓或被第三方获取的危险。通过不正当方式获取商业秘密的行为，不仅损害了权利人的合法利益，也扰乱了市场秩序。因此，有必要加强保护力度，构建多维度保护机制。

总体而言，商业秘密的范围变得愈加广泛，新技术条件下增加的敏感数据和分析数据的保护成为新一轮国际竞争的角逐场。从美国、日本和欧盟的立法实践可窥一斑。美国在出台总统行政命令制定"大数据开放战略"后[1]，2016 年 5 月出台了《2016 商业秘密保护法案》，扩大保护范围。欧盟亦相继出台一系列条例加强对商业秘密的保护，扩大了商业秘密的保护范围，顺应数据流通、大数据技术发展的潮流。日本修订的《不正当竞争防止法》总体上加大了对商业秘密侵权的规制，加重刑罚的同时也扩充了商业秘密侵权行为，将网络侵权行为（采用网络技术窃取其专有技术以及客户名单的网络攻击行为）纳入了规制范围。

（二）我国商业秘密保护模式重构

1. 我国商业秘密立法保护现状

目前，我国的商业秘密立法保护体系过于分散，各个部门法之间互不协调。目前的商业秘密立法是以《反不正当竞争法》

---

[1]　2015 年 5 月 9 日，美国总统奥巴马发布了题为"实现政府信息公开化和机器可读取化"的总统行政命令（相当于我国的最高级别行政法规），这是继奥巴马 2008 年上任后发布关于政府公开化、数字化政府和迎接大数据时代到来的一系列总统行政命令后，在国家治理和公共服务方面坚决和主动适应时代变革的又一重大举措。参见谢文：《大数据经济》，北京联合出版公司 2016 年版，第 76 页。

为主，以《民法通则》《民事诉讼法》《合同法》《劳动法》《刑法》及各司法解释、行政法规为辅的模式，这种模式使得立法规定杂乱分散，且相互间的冲突时有发生。[1] 概括如下：

商业秘密保护规定的非体系化。我国对商业秘密的相关立法在民事、刑事和行政领域各有体现，但这些规定本应根据侵害商业秘密的程度而实现有梯度的保护，但从立法的现有规定看，这种梯度十分模糊。如《反不正当竞争法》规定了经营者的侵权责任，而《关于禁止侵犯商业秘密行为的若干规定》并没有明确仅仅适用于经营者。再有《反不正当竞争法》关于侵权手段的规定与《刑法》关于商业秘密犯罪形态的规定完全相同但两者立法的目标和保护的客体显然是不同的，这一相同规定亦令人费解。[2] 因此，法律制定的多元化使得各法律规定之间产生冲突和法律竞合问题，而在其他层面上却无相应法律予以规制，导致司法实践中存在诸多问题，不能提供全面、高效的保护。

商业秘密的涵盖范围较小，不符时代需求。据《反不正当竞争法》第 10 条规定，商业秘密是指不为公众所知悉、能为权利人带来经济利益、具有实用性并经权利人采取保密措施的技术信息和经营信息。如前所述，互联网与大数据技术的发展，使得商业秘密更容易通过文本，挖掘技术分析一些刻意收集的与企业相关的信息而获得，以这种方式获得并不等同反向工程破解商业秘密，反而是一种不当的获取方式。因此，仅按照《反不正当竞争法》第 10 条规定的"技术信息"和"经营信

---

〔1〕 蒋红莲："商业秘密法律救济制度研究：以美、德、日及 TRIPS 相关法律为参照"，华东政法大学 2009 年博士学位论文。

〔2〕 蒋红莲："商业秘密法律救济制度研究：以美、德、日及 TRIPS 相关法律为参照"，华东政法大学 2009 年博士学位论文。

息"难以充分保护权利人的合法权益。

配套措施不齐全。我国商业秘密立法散见于不同部门法中，不仅包括了法律、行政法规以及多部规章，还包括司法解释文件。虽然从法律覆盖范围的广泛程度来说，我国商业秘密立法囊括多部部门法规定，但多数规定偏向于原则性规定，可操作性有待加强，也未见详细具体的配套制度。目前对商业秘密规定比较详细的《反不正当竞争法》及其司法解释，与现实需求相比仍存在着较大的差距，有些领域甚至还存在着大量空白，比如对劳动关系中商业秘密的保护，善意第三人侵犯商业秘密的情况等。[1]

对侵害商业秘密行为的打击力度不够。《反不正当竞争法》第 20 条规定，侵犯商业秘密造成他人损失的应当赔偿，难以确定损害数额的按照行为人"在侵权期间因侵权所获得的利润"与"合理费用"赔偿。《反不正当竞争法》第 25 条规定"违反本法第 10 条规定侵犯商业秘密的，监督检查部门应当责令停止违法行为，可以根据情节处以一万元以上二十万元以下的罚款"。《刑法》第 219 条第 1 款规定："有下列侵犯商业秘密行为之一，给商业秘密的权利人造成重大损失的，处三年以下有期徒刑或者拘役，并处或者单处罚金；造成特别严重后果的，处三年以上七年以下有限徒刑，并处罚金。"侵犯商业秘密的行为，造成两方面后果，一是商业秘密保有人的合法利益受到损害；二是受国家保护的正常有序的市场经济秩序被破坏。一旦商业秘密被公开或披露，对侵权人进行罚款或判刑能够体现国家意志，但给商业秘密保有人造成的损害并不能简单地以行为人"在侵权期间因侵权所获得的利润"衡量。

---

〔1〕 蒋红莲："商业秘密法律救济制度研究：以美、德、日及 TRIPS 相关法律为参照"，华东政法大学 2009 年博士学位论文。

2. 大数据时代商业秘密保护的应对措施

目前，我国商业秘密保护相关法律主要散见于各个部门法，例如，《中华人民共和国反不正当竞争法（送审稿）》第9条第3款进一步明确了商业秘密的定义；《中华人民共和国民法总则》第123条则赋予商业秘密以知识产权客体的法律地位等。在大数据时代，传统的商业秘密保护范围已难以有效保护企业的商业秘密，面对新技术的冲击，应加强对商业秘密的保护，具体应对措施主要有：

（1）完善相关保护立法。

如前所述，我国商业秘密保护立法存在诸多不足，为应对大数据时代商业秘密保护的困境，我国有必要完善商业秘密保护立法。首先，完善商业秘密保护立法，建立体系化的商业秘密保护体系。其次，完善数据保护相关立法，赋予数据主体或是信息持有者数据权。再次，加大侵犯商业秘密处罚力度，提高违法成本。最后，制定配套措施，保证相关法律的有效实施。

（2）采取技术保护措施。

著作权人可采取技术保护措施来保护自己的作品不受侵犯。当前，商业秘密多为电子数据的形式存在，故可采取技术措施的方式加强对商业秘密的保护，进行数字权利管理。

（3）建立安全的管理制度。

公司职工是侵犯商业秘密的主要行为人，为避免因员工离职或其他原因泄露公司商业秘密，应建立良好的管理制度，严格控制接触商业秘密的员工人数，尽量降低内部人员泄露商业秘密的可能性。

四、大数据环境下侵犯商业秘密行为的规制

各企业可对所掌握的数据以"商业秘密保护、敏感数据限制、公知数据自由"的模式对数据进行分层管理，如此可以缓解或减轻大数据对商业秘密的冲击。

（一）大数据时代企业数据的层级划分及其保护

1. 商业秘密、敏感数据、公知数据三者逻辑关系

（1）大数据时代商业秘密新内涵：分析数据。

对于大数据时代经过分析处理后的分析数据，有观点认为底层数据不受保护，但经分析得到的数据添加决策建议、趋势预测或总结的数据分析报告可能会受到保护。[1] 也有观点将数据库的查询结果纳入了商业秘密范围。[2] 国内有学者认为将一些经营信息与技术信息进行深层次的关联分析挖掘后形成的这部分信息即具有了商业秘密的属性。[3] 笔者称以上数据为分析数据。

（2）大数据时代的底层数据：敏感数据。

敏感数据与商业秘密和公知数据的三者逻辑关系如下图所示。从图中可见这部分敏感数据范围广泛，其与商业秘密相交的 A 部分仍属于商业秘密，与公知数据存在的交集 B 部分也应被纳入敏感数据范围。

〔1〕　Shannon L. Ferrell, J. D. Drake Journal of Agricultural Law Spring 2016.

〔2〕　Malgieri, Gianclaudio1, "'OWNERSHIP' OF CUSTOMER (BIG) DATA IN THE EUROPEAN UNION: QUASI-PROPERTY AS COMPARATIVE SOLUTION?", *Journal of Internet Law*, 2016.

〔3〕　张冰、李仪："大数据背景下商业秘密的法律保护研究"，载《学理论》2016 年第 11 期。

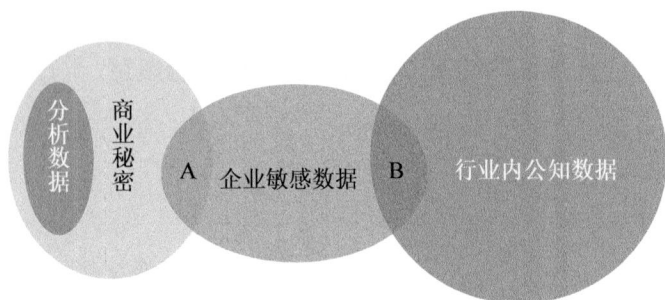

敏感数据与商业秘密和公知数据的三者逻辑关系图

（3）行业内的公知数据。

公知数据无论是在传统环境还是如今的大数据环境都起到了促进数据信息广泛交流流通的作用，与传统环境下相比并未发生明显变化。

2. 大数据时代企业数据保护模式：层级保护

类比当前商业秘密的分级管理、突出重点的保护模式[1]，大数据时代的企业数据可大致划分为商业秘密、敏感数据和公知数据三大类。相应地，我们应采取不同程度加以保护。

（1）商业秘密的保护模式。

可从两个方面入手：一是在企业内部建立一套保护商业秘密的制度。首先，在企业与合作伙伴的经济交往中可能会泄露商业秘密，因此可以签订商业秘密保密合同；其次，加强内部管理，对企业职工定期培训，增强职工的商业秘密保护意识；最后，加强技术防范措施，例如设置防火墙、进行数据加密、使用企业内网等。二是商业秘密被侵犯时企业可寻求的法律救济。我国现行法对商业秘密进行保护的主要法律救济可分为四

---

〔1〕 公司商业秘密的密级，根据其关系企业利益的重要程度分为 A 级、AA 级、AAA 级（或秘密、机密、绝密）三级。

种方式：民法救济、劳动法救济、行政法救济以及刑法上的救济。另外，2016 年通过的《中华人民共和国网络安全法》对网络安全监督管理职责部门及其工作人员规定了在履职过程中应对所知悉商业秘密保密的义务。[1]

（2）敏感数据的限制措施。

对敏感数据的规制可从两方面入手：一是根据敏感数据被识别后对企业所造成的影响程度采取相应的防护措施，对影响较大的可进行加密处理；需要进行一般限制的，可采取设置密码、限制时间（如 48 小时电影租赁）、限制同时使用用户数量以及设置干扰[2]等方式。二是寻求法律救济，如《网络安全法》对网络运营者规定了安全保护义务，[3] 为敏感数据保护增添助力。

（3）公知数据的自由交互。

企业的宣传信息、客观数据等对企业无甚影响的数据则无须规制，这部分数据可公开让合作伙伴、竞争对手、社会公众等相互交流和沟通以增加企业影响力。

（4）交叉领域保护。

敏感信息与商业数据、公知数据存在交叉。商业秘密与敏感数据的交叉现象正体现了传统商业秘密的保护范围难以适应

---

[1]　《中华人民共和国网络安全法》第 45 条。

[2]　例如选择性不兼容：CD 可在 CD 播放器中读取，但计算机中不能读取。

[3]　《中华人民共和国网络安全法》第 21 条：国家实行网络安全等级保护制度。网络运营者应当按照网络安全等级保护制度的要求，履行下列安全保护义务，保障网络免受干扰、破坏或者未经授权的访问，防止网络数据泄露或者被窃取、篡改：（一）制定内部安全管理制度和操作规程，确定网络安全负责人，落实网络安全保护责任；（二）采取防范计算机病毒和网络攻击、网络侵入等危害网络安全行为的技术措施；（三）采取监测、记录网络运行状态、网络安全事件的技术措施，并按照规定留存相关的网络日志不少于 6 个月；（四）采取数据分类、重要数据备份和加密等措施；（五）法律、行政法规规定的其他义务。

新技术条件下的商业秘密的保护要求；敏感数据与公知数据的
交叉昭示着文本数据挖掘技术对商业秘密保护的冲击。新技术
条件下，加强商业秘密的保护已是时代的呼声，对敏感数据与
商业秘密、公知数据交叉领域的数据保护，应坚持"就高不就
低"的保护原则。质言之，敏感数据与商业秘密交叉部分，应
以商业秘密的保护标准进行保护；敏感数据与公知数据交叉部
分，应以敏感数据的保护标准进行保护。

（二）企业处理数据的行为模式及其法律规制

对于数据中蕴含的有价值信息，具备数据洞察力的企业通
过挖掘数据、创新思维，不断优化产品和服务抢占有利的市场
竞争地位。[1] 然而，数据控制者支配数据能力的扩张与现实世
界法律秩序的冲突日益突出。[2] 在对企业数据进行分级管理的
同时还要注意大数据与个人隐私、公众挖掘使用之间的合理
界限。

1. 企业处理数据的行为模式

大数据改变了企业的经营模式，使决策者改变了以往仅仅
依靠经验、直觉的管理方式，转而依靠科学而精准的数据分析。
"让数据说话"成为企业管理的核心标准。[3]

企业对数据的利用方式主要分为两个方面：一是企业为获
得市场有利地位对大量用户数据、关联数据进行数据挖掘，从
而制定经营策略、提高自身竞争力并探知竞争对手实力。二是
企业对收集来的数据或分析报告与第三方进行交易的行为。例

[1] 崔涛："大数据时代企业管理的新模式"，载《中国商论》2016年第7期。
[2] 韩德强主编：《网络空间法律规制》，人民法院出版社2015年版，第89~105页。
[3] 崔涛："大数据时代企业管理的新模式"，载《中国商论》2016年第7期。

如，大数据时代数据的陡然暴增，使得企业能够结合自身的实际需求与用户或其他企业进行数据买卖。[1]

2. 企业处理数据行为的法律规制

市场竞争越来越依赖有价值的个人数据或资料，但在数据分析、挖掘等技术下权利的边界难以确定。就企业和个人之间的竞争及社会成本而言，个人数据的属性如何规划尚无定论。[2] 学界多数观点认为，个人资料的商品化是一种可怕的情景，如果遵循此模式，那么自身相关资料的所有权则是由经济规则来掌控了。[3] 因此需要对企业处理数据的过程中的行为进行规制合乎需求。

（1）企业对数据所有者的义务承担。

个人信息的保护在我国已被提上日程。2016年11月7日通过的《网络安全法》对网络运营者使用个人数据需遵循的原则及义务进行了规定。[4] 2017年通过的《中华人民共和国民法总则》赋予了个人信息权民事权利的法律地位，进一步加大了对公民个人信息的保护。[5] 然而，我国对企业处理个人数据应尽的义务并未有明确、细致的规定。

就企业处理个人数据而言，可借鉴欧盟《一般数据保护法

---

〔1〕 周戈："云计算时代下数据挖掘技术的应用分析"，载《数字技术与应用》2017年第3期。

〔2〕 Malgieri, Gianclaudio1, "'OWNERSHIP' OF CUSTOMER (BIG) DATA IN THE EUROPEAN UNION: QUASI-PROPERTY AS COMPARATIVE SOLUTION?", *Journal of Internet Law*, 2016.

〔3〕 David Beyleveld and Roger Brownsword, Human Dignity in Bioethics and Biolaw, Oxford: Oxford University Press, 2001, chapter 8.

〔4〕 《中华人民共和国网络安全法》第40~49条。

〔5〕 《中华人民共和国民法总则》第110条：自然人的个人信息受法律保护。任何组织和个人不得非法收集、使用、加工、传输个人信息，不得非法买卖、提供或者公开个人信息。

案》（GDPR）企业处理个人数据的限制条款[1]，对企业处理个人数据的行为进行规制。

（2）企业与第三方合作的注意义务。

《中华人民共和国民法总则》第110条的规定[2]规制了企业之间非法买卖个人信息的交易行为。但对于企业合作过程中难免会被第三方合作企业知晓客户信息，法律并未进行规制。企业在与第三方合作时要尽一定的注意义务，譬如应对客户信息进行"去背景化"处理[3]，在与员工签订的合同中明确商业活动中不得泄露客户信息等措施。

3. 企业处理数据的行为与公众使用的平衡

《中华人民共和国民法总则》已将商业秘密确定为知识产权的保护客体。[4] 商业秘密的法律地位使得商业秘密也应像专利权、商标权、著作权一样遵循利益平衡原则，维持权利人利益与公众正常使用之间的平衡。就商业秘密而言，除应平衡权利人与社会公众、竞争对手合法获得和使用商业秘密的权利之外，[5]还要注意划分企业数据与个人隐私、公众挖掘使用之间的合理界限。

就商业秘密、敏感数据和分析数据的保护而言，规制企业对敏感数据使用时，要增加使用者为保护个人信息规避敏感数

---

〔1〕《欧盟一般个人数据保护条例》第2章第6条。

〔2〕《中华人民共和国民法总则》第110条：自然人的个人信息受法律保护。任何组织和个人不得非法收集、使用、加工、传输个人信息，不得非法买卖、提供或者公开个人信息。

〔3〕 Malgieri, Gianclaudio1, "'OWNERSHIP' OF CUSTOMER（BIG）DATA IN THE EUROPEAN UNION：QUASI-PROPERTY AS COMPARATIVE SOLUTION?", *Journal of Internet Law*, 2016.

〔4〕《中华人民共和国民法总则》第123条。

〔5〕 冯晓青：《知识产权法利益平衡原理》，湖南人民出版社2004年版，第84~85页。

据技术措施的免责条款，该免责条款可参照版权规避措施的免责建议[1]，例如规定为"如企业对敏感数据所采取的技术措施（注册登录）收集了个人资料信息，既未有醒目标示，也未给该使用者提供阻止或限制此类收集的技术或能力，那么该使用者规避接触控制该技术措施应当免责"。旨在防止个人信息被不当披露、使用的同时又防范企业滥用敏感数据技术措施垄断数据。

企业数据和个人数据会发生一定重合，使隐私权的博弈维持相对稳定大抵有三种方法：一是社会不断确认企业如何利用网络世界的个人隐私才属于合理合法的范畴，使得网络世界与现实社会基本一致；二是利用个人隐私的企业自身要树立"己所不欲勿施于人"的价值观和规则来自我约束，即不把自身难以接受的隐私利用方式施加于他人；三是社会主流人群逐渐接受和适应由于技术进步带来的新型社会形态和行为方式，两害相权取其轻。[2]

---

〔1〕 锁福涛："大数据时代版权技术措施的隐私侵权风险分析"，载《中国出版》2017 年第 3 期。

〔2〕 谢文：《大数据经济》，北京联合出版公司 2016 年版，第 214 页。

第5章

数据主权：数据强国与数据弱国的博弈

随着人工智能、数字技术、互联网技术以及云计算等技术的广泛运用，数据的重要性日益凸显，数据成为各国竞相竞争的核心要素，各国展开日益激烈的数据争夺战，瓜分"数据红利"的势头仍未消减。不同国家或地区采取不同的数据保护模式，逐鹿数据之疆，其中以美国与欧盟的保护模式最为典型，它们两者在数据跨境流动方面观点迥异，导致摩擦不断。在这其中可以窥见数据主权的身影。

一、数据跨境流动及其影响

大数据和云计算技术的产生与应用，在传统互联网的基础上引发了新一轮变革。日益频繁的数据跨境流动在促进全球经济一体化，推动数据产业变革的同时，也给国家安全带来了新的风险与挑战。

（一）数据跨境流动概述

1. 数据开放推动数字经济发展

大数据和云计算技术带来的数据开放，是继自由软件、开源运动和开放存取之后的又一个数字经济发展阶段。围墙里的大数据注定成为死数据。大数据需要开放式创新，从数据的开放、共享和交易，到价值提取能力的开放，再到基础处理和分析平台的开放，让数据如同血液在信息社会的躯体中长流，滋润数据经济，让更多的长尾企业和数据思维创新者产生更美妙的化学作用，才能创造大数据的黄金时代。[1] 数据开放作为实现大众创新、万众创业的重要手段，从对内开放到对外开放，从科学数据开放到政府数据开放，从单一数据开放到数据集开放，从数据结果开放到数据过程开放，都体现着数字经济的革命性成果。数据跨境流动就是数据开放的最直观体现。

大数据不但有效促成了要素资源向实体经济聚集，推动了经济样态与经济模式的变革，而且在此过程中孕育形成了巨大的市场，其平台数据成为被激活的资产，被赋予全新的意义，价值的聚合效应引发价值链的重构。从政府角度看，数据开放推动政府数据开放、释放数据的活力，对政府治理具有推动作用；就社会用户而言，数据开放有利于政务公开数据资源，开展大数据领域的创新创业；对企业而言，开放数据将会作为新的资源，帮助企业聚焦新的商业机遇，创造新产品和服务；从科学研究角度看，开放科学数据既能引导科研新范式，又能促进国际科学数据引进和交流共享。数据跨境流动带来真正意义上的开放，有利于提升数据处理的效率与价值，进一步推动数字经济的发展。

2. 数据共享加速技术产业变革

从数据与机器的交互，到数据与人类的交互，再到数据与数据的交互。大数据时代，数据之于社会，就如同水之于城市或者血液之于身体一样。城市因为河流而诞生也受其滋养，一旦血液停滞，身体也就危在旦夕。所以，对于号称数据化生存的社会来说，只有让数据流动起来，才能发挥其诸多重要功能。

全球服务贸易中近一半的跨境贸易都要依靠大数据和云计

---

〔1〕"如何让数据流动起来，让数据拥抱数据？"，载中国统计网，访问日期：2014 年 10 月 10 日。

算技术下的跨境数据流动来满足商业需求，这其中不仅包括数据处理、电信以及与计算机相关的服务，还包括了金融分析、建筑和设备设计、教育、出版、医疗等各种专业和咨询服务。[1] 数据蕴含着大量的、丰富的知识或信息，尤其是在现今社会，计算机普及化并成为生活生产的必需品，企业和个人逐渐将信息或数据电算化，转化成电脑可识别的二进制代码，予以存储。正因为习惯性地将信息转化为数据，所以数据蕴含了相当大的商业价值，尤其是包含了一定数量的商业秘密与技术信息。一定范围的数据的流动共享可以发挥数据的价值，推动数据经济的发展，加快技术产业的变革。

3. 数据交换促进思想文化传播

数据共享和数据交换可以促进思想文化传播。由前述可知，越来越多的电算化、信息共享等理念的出现和发展，使得数据总量呈现不断增大的趋势，数据蕴含丰富的知识和信息。广义上的数据包括一切能够被计算机等识别的二进制代码，数据贡献和数据交换在一定程度上促进了文化传播，主要表现在保障信息公平、实现文化共享和促进思想交融等方面。保障信息公平主要是保障信息获取能力低下、信息素养较低的群体能够获取足够的信息，尤其在获取作品时，应当被予以特殊对待，例如，2013 年世界知识产权组织主导缔结的《关于为盲人、视力障碍者或其他印刷品阅读障碍者获得已出版作品提供便利的马拉喀什条约》（以下简称《马拉喀什条约》）就是属于保证信息公平的一个典型。实现文化贡献主要是通过数据的流动，甚至是跨境流动，将不同地区、不同国家的文化及其文化产品传播到不同的国家或地区，实现全球范围内的文化共享，加快全

---

[1] Gary Clyde Hufbauer et. al. , "Framework for the International Service Agreement", *Peterson Institute for International Economics*, No. PB 12~10, 2012.

球化进程。

（二）数据跨境流动的界定

数据成为新一轮国际竞争的战略资源。在全球化背景下，数据跨越国境流通已成为必然趋势，不同国家或地区对其监管态度不一。为有效地保障数据安全以及促进数据自由流动，必须明确何谓数据跨境流动。

本书采用了数据跨境流动一词，主要讨论数据在转移时跨越国境，而数据的内容是否跨国在所不问，这样对数据跨境流动的规制才有实践的可能性。

数据跨境流动并非大数据时代的特有概念，在计算机技术出现后即存在数据跨境流动。随着科技水平的发展，数据的存储载体和传输媒介也随之改变。数据存储载体从最初的物理载体，逐渐数字化、集成化、为便携式电子载体，最终发展为当下最流行的云端存储，不仅容量扩大，且同步极为便捷。以互联网技术为基础的大数据和云计算技术，使得数据跨境流动呈现出更加自由和多元化的趋势。

数据跨境流动（Transborder Data Flows，简称 TDF），最初是经济合作与发展组织（OECD）在 1980 年《关于保护隐私与个人数据跨国流通指南》中提出，将个人数据的跨境流动定义为个人数据跨越国界的移动。[1] 此前，也有学者提出类似概念，如国际信息流动（International Information Flow），是指信息跨国界的传输。[2] 这些概念虽然用词不尽相同，但强调的内容基本一致，对数据跨境流动的理解仅限于数据或信息传输时跨

---

〔1〕 OECDGuidelines on the Protection of Privacy and Transborder Flows of Personal Data.

〔2〕 McGuire R P, "Information Age: An Introduction to Transborder Data Flow", The, *Jurimetrics J.*, 1979, 20: 1.

越国境，并未对客体做进一步阐释。针对这一问题，有学者给出了更详尽的定义，有的认为 TDF 主要是指国家间数据的电子化运动。[1] 但有学者指出该定义过于宽泛，因为依照该定义，一个普通的越洋电话也属于电子方式的传播。[2] 还有学者建议通过限定"技术处理"的构成条件将跨境数据流动与其他现代国际传播形式区分开来，认为"技术处理"应包括传播、存储和计算，因而认为跨境数据流动是指由一台或多台数字计算机进行电子编码处理的信息单元在一个或多个国家被传输或被处理。[3] 这一观点得到了部分学者的支持，他们认为跨境数据流动是指信息单元在一个以上的国家被传输或处理，并指出应将"数据"与"信息"两个概念进行区分，"数据"是指能够被机器处理和传输的一组有组织的符号，而"信息"意味着能被人类理解的更高级的数据。[4]

随着网络技术的迅速发展，跨境数据流动的范围越来越广，影响越来越深远，跨境数据流动的概念也在不断变化，内涵也逐渐拓展。21 世纪初，有学者指出，应该尽可能地从广义上界定"跨境数据流动""数据流动"和"个人信息"的概念，因为技术和商业模式的快速更迭意味着过于狭隘的定义容易迅速被取代，因此，跨境信息流动是指跨越国边境传输的大多数类

---

[1] Fishman W L, "Introduction to transborder data flows", *Stan. J. Int'l L.*, 1980, 16: 1.

[2] Cooper D M, "Transborder data flow and the protection of privacy: The harmonization of data protection law", *Fletcher F.*, 1984, 8: 335.

[3] Novotny E J, "Transborder data flows and international law: a framework for policy-oriented inquiry", *Stan. J. Int'l L.*, 1980, 16: 141.

[4] Gupta B M, Gupta S P, "Transborder data flow debate", *Annals of Library Science and Documentation*, 1996, p. 51~63.

型和机制的个人数据。[1]

国内学者对数据跨境流动的研究相对较晚，但也形成了较为集中的成果。常景龙指出，跨界数据流动指的是为了实现特定的社会功能，可被数字计算机处理的信息，在数据链路中从发送端通过传输信道向接收端跨越陆地、海上、空中和底土等任何国家边界线进行传输的过程。[2] 李思羽指出，广义上的数据跨境流动是指数据在国家之间的电子移动，同时根据数据承载的内容，将数据分为个人数据、商业数据、技术数据和组织（公共）数据，并指出不同类型的跨境流动的数据，需要法律予以调整的问题也存在差异。[3] 石月则认为，跨境数据流动的含义不仅包括数据跨越国界的传输和处理的情形，还包括数据虽未跨越国界，但能够被第三国的主体访问的情形。[4]

为维护一国信息或数据主权，避免数据被他国随意践踏，有必要明确界定数据跨境流动的内涵和外延。综上所述，本书采用最广义的数据跨境流动，即数据跨越国界的流动或转移就属于数据跨境流动的范畴。而数据流动并非新兴的概念，因为数据的跨境流动或转移自古一直存在，只是在互联网、大数据等技术条件下，数据跨境流动更为明显和突出。

（三）数据跨境流动的特点

1. 数据流量庞大

与传统数据相比，大数据的基本特征是数据集合量庞大且

---

〔1〕 Kuner C, "Regulation of Transborder Data Flows under Data Protection and Privacy Law: Past", Present, and Future, 2010 (016).

〔2〕 常景龙："跨界数据流动对发展中国家管辖权的影响和法律对策"，载《江苏商论》2007 年第 4 期。

〔3〕 李思羽："数据跨境流动规制的演进与对策"，载《信息安全与通信保密》2016 年第 1 期。

〔4〕 石月："新形势下的跨境数据流动管理"，载《电信网技术》2016 年第 4 期。

来源广泛，大型云服务器的存储量已经由 TB 扩展到 PB，甚至达到 EB/ZB 级别。通过并行运算充分发挥数据处理和传输性能是大数据和云计算技术的关键。由于云计算系统需要并行服务，即同时满足大量用户的需求，用户在使用云服务时产生的海量数据都要通过云平台进行缓存和传输，因此大数据技术下数据传输的突出特点就是高吞吐率，即要求单位时间内数据流量足够大。

2. 数据来源广泛

在云环境中，用户的数据并不是真正存在于虚无缥缈的"云"中。所谓的"云"其实是一种网络服务器，用户在云环境中产生的海量数据都可以通过云服务平台收集并存储在远程的网络服务器中，而这些数据可以在不同时间从不同位置被用户获取。在这种资源存取的新方案中，使用者可以在任何时间、任何地点，通过任何可联网的装置连接到"云"上方便地进行数据存取。

由于云服务平台的端点分配具有随机性，用户无法确定自己的数据所存放的位置，在多个数据中心的情况下，云服务提供商也无法得知某一特定时刻用户数据的具体来源。云端存储的数据除了静态形式还有动态形式，数据动态运行时可能存在于内存、网络或磁盘缓存等介质中[1]。在这种云存储模式下，本国用户的数据存储在国外的云服务器上并被域外用户获取的情况时有发生，也就产生了数据的跨境流动。

3. 传输成本低廉

云环境下的数据跨境流动，在实现信息交互的同时，削减了与劳动力迁徙的联系，扩大了信息存储与流动的渠道，因而

―――――――――
〔1〕 张逢喆、陈进、陈海波等："云计算中的数据隐私性保护与自我销毁"，载《计算机研究与发展》2011年第7期。

大幅度降低了数据传输过程中产生的各种政治、经济与社会成本。此外，云数据流动的便捷高效也为用户节约了时间成本。云平台运用使在线数据实时获取和传输成为可能，用户可以在碎片化的时间段里，依照自己的需求实现数据的获取和传输。

二、数据跨境流动的风险与挑战

大数据改变了互联网运行的技术基础，甚至影响了全球的产业格局。当稳定的系统被加入生命力极强的新生事物时，往往造成系统的稳定性短期失衡。[1] 大数据和云计算技术建立起了一种全新的资源共建共享模式，在享受云计算和大数据环境下的便捷高效的同时，还需警惕由于新技术带来的安全危机，抵御其带来的风险与挑战。这既是维护公民个人权益的基础，也是保障国家安全的应有之义。国家的信息安全在大数据背景下面临着很大的风险，数据安全是导致风险社会的成因之一，而数据的跨境流动也给国家安全带来风险与挑战。

（一）数据资源分配："马太效应"

"马太效应"（Matthew Effect），来自于圣经《新约·马太福音》中的一则寓言故事，是指强者愈强，弱者愈弱的两极分化现象，普遍存在于社会的各个领域。20 世纪 60 年代，美国知名的社会学家罗伯特·莫顿首次将"贫者越贫、富者越富"的现象归纳为"马太效应"。他用这样一个名词概括了一种社会现象。在资源的分配上，《马太福音》所预言的"贫者越贫，富者越富"的现象十分明显：富人享有更多的资源、金钱、荣誉以及更高的地位，而穷人却变得一无所有。[2] 大数据时代，云环

---

〔1〕 刘旭霞、周燕："大数据时代知识产权保护制度的思考"，载《2017 年知识产权南湖论坛论文集》。
〔2〕 朱煜编译：《马太效应》，中国纺织出版社 2007 年版，第 3 页。

境下数据跨境转移愈发顺畅，在国家间数据主权的自发博弈中逐渐呈现出高度自动化的态势，体现在数据资源分配方面的马太效应尤为突出。尽管各国已经意识到数据资源的重要性，纷纷提出数据主权理论，并建立起本国的数据保护机制，但全球数据产业结构的马太效应并没有消除，反而愈演愈烈，主要有以下两方面原因。

客观上，众多发展中国家和不发达国家受限于本国的科技发展水平，维护数据主权力不从心，是数据资源分配失衡的最直观表现。传统国家主权的维护越来越依赖于国家对数据的掌控和分析能力，这已经是当今世界的共识。云数据的跨境转移和存储削弱了国家对数据及相关设施的管辖和控制，让那些互联网技术和大数据技术不发达的发展中国家沦为数据弱国。尽管这些国家看到了全球数据一体化不可逆转的趋势，想方设法加强数据保护，试图严守本国的数据疆土，保障数据主权不受侵犯，还是在数据技术开发和数据产业发展中屡屡遭受数据强国的打击，实践中获得的成效甚微。数据跨境转移虽然给国家安全引发了诸多风险和漏洞，但瑕不掩瑜，国家间数据共建共享所带来的技术变革是革命性的，给国家的各行各业带来的进步和收益不可限量。发展中国家往往以保护数据和规避风险为理由，限制数据跨境转移，最终陷入恶性循环，无法挖掘本国的数据潜能，难以实现对数据主权的有效保护。同时，凭借先进的科学技术，数据强国可能通过技术规避手段对跨境数据进行收集和监测，侵犯他国的数据主权，对数据弱国而言，很难防范。因此，过度强调数据主权的独立性将形成国家间对抗的状态，导致网络大国在虚拟空间中肆意地实施单边主义。[1]

---

〔1〕 孙南翔、张晓君："论数据主权——基于虚拟空间博弈与合作的考察"，载《太平洋学报》2015年第2期。

从各国的内部政策来看，不同国家在国际网络空间中的技术层级不同，不平衡的数据产业结构导致发达国家和发展中国家处理数据跨境转移的方针各异。一个国家掌控的数据能力决定了国家对待数据主权的态度，在建立数据主权理论时的侧重点也不同。广义上的数据主权包含国家数据主权和个人数据权利两个方面。发展中国家在国际数据战略博弈中难以占据优势，往往对国家层面的数据主权更加重视，强调国家对流经本国的数据具有所有权和管辖权，试图通过建立完善的数据保护立法，加强对数据跨境转移的规制，扭转在国际数据竞争中的劣势地位，但结果往往适得其反。

而数据发达国家提出的数据主权理论，更加强调个人层面的数据权利，力图将自由获取和处理个人数据的权利上升为一种基本权利。同时，凭借本国的大数据产业和技术优势，发达国家在数据资源的竞争中通常占主导地位，为维持云数据行业的经济收益，鼓吹信息的无界性，提倡数据自由流动，对数据跨境转移采取弱保护。在此形势下，数据发达国家大多扮演数据产品输出国的角色，增强发展中国家对其技术的依赖，最终使得发展中国家沦为其"数据殖民地"。[1]在这种"数据霸权主义"的压制下，数据弱国进退维谷，最终表现出的是数据领域的两极分化，强国与弱国之间的数据鸿沟逐渐演变成数据弱国的数据贫困。

（二）数据市场开放："零和游戏"

"零和游戏"（Zero-sum Game）是博弈论的一个概念，属非合作博弈，指参与博弈的双方，在严格竞争的条件下，一方的收益必然意味着另一方的损失，博弈各方的收益和损失相加的

---

〔1〕　齐爱民、祝高峰："论国家数据主权制度的确立与完善"，载《苏州大学学报（哲学社会科学版）》2016年第1期。

总和永远为零。[1] 胜利者的光荣后面往往隐藏着失败者的辛酸和苦涩。零和理论认为，世界是一个封闭的系统，财富、资源、机遇都是有限的，个别人、个别地区和个别国家财富的增加意味着对其他人、其他地区和国家的掠夺，所谓合作其实只是一个弱肉强食的邪恶进化论的过程。但人类经历了两次世界大战之后，伴随科技飞速发展及经济全球化，"零和游戏"观念正逐渐被"双赢"观念所取代。人们开始认识到"利己"不一定要建立在"损人"的基础上。通过有效合作，皆大欢喜的结局是可能出现的。但从"零和游戏"走向"共赢"，要求各方具有真诚端正的态度，在合作中遵守游戏规则，否则"双赢"的局面不可能出现。

在数字经济全球化、一体化的当今，各国纷纷开放本国的数据市场，积极开展跨国贸易，参与国家合作。日益频繁的数据跨境流动也对参与合作的各方提出了更高的要求。2013 年 6 月，前中情局（CIA）职员爱德华·斯诺顿曝光美国国家安全局的"棱镜"项目，该项目为秘密项目，过去 6 年间，美国国家安全局和联邦调查局通过进入微软、谷歌、苹果、雅虎等九大网络巨头的服务器，监控美国公民的电子邮件、聊天记录、视频及照片等秘密资料。看似遥不可及的美国情报机构竟然与全世界每个人的隐私产生了关联。这种侵犯他国公民隐私，实现本国利益的做法，似乎验证了全球数字市场的"零和游戏"理论，极大地打击了众多经济和政治伙伴的信心。受"棱镜计划"影响，多国的政府、金融、电信、能源等重点领域及企业考虑重新选择软硬件合作伙伴。令人怀疑的是，开放数字市场是否真的存在所谓的"共赢"？

---

〔1〕 施锡铨：《博弈论》，上海财经大学出版社 2000 年版，第 11 页。

（三）数据行为规制："手表定理"

"手表定律"（Watch Law），又称为矛盾选择定律，是指一个人有一块表时，可以知道现在是几点钟，当他同时拥有两块表时，却无法确定。两块手表并不能告诉一个人更准确的时间，反而会让看表的人失去对准确时间的信心。[1]

大数据环境下，用户数据通常被存储在云计算服务商的服务器中，数据的传输和处理往往会突破物理上的国家边界。目前各国对云服务行业的监管水平参差不齐，数据泄露侵权案件时有发生，引发诸多法律问题，这些问题涉及不同国家之间的多个主体，往往伴随着复杂的权责关系。有些流经国缺乏调整数据跨境转移方面的立法，造成数据流动的无序状态，使用户在遭遇跨境侵权时难以获得有效救济，严重打击了全球用户对云计算技术的信心。在一定程度上，区域之间数据保护规则的冲突成为当前阻碍数据跨境自由转移的主要障碍之一。正如手表定理所反映的问题一样，当一种行为同时受到多种法律机制调整时，行为人不知道该相信何种规则，也就不知道该如何规范自己的行为。

数据资源的跨境转移是云服务机制有效运转的基础性条件，统筹兼顾数据安全与数据跨境自由流通才能实现建立良性云环境的终极目标。而签订国际条约或协议，往往程序复杂且耗时长，要适用引导性或建议性的国际倡议也需要一个漫长的"外转内"的过程。因此，想要突破大数据环境下云数据跨境自由流动的障碍，仅仅依靠国际规则是不够的。要从根本上解决数据流经国家之间的数据保护规则冲突，以及司法机构调查和执行困难等诸多问题，亟须从国际和国内两个方面出发，针对数

---

〔1〕 李胜兵、李航敏编：《解读管理术语》，企业管理出版社 2007 年版，第 1 页。

据跨境转移制定系统化的规制。各国应当从国内现有的数据保护机制出发，对比域外立法模式，发现缺失，结合国际规则，建立合理的域内调整框架。同时，还要加强域内规则在域外的推广适用，争取早日在全球范围内建立起数据跨境转移的复合型调整框架。[1]

三、数据主权概述

大数据和云计算技术的广泛应用增加了国家控制本国数据的难度，出于保护国家安全和维护个人隐私的考虑，各国主张对数据享有管辖、使用和控制的权力，即便数据已流转到本国领土范围外。为了防止数据跨境转移引发的马太效应愈演愈烈，世界范围内催生了数据主权（Data Sovereignty）的理论。

（一）数据主权的界定

跨境数据流动对国家主权造成了全方位的影响，数据主权理论也是在研究数据跨境转移基础上建立的。对此，程卫东认为数据跨境流动对主权的影响主要是信息技术发达国家对信息技术相对落后国家文化主权、经济主权和信息主权的侵犯。[2] 刘连泰指出，数据主权是国家主权在虚拟世界的延伸。[3]孙南翔认为数据主权是指国家对数据和与数据相关的技术、设备、服务商等的管辖权及控制权，体现为域内的最高管辖权和对外的独立自主权、参与国际事务的合作权。[4] 吴沈括认为，数据

〔1〕 蒋洁："云数据跨境流动的法律调整机制"，载《图书与情报》2012年第6期。

〔2〕 程卫东："跨境数据流动的法律监管"，载《政治与法律》1998年第3期。

〔3〕 刘连泰："信息技术与主权概念"，载《中外法学》2015年第2期。

〔4〕 孙南翔、张晓君："论数据主权——基于虚拟空间博弈与合作的考察"，载《太平洋学报》2015年第2期。

主权理念的提出是为了有效调和数据跨境流动和本国数据产业发展之间可能的冲突情形。[1] 齐爱民将捍卫数据主权上升为一种原则，即数据主权原则——对内体现为一国对其政权管辖地域内任何数据的生成、传播、处理、分析、利用和交易等拥有最高权力；对外表现为一国有权决定以何种程序、何种方式参加国际数据活动，并有权采取必要措施，以保障本国的数据权免受其他国家的侵害。[2] 杜雁芸认为数据主权是指在大数据、云计算背景下，一国对本国的数据及本国国民的跨境数据拥有所有权、控制权、管辖权和使用权，是国家数据主权和个人数据权利的总和，体现为对内的最高数据管控权和对外的数据处理权，数据即使被传输到云端或远距离服务器上，仍然应受其主体控制，而不会被第三方操纵。[3]

数据主权是传统国家主权在数据领域的延伸，传统国家主权包括管辖权、独立权、自卫权和平等权。本书认为，数据主权是指国家对数据及其相关的技术和控制者的排他管辖权与控制权，对内主要体现在独立地进行数据监管和管辖的最高管辖权，不受他国或组织的干涉；对外主要体现在国际数据事务的平等参与权，不随意干涉一国数据管理事务的义务，面对外部干扰，主权国家可以采取一定的措施维护国家的数据主权。

（二）数据主权和传统国家主权

虽然对数据主权的概念众说纷纭，学者之间尚未达成一致，但对数据主权的界定基本都是围绕跨境数据流动，对传统国家

〔1〕 吴沈括："数据跨境流动与数据主权研究"，载《新疆师范大学学报（汉文哲学社会科学版）》2016 年第 5 期。

〔2〕 齐爱民、盘佳："数据权、数据主权的确立与大数据保护的基本原则"，载《苏州大学学报（哲学社会科学版）》2015 年第 1 期。

〔3〕 杜雁芸："大数据时代国家数据主权问题研究"，载《国际观察》2016 年第 3 期。

主权理论进行了扩充。这些定义实际是将数据主权视为国家最高权力在本国数据领域的外化，从内部和外部两个角度将数据主权和国家主权的内涵一一对应，本书认为这对我国建立数据主权保护制度具有较高的理论指导意义。早在主权国家产生之前，世界各国就有诸多学者提出国家主权的概念，随着国家理论的发展，主权的内涵也在逐渐丰富。

一般认为，传统的国家主权包括对内的最高统治权和对外的独立权，是国家的固有属性，具体而言是指一个国家代表其人民在本国疆域内享有的独立自主处理内外事务的最高排他性权力。在大数据时代，国与国之间的疆域边界由于数据跨境流动的日益频繁而逐渐虚化，既有的主权概念无法适应国家对大数据的传输聚集的现状，因此，国家主权的内涵也应当随之扩充。虽然数据是虚拟的，和传统自然资源大不相同，但也是国家资源的一种形式。从这一角度看，数据主权可以视为国家主权在内涵上的延伸和扩充。随着技术的发展，法律的概念也逐渐发生变化，新的事物突破了原有法律概念的内涵与外延，法律的发展就需要将新生事物涵盖。数据主权是国家主权的一种演变与突破，数据主权丰富了国家主权的内容，国家主权的实现是数据主权发展的基础，反过来，数据主权的实现也将推动国家主权的强化。

（三）数据主权和其他新型主权的区分

在大数据和云计算技术被广泛应用之前，国家主权的内涵还没有延伸到数据层面，有学者提出了很多类似的概念，如媒介主权、网络空间主权、信息主权、数据权等。2016 年颁布实施的《中华人民共和国网络安全法》中采用的就是"网络空间主权"一词。国内很多学者对这几个概念不做区分，但网络、信息、数据的内涵本质上有较大的不同，对比分析这些概念的理论基础和内在逻辑，有利于厘清数据概念和主权理论，从而进一步完善数据保护立法。

1. 数据主权和媒介主权

早期的计算机技术作为一种多媒体传输介质得到了广泛应用。现代媒介的产生给传统的传媒行业带来了全新的机遇和挑战。随着现代媒介的不断发展，国家对多媒体行业的管理和控制日渐重视，促成了媒介主权理论的出现。只要媒介在一定的国界范围内运行，就势必要受到国家的监管。学者沈国麟认为，媒介主权指一个国家对其境内媒介及其所传播的内容能够不加干涉行使的权力。[1]

媒介主权理论主要包括三个方面内容：媒介本身的所有权、媒介内容的保护和媒介通路的主权宣示。各国的传媒行业历来都是限制外商投资的领域，一方面，通信业公司和广播电视媒体属于国家关键基础设施范围，直接关乎社会民生和国家安全；另一方面，传媒行业与生俱来的特殊性就使其传播的内容对国民思想和国家文化的影响巨大，国家势必要对其进行限制。在这一理论的引导下，各国纷纷建立由本国控制的传播系统、出台监管广播内容的法律法规或控制广播电视台的传播渠道，认为只要控制管理好媒介本身，就能有效控制信息的跨境流动。但在互联网时代，信息通过虚拟网络的传输更为便利，仅控制媒介本身已无法保护国民利益和国家安全，各国学者对国家主权理论的研究逐渐延伸到网络空间和信息的层面。

2. 数据主权与网络主权

网络空间主权或网络主权，与数据主权所包含的权属内容基本相同，即对内控制权和对外独立性两个方面，其最大区别

---

〔1〕 沈国麟："大数据时代的数据主权和国家数据战略"，载《南京社会科学》2014 年第 6 期。

在于所针对的客体不同。网络空间主权针对的客体是网络空间。科学技术和人类文明理念共同塑造了这一由硬件、软件、各类信息系统和标准协议构成的虚拟空间，其深度和广度处在持续的变动之中，而且其包含的领域也在不断延伸。[1] 齐爱民学者在对比领土、领海、领空等概念后，给出了"领网"的定义，即主权国家基于信息基础设施和互联网等数据网络技术形成的网络空间。[2]网络空间实际上可以看作本国实体空间的虚拟延伸。国家对这一空间享有主权是毋庸置疑的，从这一角度看，网络空间主权理论实用性较强，具有不可替代性。网络空间由硬件设施和软件协议构建虚拟空间，国家在对其实施管辖、控制和监管时，自然对网络空间传播的信息有管辖控制权，进而便有了信息主权的理论。

3. 数据主权与信息主权

信息主权针对的客体是信息。通过对比数据和信息的差别，就能看出信息主权和数据主权的区别和联系。数据是按一定规则排列组合的物理符号，其表现形式为数字、文字、图像和计算机代码。而信息则是经由一定的工具加工整理而成的。数据须经过加工和解读才能成为被人们使用的信息。[3] 显然，数据的范围要远大于信息。人们在使用互联网通信交流的过程中，会在服务器和存储器中留下大量的数据，这是一种无意识的行为。而经过人为编码，使计算机自动按照人的需求，将存储器中的二进制机器代码加工和解读成人类可识别的语言和信息，

---

〔1〕 孙伟、朱启超："正确区分网络主权与数据主权"，载《中国社会科学报》2016年7月5日，第5版。

〔2〕 齐爱民、盘佳："数据权、数据主权的确立与大数据保护的基本原则"，载《苏州大学学报（哲学社会科学版）》2015年第1期。

〔3〕 沈国麟："大数据时代的数据主权和国家数据战略"，载《南京社会科学》2014年第6期。

这显然是一种有意识的行为。汪晓风学者对数据主权和信息主权的比喻十分精准生动："如果把数据理解为矿产资源，信息就是采掘出来的原材料，进一步加工就成了产品，即知识。那么数据主权相当于国家对自然资源和领土的所有权。从这个意义上说，数据主权比信息主权更有价值，因为国家可以对矿产资源拥有主权，但在市场体系中国家对于生产资料和产品只有分配权和收益权。"[1]

大数据时代，数据是信息的原生态，数据主权和信息主权的侧重点是相同的，是维护和挖掘国家对数据信息的管辖和控制权力，提升本国在国际数据资源竞争中的影响力和掌控力。而数据主权相比信息主权更有针对性，数据主权涉及的数据实际上涵盖所有信息种类，包括结构化、半结构化和非结构化的数据，几乎包括任意行为体产生的任意信息或日常行为记录。互联网的虚拟性、无疆性、即时性也扩大了数据的传播范围。

（四）数据主权与其他新型主权的关系

数据主权弥补了网络空间主权的内涵短板。这三个概念在内涵上有一定重合，均体现了国家对信息安全领域相关技术和设备的管辖和控制权，但三者侧重点略有不同。网络主权更多体现的是对国家互联网技术的监督和管理，而数据和信息主权强调的是国家在应用这些技术时，应对传输过程中的数据和信息加以维护。然而，数据和信息的传输渠道除了互联网，还包括电报、遥感技术、卫星等，它们都推动了数据的跨境转移。只是在这些传播路径中，数据通过互联网的转移是最频繁、最广泛的，其他传播方式的存在决定了数据主权的理论范畴远大于网络空间主权。网络空间无明显边界，国家无法严格限制信

---

〔1〕　汪晓风："中美关系中的网络安全问题"，载《美国研究》2013 年第 3期。

息和数据的转移和流动，其加快了全球网络一体化进程，但也使得数据跨境流动的无序性进一步凸显。

随着全球网络一体化的深入，云环境下数据和信息的获取变得更为简单快捷。数据主权的理论框架中有针对性地提出国家对本国数据流动的自主管辖控制权，有助于提升国家对数据安全的重视，是对网络空间主权内涵进行进一步补充。其次，数据主权和信息主权可以视为网络空间主权的特别概念，类似一般法和特别法的关系。尽管这三个概念都是围绕同一问题而提出，但网络空间主权仅对网络安全做出宏观性论述，数据主权和信息主权则进一步细化了网络主权的适用情形和范围，将国家主权的内涵微观化，有助于国家数据安全保护在实践中的落实。

大数据时代，数据之于世界的意义，不亚于工业时代石油之于世界的意义。对网络空间的一般保护和特别保护都不能轻视，厘清数据主权和其他新型主权的异同，是建立我国数据保护理论的基石。

四、欧洲数据跨境流动规则框架

在大数据和云计算背景下，现代社会的突出特征是经济全球化和信息自由化。技术变革为数据跨境流动提供了更便捷的条件。在国际层面，技术水平的差异导致各国对数据的掌控分析能力大相径庭，也使全球数据产业发展严重失衡。在国家层面，大数据和云计算技术的发展和普及不断虚化以地理疆域划分的传统主权边界，数据跨境转移冲击了传统的国家安全制度，带来了前所未有的挑战与安全隐患，协调数据出口国和数据进口国之间的法律矛盾，平衡全球数据产业显得尤为重要。在此背景下，各国纷纷开始制定数据保护法，规制本国数据的跨境传输规则，力图在维护国家数据安全的同时，防止过度干涉造成贸易壁垒。欧洲各国在数据保护立法处于先导地位，在互联网等时代，很早就开始了有关数据安全问题的研究。在对待数据保护的态度和立场上，欧盟一贯采取较为严格的标准，具有最全面、系统的立法。本部分将以欧洲国家数据流动规则的演进和发展为线索，分析欧盟数据本地化存储的立法模式。

（一）欧洲数据跨境流动规则的缘起

德国是最早进行个人数据保护的国家，1970 年德国黑森邦（Hessen）制定了世界上第一部个人数据保护法。该法规定成立数据保护委员会，专门监管州政府的官方文件，以防止非法获取、修订和破坏个人数据。[1] 接着又在 1976 年通过的《联邦数据保护法》（1977 年生效）中第一次系统阐释了个人信息的法律保护，这也是大陆法系国家比较有代表性的数据保护法。[2]

1973 年的瑞典《数据保护法》是世界上第一部明确限制数据跨境流动的法律，并且在瑞典全国范围内施行。该法规定，设立瑞典数据监管委员会，所有自动处理个人数据的计算机系统须经数据监管委员会许可后才能设立，所有跨境数据转移都必须事先获得数据监管委员会的批准。[3] 在当时，互联网发展处于初期，这部法律虽然防止了以美国为首的发达国家凭借领

---

〔1〕 Electronic Privacy Information Center, "Computers and Privacy: The Reaction in Other Countries", available at https://epic. org /privacy /hew1973report /appenb. htm, last visited June 26, 2016.

〔2〕 崔聪聪等：《个人信息保护法研究》，北京邮电大学出版社 2015 年版，第 35 页。

〔3〕 Electronic Privacy Information Center, "Computers and Privacy: The Reaction in Other Countries", available at https://epic. org /privacy /hew1973report /appenb. htm, last visited June 26, 2016.

先技术，通过跨国公司非法获取和处理瑞典公民的个人数据，但也给本国公民使用互联网设置了较大障碍。

随后，法国、丹麦、奥地利、挪威、卢森堡、英国、葡萄牙、西班牙、比利时等国都从个人数据保护的角度，相继出台了个人数据保护法，并以明示或默示的方式限制数据的跨境转移。[1] 数据保护立法的重要性已经成为世界各国的共识，数据安全的内涵已经不限于保障公民个人权益，更多是提高国家数据利用能力、保障数据自由流动、促进数据产业发展、力争国际主导地位的战略需要。因此，各国在制定个人数据保护法的同时，开始积极加入区域组织计划，参与多方谈判，缔结国际条约，试图推行符合自身利益诉求的数据保护和数据转移的国际规则。

（二）欧洲数据跨境流动规则的演变

1.《关于保护隐私与个人数据跨国流通指南》OECD（1980）

1974 年经济合作与发展组织（OECD）开始着手数据跨境流通问题的调查，1978 年成立了一个专家小组，就数据跨国交换和数据保护的国际规范进行研究，1980 年颁布了《关于保护隐私与个人数据跨国流通指南》（以下简称《OECD 指南》）。《OECD 指南》共包括 5 章 22 条规定，第 1 条至第 6 条为一般性条款，主要规定《OECD 指南》为数据保护额最低标准；第 7 条至第 14 条规定了成员国国内适用的基本原则，主要包括 8 项：收集限制原则、数据质量原则、目的明确原则、使用限制原则、安全保障原则、透明原则、个人参与原则和责任原则；第 15 条至第 18 条规定了《OECD 指南》在国际适用的基本原则，即自由流通及合理限制原则。该原则要求成员国避免以保

---

〔1〕 张金平："跨境数据转移的国际规制及中国法律的应对——兼评我国《网络安全法》上的跨境数据转移限制规则"，载《政治与法律》2016 年第 12 期。

护隐私和个人自由为由，超过保护的必要程度，创设阻碍个人数据跨国流通的法律与政策，除非其他成员国未实质遵守指南的各项原则或未对某一类型的个人数据进行特殊保护。[1] 这里指的个人数据，不限于自动化处理的数据，还包括部分人工处理的个人数据。

《OECD 指南》在性质上属于推荐性指南，对成员国的立法仅起到建议和指导的作用，不具有国际法上的强制力，旨在构建一种数据保护的原则体系，并不要求形成单一的立法模式。该指南尽管在形式上符合组织所追求的"多元民主、尊重人权、开放市场经济"等目的，但实质上对统一欧洲各国的数据保护立法的成效并不大。

2. 《有关个人数据自动化处理之个人保护公约》EC（1981）

出于坚定欧洲各国数据保护的立场，更好地保障数据主体的权益，消除欧洲各国原有的对数据跨境流动形成的制度阻碍，欧洲理事会各成员国于 1981 年 1 月 28 日签署《有关个人数据自动化处理之个人保护公约》。由于这一公约是欧洲系列条约的第 108 号条约，所以也被称为《108 公约》。该公约共 7 章，合计 27 个条文。

与《OECD 指南》不同的是，该公约对缔约国都具有约束力，其内容简短，目的明确，适用范围也与《OECD 指南》的八大原则略有不同，仅限于经自动化处理的个人数据，未包含人工处理的个人数据。《108 公约》的适用主体不仅包括公共机构，还包括团体、基金会、企业、公司、协会，以及其他直接或间接由个人组成的机构。在具体内容方面，《108 公约》设定的数据跨境转移规则基本类似于《OECD 指南》的立法原则，

[1] 谢永志：《个人数据保护法立法研究》，人民法院出版社 2013 年版，第 63~66 页。

如成员国不得以保护隐私为由，禁止或限制数据的跨国流通；成员国于本国立法已就特定类型的数据设有特别规定且其他成员国无相同程序保护，或有规避成员国数据保护法律的情形时，该成员国可对本国数据跨境转移加以限制。在判断数据进口国是否对数据进行了适当保护时，可以通过该国立法判断，也可通过有关数据转移的合同条款判断。从效果上看，该公约强化了欧洲国家对于数据跨境流动的立场，但也导致欧美在数据保护问题上的分歧越来越大。[1]

3. WTO（1994）框架下《服务贸易总协定》中的一般例外条款

在国际层面，随着跨国服务的兴起，全球贸易自由化程度逐渐加深，迫切需要一套通用规则来调解各方的法律和利益冲突，以稳定国际秩序，在此形势下，1994 年 WTO 框架下的《服务贸易总协定》（以下简称 GATS）应运而生。服务贸易总协定是第一个建立在国际贸易自由化基础上的多边条约，成员国多达 140 多个，其设立的主要目的是协调成员国之间的服务贸易法律政策，消除贸易壁垒，进一步扩大国际服务贸易规模。

GATS 首先在序言部分承认了各成员国为了实行国家政策目标而进行监管的权利，除行使政府权力时提供的服务和直接与航空运输权有关的服务外，GATS 适用于"任何部门的任何服务"，对加入 GATS 的国家自动且无条件地产生约束力。GATS 赋予各成员国最核心的义务就是"最惠国待遇"（以下简称 MFN），MFN 要求："有关本协议的任何措施方面，每一成员国给予任何其他成员国的服务和服务提供者的待遇，应立即和无

---

〔1〕 张金平："跨境数据转移的国际规制及中国法律的应对——兼评我国《网络安全法》上的跨境数据转移限制规则"，载《政治与法律》2016 年第 12 期。

条件地不低于它给予任何其他成员相同服务与服务提供者的待遇。"GATS 将服务贸易供应方式分为四种：跨境供应、境外消费、商业存在和派遣职员到他国提供服务。而提供跨境服务的过程中不可避免地涉及成员国的主权和国内政策，因此 GATS 第14 条规定了"一般例外条款"，以便适应各国不同的国情和经济发展水平。GATS 第 14 条"一般例外"条款规定，只要成员国"在相同情况的国家间不构成任意的或者无端的歧视，或者不构成变相的服务贸易限制"，则可以采取四大类措施：① 为保护公共道德或维持公共秩序的必要措施；②为保护人类、动物、植物的生命和健康而采取的措施；③为了确保与本协定不会构成不一致的法律或法规得到遵守所必须采取的措施；④虽然与第 17 条不一致，但该措施针对另一成员国的服务或服务提供者收取公平有效的直接税收，以及虽然与第 2 条不一致，但该措施涉及的不同待遇是为了避免双重课税。GATS 第 14 条第 3款又细分了三种具体情形：①防止欺诈或处理服务合同违约而产生的影响；②保护数据处理和传播中的个人隐私和个人记录及账户的保密性；③安全。GATS 一般例外条款中规定的有关数据处理和个人隐私的特殊情形，实际上给 WTO 各成员国限制数据跨境流动提供了合法性依据，前提是在相同情况的国家间不构成任意的或者无端的歧视，或者不构成变相的服务贸易限制。欧洲各国基于 WTO 组织"一国一票"的投票规则，将成员国对数据处理和传播过程中的个人数据保护立法转变为一种合法限制国际自由贸易的措施。[1]

---

〔1〕　张金平："跨境数据转移的国际规制及中国法律的应对——兼评我国《网络安全法》上的跨境数据转移限制规则"，载《政治与法律》2016 年第 12 期。

4.《关于个人数据自动处理和自由流动的个人保护指令》EU（1995）及其变革

（1）《关于个人数据自动处理和自由流动的个人保护指令》。

云计算和大数据技术的兴起和发展，数据跨境流动日益频繁，加大了数据保护的难度。针对新技术下的数据保护问题，欧盟并不以市场机制作为其解决之道，而是以"信息自决权"作为其理论出发点。[1] 但是当欧洲各国纷纷以此为理论框架建立本国数据保护立法时，往往风格迥异，标准不一。基于 GATS 隐私例外条款提供的国际法依据，以及欧盟经济一体化的目标，欧盟在 1995 年快速通过了《关于个人数据自动处理和自由流动的个人保护指令》（以下简称《95 指令》），对欧盟 28 个成员国有约束力，各成员国必须通过国内立法予以执行，名正言顺地限制成员国向非成员国的跨境数据转移，也进一步给各成员国建立起一套具体可行的数据保护政策。

该指令以法国数据保护法和《OECD 指南》为蓝本，分 8 章 34 条，分别是总则、个人数据处理合法的一般规则、司法救济（包括责任与制裁）、个人数据的跨境传输、行为守则、监管机构和个人数据处理保护个人的工作组、共同体的执行措施和附则。在第 2 章中规定了合法处理个人数据的基本原则：合法处理原则、目的限制原则、同意处理原则、敏感信息特别处理原则、处理与言论自由冲突时的比例原则、透明原则、保密处理和安全处理原则。第 4 章规定了数据向非成员国跨境转移的规则，其中第 25 条规定了数据跨境转移的原则，第 26 条规定了跨境转移的例外。该指令大大强化了欧盟各国个人数据的保护水平，明确了成员国必须设立数据监管部门进行个人跨境数据转

---

〔1〕 谢永志：《个人数据保护法立法研究》，人民法院出版社 2013 年版，第 48 页。

移的事先审查制度和批准制度。

欧盟的这部数据保护指令掀起了其他国家和地区进行数据保护立法的新浪潮，众多国家参考该指令制定了有关数据保护的法规，有些法规中明确体现了限制跨境数据转移的规则。由此，欧盟 1995 年的数据保护指令被称为世界数据保护立法的引擎。[1]

（2）2012《欧盟议会和欧盟理事会关于规范个人数据处理中个人保护和所涉数据自由流通的条例建议案》草案。

云计算与大数据产业的快速发展，美国互联网企业在欧洲大举占领互联网资源，汲取大量数据，再加之"安全港"协议无法有效保护欧洲的数据市场，因此，欧盟委员会试图在《95 指令》的基础上制定更完备的数据保护法。2012 年欧盟委员会向欧盟理事会提交了《欧盟议会和欧盟理事会关于规范个人数据处理中个人保护和所涉数据自由流通（简称"一般数据保护条例"）的条例建议案》（以下简称《12 草案》）拉开了欧盟个人数据保护立法改革的序幕。[2]

《12 草案》共 11 章分别是一般性规定、原则、数据主体的权利、数据控制者和数据处理者、向第三国或国际组织转移个人数据、独立的监管机构、合作与一致性、救济方式、有关特殊数据处理程序的规定、授权性法令与实时性法令、最终条款，共计 91 条。《12 草案》在《95 指令》的基础上进行了很大幅度的修改，主要表现为将数据主体的权利明确，并将数据控制者和处理者的义务加以确定，设立独立监管机构等。对向第三国

---

〔1〕　张金平："跨境数据转移的国际规制及中国法律的应对——兼评我国《网络安全法》上的跨境数据转移限制规则"，载《政治与法律》2016 年第 12 期。

〔2〕　高福平：《个人数据保护和利用国际规则：源流与趋势》，法律出版社2016 年版，第 117 页。

或国际组织转移个人数据的规定，相较于《95 指令》变化较大，《12 草案》第 40 条规定了转移的总体原则、41 条规定了满足充分条件的转移、42 条规定了通过适当保护措施进行的转移、43 条规定了通过公司约束规则进行的转移、44 条规定了例外情形、45 条规定了个人数据的国际保护。

按照《12 草案》在《108 公约》确立的原则，数据在公约成员国或欧盟成员国范围内自由流通，而在成员国以外"只有在适当的个人数据保护水平得到保证的情况下"才能向非成员国转移数据。[1] 与《95 指令》相比，《12 草案》对个人数据跨境转移的规定更为完善。

（3）《一般数据保护条例》EU（2016）。

2016 年 1 月 5 日，欧盟议会以 48 票赞成 4 票反对 4 票弃权，历时四年，非正式地批准《一般数据保护条例》（General Data Protection Regulation）（以下简称《16 条例》）。2016 年 4 月 14 日欧盟委员会正式批准该条例，2016 年 4 月 27 日正式公布了《一般数据保护条例》。《16 条例》将于 2018 年 5 月 25 日正式生效。

《16 条例》共 11 章 99 条，整体框架与《12 草案》一致，仅在一些细节上作出了改变。《16 条例》第 5 章规定了向第三国或国际组织转移个人数据的规则，其中第 44 条规定了转移的总体原则、第 45 条规定了在充分条件基础上的转移、第 46 条规定了遵守适当保障措施的转移、第 47 条规定了公司约束规则、第 48 条规定了未经欧盟法律授权的转移与公开、第 49 条规定了特殊情形下的例外规定、第 50 条规定了个人数据保护的国际合作。相较于《12 草案》，《16 条例》增加了"未经欧盟法律授

---

〔1〕 高福平：《个人数据保护和利用国际规则：源流与趋势》，法律出版社 2016 年版，第 135 页。

权的转移与公开"和"特殊情形下的例外规定"两条规定，删除了"个人数据跨境转移的例外情形"。

针对成员国个人数据保护碎片化问题，以及云计算和大数据技术带来的法律适用挑战，欧盟对 1995 年数据保护指令进行了大规模的改革。[1]纵观欧盟个人数据保护立法的演变历程，欧盟数据立法趋势逐渐倾向于严格立法模式，严格保护公民的信息，避免欧盟数据大规模地被传输到境外。

《16 条例》与《95 指令》关于个人数据跨境转移的规定变迁对照表

《95 指令》		《16 条例》
个人数据的跨境传输		第五章 向第三国或国际组织转移个人数据
第 25 条原则	1. 成员国可以将正在处理或将在转移后处理的个人数据转移至第三国，其条件是在不影响对依照本指令制定的国内法的遵守情况下，该第三国能够提供充分的保护水平。 2. 第三国所提供的保护水平的充分性应当根据与某次数据转移操作或一系列数据转移操作相关的所有情况来判定；尤其是应当考虑数据的性质、数据处理操作的目的和持续时间、数据来源国和最终目的地国、有关第三国的现行一般性和单行法律规	第 44 条转移的总体原则 · 任何正在转移个人数据的行为或是转移到第三国或国际组织之后意图再转移的行为，只有在数据控制者和处理者满足了本章规定的条件且遵守本条例的其他内容时才能得以实施。前述个人数据转移也包括从第三国或国际组织转移到另一个第三国或国际组织。本章所有条款都应被用来确保本条例保障的对自然人的保护水平不被破坏。

〔1〕 王融："大数据时代：欧盟能否重建数据保护新秩序"，载《中国信息安全》2016 年第 1 期。

《95 指令》		《16 条例》
个人数据的跨境传输		第五章 向第三国或国际组织转移个人数据
第 25 条原则	则以及该国实行的行业规则和安全措施。 3. 成员国与欧盟委员会应当相互告知他们认为某第三国未能确保提供第 2 款所要求的适当的保护水平的情况。 4. 如果欧盟委员会根据第 31 条第 2 款所规定的程序查明，第三国未能确保提供本条第 2 款所要求的适当的保护水平，则成员国应当采取必要的措施阻止任何相同类型的数据向第三国转移。 5. 欧盟委员会在适当的时候应当启动磋商程序，以应对依照第 4 款规定发现的情况。 6. 依照第 31 条第 2 款所规定的程序，欧盟委员会也可以及与第三国保护个人生活、基本自由和权力的法律或其作出的国际承诺（尤其是根据第 5 款规定的谈判结果），认为该国确保提供了本条第 2 款所要求的适当保护水平。 成员国应采取必要措施来遵守欧盟委员会的决定。	

续表

《95 指令》	《16 条例》
个人数据的跨境传输	第五章 向第三国或国际 组织转移个人数据

		第45 条在 充分 条件 基础 上的 转移	1. 欧盟委员会决定第三国、第三国的某一地区、某个或多个特点的部门或某国际组织已经确定达到充分的保护标准时，数据便可以向第三国或国际组织转移。这样的数据转移不需要经过任何特别授权。 　　2. 在评估保护水平的充分性时，欧盟委员会应当特别考虑以下要素： 　　（a）法律规则，对于人权和基本自由的尊重，包括涉及公共安全、防卫、国家安全以及刑事法律和公共机构对于个人数据的访问的相关综合性和专门性立法以及这些立法的实施，数据保护规则，职业准则和安全措施，包括第三国或国际组织制定的调整对正在向第三国或国际组织转移个人数据的规则，还包括判例法，有效且可执行的数据主体权利以及有效的行政管理和对个人数据被转移的数据主体的司法救济； 　　（b）第三国或国际组织存在一个或多个独立有效运行的管理机构来负责

《95 指令》	《16 条例》
个人数据的跨境传输	第五章 向第三国或国际组织转移个人数据
	确保数据保护规则的遵守，包括充分的执法权力，以协助和指导数据主体行使他们的权利，也包括与成员国总的监管机构合作； （c）第三国或相关的国际组织已经缔结的国际协定，或者其他源于具有法律约束力的公约或文件所规定的义务，或者源于他们参加的尤其是有关于个人数据保护的多边或区域体系。 3. 欧盟委员会在评估了保护水平的充分性后可以通过实施条款来决定某第三国或第三国的一个地区、某个或多个特点的部门或某国际组织已经满足了本条第 2 款规定的充分保护标准。该实施条款应当设立至少 4 年定期检查的机制，并且要考虑到第三国或国际组织所有相关方面的发展进步。该实施条款应当明确它适用的地域和部门，并且在适当的情况下，确定本条第 2 款（b）项规定的监管机构。该实施条款的采用应当符

续表

《95 指令》	《16 条例》
个人数据的跨境传输	第五章 向第三国或国际组织转移个人数据
	合本条例第 93 条第 2 款所规定的审查程序。 　4. 欧盟委员会应当在持续监控第三国和国际组织中可能影响到根据本条第 3 款和《数据保护指令》第 25 条第 6 款所做的决定的运行情况。 　5. 依照本条第 3 款的审查制度，当有效信息显示第三国、第三国的某一个地区或一个或多个特定的部门、国际组织不再处于本款要求的充分保护水平时，如果必要，委员会应当通过实施性法令废除、修订或暂停依据本条第 3 款规定的决定，且这些措施没有溯及力这些实施性法令的采用应当符合本条例第 93 条第 2 款所规定的审查程序。 　在证明必要紧急情况下，委员会应当根据第 93 条第 3 款规定的程序立即采取适当的实施性法令。 　6. 欧盟委员会应当和第三国或国际组织进行磋商以补救依据本条第 5 款作出的决定所导致的后果。

《95 指令》	《16 条例》
个人数据的跨境传输	第五章 向第三国或国际 组织转移个人数据
	7. 根据本条第 5 款所做的决定，不影响根据第 46 条至第 49 条进行的将个人数据向第三国、第三国某一地区或该第三国中被指定的一个或多个部门或者国际组织的转移。 8. 欧盟委员会应当将那些达到充分保护水平和未达到充分保护水平的第三国、第三国某一地区、第三国的特定部门或国际组织的名单列表发布在欧盟的官方公报和欧盟的网站上。 9. 依据《数据保护指令》第 25 条第 6 款所作的决定在被欧盟委员会依据本条第 3 款和第 5 款所作决定修改、替代或废除前仍旧有效。
第 46 条遵循适当保障措施的转移	1. 在缺乏根据第 45 条第 3 款所做的决定时，数据控制者或处理者只有在提供了适当的保障措施并且满足数据主体能行使权利、能获得有效的法律救济的条件时才能将个人数据向第三国或国际组织转移。

《95 指令》	《16 条例》
个人数据的跨境传输	第五章 向第三国或国际组织转移个人数据
	2. 第 1 款中规定的适当保障措施无须监管机构的任何具体授权，可以由以下方式来提供： （a）公共当局或机构间的具有法律约束力和执行力的文件； （b）符合本条例第 47 条规定的公司约束规则； （c）欧盟委员会采用的符合第 93 条第 2 款所规定的审查程序的标准数据保护条款； （d）监管机构采用的标准数据保护条款和欧盟委员会依据第 93 条第 2 款所规定的审查程序； （e）根据第 40 条批准的行为准则以及第三国数据控制者或处理者具有约束力和执行力的适用适当保障措施的承诺，包括对于数据主体权利的承诺； （f）根据第 42 条批准的认证机制以及第三国数据控制者或处理者具有约束力和执行力的适用适当保障措施的承诺，包括对于数据主体权利的承诺。 3. 遵从有权监管机构的授权，第 1 款中规定的

《95 指令》	《16 条例》
个人数据的跨境传输	第五章 向第三国或国际组织转移个人数据
	适当保障措施也可以由以下方式提供： （a）数据控制者、处理者与控制者、处理者或第三国、国际组织中的个人数据接收者之间的合同条款； （b）包括数据主体可执行的有效的权利在内的内容被附录在公共当局或机构的行政安排中。 4. 在本条第 3 款规定的情况中，监管机构应当适用第 63 条规定的一致性机制。 5. 成员国或监管机构根据《数据保护指令》第 26 条第 2 款所做的授权在被修改、替换或废止前仍然有效，必要的情况下由该监管机构变更。欧盟委员会根据《数据保护指令》第 26 条第 4 款所做决定再被修改、替换或废止前也仍有效，如果必要的话，可以根据本条第 2 款以欧盟委员会决议的方式变更。

《95 指令》	《16 条例》	
个人数据的跨境传输	第五章 向第三国或国际 组织转移个人数据	
	第 47 条公 司约 束规 则	1. 有权的监管机构应当按照第 63 条设置的一致性机制批准公司的约束规则，条件如下： （a）具有法律约束力，并且适用于企业集团有关的所有成员，或若参与到共同经济活动的企业团体，包括它们的雇员； （b）在处理数据主体的个人数据时明确授予他们可执行的权利； （c）履行第 2 款规定的要求。 2. 第 1 款规定的公司约束规则至少应当明确以下内容： （a）企业集团或者参加到联合经济活动的企业团体以及它们中的每个成员的结构和联系方式； （b）单个数据转移或一系列的数据转移所涉及的个人数据的类别、处理的类型和目的、受影响的数据主体的类型以及第三国或其他国家的鉴定； （c）它的法律约束力的性质，包括对内和对外的性质；

《95 指令》	《16 条例》
个人数据的跨境传输	第五章 向第三国或国际组织转移个人数据
	（d）统一数据保护原则的应用，尤其是目的的限定，数据最小化，存储期限的限制，数据质量，数据保护的系统保护和默认保护，处理的数据依据，处理特殊类型的个人数据，确保数据保护的措施，以及有关正在向不受公司约束规则限制的团体数据转移的要求；
	（e）数据主体在数据处理中的的权利和行使这些权利的方法，包括有权不受自动处理决定的制约，也包括不受依据第 22 条识别分析的制约，数据主体还有权依据第 79 条在向成员国中有管辖权的法院起诉前先向有权的监管机构投诉，并且有权获得救济，适当的时候还可以因对方违反公司约束规则获得赔偿金；
	（f）设于欧盟成员国境内的数据控制者或数据处理者应承担其非设立于欧盟境内的分支违反公司约束规则所产生的责任；该数据控制者或数据处理

续表

《95 指令》	《16 条例》
个人数据的跨境传输	第五章 向第三国或国际组织转移个人数据
	者只有在证明该成员不应对造成损害的事件负责时能够全部或部分免除该项责任； （g）有关公司约束规则的内容，尤其是本款第（d）（e）（f）项规定的条款，如何按照本条例第 13 条和第 14 条的规定提供给数据主体； （h）每一个根据第 37 条制定的数据保护专员或任何其他在企业集团或参与到联合经济活动的企业团体内负责监管公司约束规则的遵守情况和培训以及投诉处理的人或机构的任务； （i）投诉的程序； （j）企业集团或者参与到联合经济活动的企业团体内部用来核实公司约束规则的遵守情况的机制，这些机制应当包括数据保护的审计，用来确保对数据主体权利的保护采取纠正措施的方法。核实的结果应当向（h）项中规定的个人或机构进行告知，同时也应告知企业集团或者

《95 指令》	《16 条例》
个人数据的跨境传输	第五章 向第三国或国际组织转移个人数据
	参与到联合经济活动的企业团体的控制集团的董事会，并且在有权监管机构要求时能够及时获取； （k）报告和记录规则变化的机制，并且将这些变化报告给监管机构； （l）与监管机构合作确保企业集团或者参与到联合经济活动的企业团体的每个成员都遵守规则的机制，尤其是确保监管机构知道本款（J）项规定的审核措施的结果； （m）向有权监管机构和企业集团或者参与到联合经济活动的企业团体的成员报告所有法律要求的机制，当该成员是第三国的主体，并且该国很有可能会对公司约束规则提供的保证产生不利的影响时； （n）对于拥有定期和永久的个人数据访问权限的工作人员进行适当的数据保护培训。 3. 欧盟委员会可以为数据控制者、数据处理者和监管机构之间有关本条公司约束规则进行的信息交换制定相应的格式和程

《95 指令》		《16 条例》
个人数据的跨境传输		第五章 向第三国或国际组织转移个人数据
		序：这些实施条例的制定应当符合本条例第 93 条第 2 款所规定的审查程序。
	第 48 条未经欧盟法律授权的转移和公开	第三国法院的任何判决或裁决以及行政机关的任何决定要求数据控制者或处理者转移或公开个人数据的，只能在请求的第三国与欧盟成员国之间存在有效的国际协议的基础上才能被承认和执行，如共同司法协助协议，并且不能损害根据本章节进行转移所需的其他条款。
第 26 条例外规定	1. 除了国内特别法另有规定外，成员国可以对 25 条作出例外规定。在某第三国未能确保提供第 25 条第 2 款所要求的充分保护水平情形下，成员国可以规定个人数据也可以向该国转移或者多批次转移，其条件是： （a）数据主体对于将进行的数据转移明确表示同意； （b）数据转移为履行数据主体和数据控制者之间的合同，或者执行应数据主体要求而采取的先合	第 49 条特殊情形下	1. 在缺乏本条例第 45 条第 3 款规定的充分保护标准或者缺乏本条例第 46 条规定的适当保护措施，包括公司约束规则在内时，将个人数据转移到第三国或国际组织应当满足以下条件之一： （a）数据主体在被告知这种转移行为由于缺乏充分的保护标准和适当的保护措施可能会对其带来的风险后仍明确同意转移的； （b）转移是履行数据主体和数据控制者之间的合

《95 指令》	《16 条例》
个人数据的跨境传输	第五章 向第三国或国际 组织转移个人数据
同措施所必需； （c）数据转移为缔结或者履行数据控制者和第三方为了数据主体的利益而订立的合同所必需； （d）数据转移为必要的或法律上所要求的重大公共利益所必需，或者为了提起诉讼或行使诉权或抗辩所必需； （e）数据转移为保护数据主体的重大利益（vital interests）所必需； （f）如果有关个人的记录是旨在向公众提供信息或公开供一般大众或能证明有合法利益的任何人查询，那么该数据的移转只要限于法律规定的满足特定查询目的的范围即可。 2. 如果数据控制者提供了与个人隐私、基本权利和自由的保护以及相应权利的行使有关的适当保护措施，在不影响第1款规定条件下，成员国可以授权将个人数据向未能确保提供第 25 条第 2 款所要求的适当的保护水平的第三国进行一次或者多次移转；这些保护措施可能特别地	同义务或者是依据数据主体的要求履行的先合同义务所必要的； （c）转移是数据控制者与其他自然人或法人订立和履行有关数据主体利益的合同的必要条件； （d）转移是为重要的公共利益所必要的； （e）转移是确立、行使或抗辩法定请求权的必要条件； （f）在数据主体由于生理上的或法律上的原因不能给予同意的情况下，转移是为保护数据主体或其他人的重要利益所必需的； （g）转移源自某登记簿，该登记簿是依据欧盟或者成员国的法律的规定为了向公众提供信息或向不特定工作或证明存在合法利益的特定主体开放查询而设立的；欧盟或成员国法律规定的查询条件限于特定的案件需要。 当转移不能依据第 45 条或第 46 条包括公司约束规则的条款时，在不存在适用本款（a）项至（g）

续表

《95 指令》	《16 条例》
个人数据的跨境传输	第五章 向第三国或国际 组织转移个人数据
来源于合同条款。 　3. 该成员国应当将它依照第 2 款进行的授权通知欧盟委员会和其他成员国。 　如果某成员国或者欧盟委员会以涉及个人隐私、基本权利和自由的保护的正当理由表示反对，则欧盟委员会应当依照第 31 条第 2 款所规定的程序采取适当的措施。 　各成员国应当采取必要措施来遵守欧盟委员会的决定。 　4. 如果欧盟委员会依照第 31 条第 2 款规定的程序决定某些标准合同条款提供了第 2 款所要求的充分的保护措施，则成员国应当采取必要措施来遵守欧盟委员会的决定。	项的特殊情形下的例外规定时，向第三国或国际组织转移个人数据只有在满足下面的条件才能进行：转移没有重复进行，只关系到有限数量的数据主体，是为了数据控制者追求合法利益目的所必要的，并且该利益没有被数据主体的利益、权利和自由所覆盖，同时数据控制者已经围绕数据转移评估了所有的情形，并且根据该数据评估提供了保护个人数据的适当的措施。数据控制者应当将要进行的数据转移通知监管机构。数据控制者除了提供第 13 条和第 14 条规定的信息外，还应告知数据主体将要进行的数据转移和追求的合法利益。 　2. 依据本条第 1 款（g）项的规定，转移不应包含登记簿中记载的个人数据的整体或个人数据的所有类别。当登记簿被提供给具有合法利益的人员查询时，只有依据其请求或其成为接收者时，才能进行转移。

《95 指令》	《16 条例》
个人数据的跨境传输	第五章 向第三国或国际组织转移个人数据

		3. 行政机构行使他们的公共职权时，第 1 款（a）（b）（c）项和第 1 款中第 2 段不适用。
		4. 本条第 1 款（d）项涉及的公共利益应当被欧盟法律及数据控制者所属的成员国法律认可。
		5. 在缺乏充分保护标准的情况下，出于公共利益的考量，欧盟或成员国法律可以明确设置特殊类型个人数据转移到第三国或国际组织的限制。成员国应当将这类条款告知欧盟委员会。
		6. 数据控制者或处理者应当按照第 30 条的规定将本条第 1 款第 2 段规定的适合的安全保障措施和评估报告记录在档案中。
	第 50 条个人数据保护的国际合作	当涉及第三国和国际组织时，欧盟委员会和监管机构应当采取下列适当措施： （a）建立国际合作机制来促进个人数据保护法律的有效实施； （b）在个人数据保护法律执法领域提供国际互助协作机制，包括通知转

续表

《95 指令》	《16 条例》
个人数据的跨境传输	第五章 向第三国或国际 组织转移个人数据
	送、投诉提交、调查协助以及信息交换。该协助受个人数据保护措施和其他基础权利和自由保护的限制； （c）邀请相关的利害关系人参与旨在改进个人数据保护法的实施的国际合作讨论会或活动； （d）加强有关个人数据保护的立法和实践上的交流和文档管理，包括与第三国的司法管辖权的冲突。

从以上对照表可以看出，《95 指令》与《16 条例》中，欧盟关于个人数据的跨境转移的规定逐渐趋于严格。

首先，《16 条例》适用的对象广泛。《95 指令》采取的是属地管辖，欧盟对跨境转移数据没有管辖权。而《16 条例》扩展了其适用范围。《16 条例》规定即使"数据控制者"在欧盟境内没有设立机构，但其在跨境提供商品或服务的过程中，收集处理欧盟居民个人数据，还是应当适用欧盟数据保护法律，并需要在欧盟境内指派特定代表负责合规事宜。[1] 这一规定将使只要在欧洲境内开展业务的公司都将受到《16 条

---

〔1〕 王融："大数据时代：欧盟能否重建数据保护新秩序"，载《中国信息安全》2016 年第 1 期。

例》的约束。

其次，只有达到欧盟认可的数据保护水平才能进行数据跨境转移。目前欧盟只承认 12 个国家对数据保护的水平达到了"充分保护水平"，这 12 个国家分别是安道尔、阿根廷、加拿大、瑞士、法罗群岛、根西岛、以色列、马恩岛、新西兰、乌拉圭。《16 条例》严格限制数据跨境流动，意欲将欧盟境内的数据转移，必须接受欧盟的保护评估。不过欧盟立法也规定了例外情形，使得数据跨境流动更具弹性。

最后，欧盟的立法虽有例外情形，但明确的条件无一不透露着向"严保护"看齐的趋势，这也表明其他国家想要在欧洲境内开展业务，必须提高本国的数据保护水平。总体而言，欧盟的个人数据保护立法走在世界前列，率先在全球范围内建立了只有处于同等保护水平才能进行数据转移，这无疑对未来的国际数据保护提供了一份蓝本。

五、大数据时代数据主权的博弈

从国家存在之初，大国间博弈就从未停息。大数据时代，各国争相发展本国的大数据战略，从原始的争夺自然资源转变为抢占数据资源。正所谓"得数据者得天下"，一个国家要扩大对世界的主导权和影响力。美国等技术领先的发达国家积极引导本国大型企业开展跨国业务，数据跨境转移逐步发展到高度自动化的阶段，国家间数据主权的博弈逐渐拉开帷幕。

（一）欧美数据保护政策的冲突与协调

美国与欧洲之间关于数据之争由来已久。美国与欧盟对于数据控制的观念和保护模式存在巨大的分歧，导致在贸易上出现争端，最终双方做出让步，于 2000 年签订了《安全港协议》。但数据技术的发展，以及隐私与数据之间联系的紧密，侵犯个人数据案件日益增多，欧盟为加强对个人数据与隐私的保护，对《95 指令》进行了修改，从而加强数据主体对个人数据的控制，欧盟法院于 2015 年 10 月 6 日做出判决宣布《安全港协议》无效，从判决宣告之日起，美国企业应当停止数据传输。随后，2016 年 7 月 14 日，欧盟与美国达成《"欧美隐私盾牌"协议》，恢复美国企业在欧洲的运作。

1. 欧美之间数据保护的冲突

欧盟与美国关于数据保护及隐私的冲突主要体现在以下几个方面：

一是隐私与数据保护观念立场不同。欧盟将数据权利作为一项人权进行保护；美国则将数据与隐私相连，拟通过一般隐私保护进行限制。

欧洲关于数据保护的思想与早期经历的民族战争和立法传统有深入的联系。欧盟将数据保护看作是一项基本人权，是隐私保护的重要内容。基本人权相对于其他的公民基本权益具有优先价值。欧盟数据保护的主要思路是严格控制个人数据流动，数据处理原则上应先获得数据主体同意。[1]

20 世纪 70 年代开始，这种数据保护的法律思想在欧洲广泛传播。德国就将信息自决权作为一项宪法性的权利予以保护，规定除非有更高层次的公共利益需要，个人有能力在一定范围内自我决定其个人数据的披露和使用。2000 年欧盟发布《欧盟基本人权宪章》，第 8 条第 1 项规定"每个人都有权保护自己的个人数据"，将数据保护的权利从第 7 条规定的隐私和家庭生活受尊重的权利单独列出来，确立了数据保护的宪法性地位，将数据权利作为一种基本人权进行保护。

---

〔1〕　高明："欧盟跨境数据流动的法律探究"，载《法制与社会》2011 年第 28 期。

2014 年 5 月，美国总统执行办公室（Executive Office of the President）发布 2014 年全球"大数据白皮书"——《大数据：把握机遇，守护价值》（BigData：Seize Opportunities，Preserving Values）（以下简称《白皮书》），对美国大数据应用与管理的现状、政策框架和改进建议进行了集中阐述。从《白皮书》所代表的价值判断看，美国政府更看重大数据为经济社会发展所带来的创新动力，对可能与隐私权产生的冲突，则以解决问题的态度处理。美国隐私权在宪法层面体现为第四修正案，宪法保护"人民的人身、住宅、文件和财产不受无理搜查和扣押的权利"。

美国政府在大数据技术与隐私权保护之间倾向于利用大数据技术促进经济社会发展，以保持美国在相关领域的领先地位。与此同时，美国政府希望以改良的政策框架与法律规则来解决隐私权保护的问题。由于大数据技术的发展运用将对隐私权保护构成严峻挑战。因此，越是希望鼓励大数据技术得到更广泛更科学的运用，越是应该通过政策、法律与技术加强对公民隐私权利的保护。就如《白皮书》所说："大数据正改变世界，但它并没有改变美国人对于保护个人隐私、确保公平或是防止歧视的坚定信仰。"面对大数据技术带来的数据泄露、隐私被侵犯等问题，美国在原有隐私权政策与法律基础上，通过出台、修改立法，提出政策主张，发挥行业自律作用，构建了较为完善且独具特色的大数据环境下的隐私保护体系。

二是数据监管力度不同。欧盟建立单行统一的数据保护规范条例，而美国并未针对数据保护进行单独立法。

如前所述，欧盟制定了一系列的数据保护指令或条例，构建了完善的数据保护规则体系。如 1980 年经济发展与合作组织制定的《OECD 指南》、1981 年的《108 公约》、1995 年欧盟发布的《95 指令》、2000 年《欧盟基本人权宪章》、2016《个人数据一般保护条例》等，并形成了以《16 条例》为核心的个人数据保护制度体系。其中，《16 条例》第 5 章 "第三国或国际组织转移个人数据" 第 45 条规定，向对个人数据的跨境转移必须保证数据接收方达到 "充分保护" 标准，并且构建了个人数据权利体系，确保个人数据得到保护。

美国并未对数据保护进行专门立法，而是以《侵权法重述》为基础制定了不同领域的隐私保护法。①金融领域：《金融隐私权法案》（The Right to Financial Privacy Act，RFPA），对银行雇员披露金融记录及联邦立法机构获得个人金融记录的方式进行限制；《金融服务现代化法案》（Financial Services Modernization Act of 1999）要求金融机构尊重客户隐私并保护客户非公共信息的安全与机密；②保险领域：《健康保险隐私及责任法案》（The Health Insurance Portability and Accountability Act of 1996，HIPAA），规定个人健康信息只能被特定的、法案中明确的主体使用并披露，个人可以解其本人的健康信息，但要遵循一定程序标准；③电视领域：《有线通讯隐私权法案》（Cable Communication Policy Act），禁止闭路电视经营者在未获得用户事先同意情况下利用有线系统收集用户的个人信息；《电视隐私保护法案》（Cable TV Privacy Act of 1984），将隐私权保护范围扩展到录像带销售或租赁公司的顾客；④电信领域：1996 年《电讯法》（Telecommunication Act），规定电讯经营者有保守客户财产信息秘密的义务；⑤消费者信用领域：《公平信用报告法》（The Fair Credit Reporting Act），该法属于消费者保护法系列，规定了消费者个人对信用调查报告的权利，规范了消费者信用调查/报告机构对于报告的制作、传播、对违约记录的处理等事项，明确了消费者信用调查机构的经营方式；⑥儿童隐私保护领域：《儿童在线隐私权保护法案》（The Children's Online Privacy Protection Act, COPPA），规定了网站经营者必须向其父母提供隐私权保护政策的通知，以及网站对 13 岁以下儿童个人信息的收集和处理原则与方式等。

综上所述，美国以《侵权法重述》为基调的不同领域的隐私保护规则遵循"公平信息实践法则"，其基本的思路是"告知和同意"模式。但对于大数据时代，传统的保护模式不符合 2010 年奥巴马政府提出的"我的大数据"计划措施，与数据公开政策相抵触。因此，2012 年 2 月 23 日，奥巴马签署美国白宫发布的工作报告《网络环境下消费者数据的隐私保护——在全球数字经济背景下保护隐私和促进创新的政策框架》（Consumer Data Privacy in A Networked World：A Framework for Protecting Privacy and Promoting Innovation in the Global Digital Economy）（以下简称《消费者隐私保护报告》）。该报告正式提出《消费者隐私权利法案》（Consumer Privacy Bill of Rights），加强大数据时代隐私的保护。

美欧不同的数据观念必然导致二者贸易中的不协调。欧洲国家普遍形成了以保护个人数据为核心，以数据流动为例外的数据跨境转移规则体制，极大地打击了美国跨国企业的发展，因此遭到了美国政府的强烈反对。美国公司在云计算、大数据领域占据主导地位，美国的工业也处于全球领先地位，对美国企业而言，数据是最大的利润来源，切断数据跨境流动就等于扼住美国企业的命脉。美国认为，欧洲国家是以保护文化完整性为借口，通过限制数据转移破坏竞争对手的潜在发展机遇，是典型的经济保守主义。理性的法律制度应当是鼓励信息自由获取，防止信息滥用。相比欧洲国家普遍采取的"国家主导，统一立法"数据保护模式，美国主张"倡导自律，分散立法"。[1] 这导致双方在贸易产生了的巨大分歧，美国的大数据公司在欧洲占据相当大的市场，面对欧盟强硬的数据保护态度，美国做出了妥协，与欧盟签订了《安全港协议》（Safe Harbor Agreement）。

2. 美国的妥协：从"安全港"到"隐私盾"

面对欧盟数据保护制度，美国为了保证本国企业在欧洲的正常经营，2000 年 12 月，美国商务部与欧盟建立《安全港协议》，旨在调整美国企业出口以及处理欧洲公民的个人数据的相关事宜。欧洲强调公民数据隐私的充分保护，并于 1995 年通过《个人数据采集和传输行为保护指令》，明确禁止向尚未建立充分的数据隐私权保护法律的国家传输数据。相比之下，美国的保护程度要相对薄弱，数据隐私的监管权力分散于若干政府机构之中，且缺乏综合性规制的法律体系。

为调和欧美监管制度冲突，"安全港协议"规定，即使美国国内监管制度不做任何调整，只要美国企业承诺签署该协议，并接受欧盟的隐私保护条款，欧洲数据即可在欧美间自由流动。至此之后的 15 年里，包括 Google、Facebook、Microsoft 在内的超过 4500 家美国企业都依赖"安全港协议"以进行跨境数据流动业务。所谓"安全港协议"，是指美国商务部建立一个公共目录，在联邦交易委员会和美国交通运输部管辖下的任何组织，只要自愿遵守"安全港"的规则，就可以加入这个公共目录，成为"安全港"的一员。

根据"安全港协议"规定，欲受到该协议的庇护，就必须满足或采取以下措施之一：①参加符合"安全港"原则的自律性隐私权保护项目；②制定符合"安全港"原则的自律政策；

---

〔1〕　张金平："跨境数据转移的国际规制及中国法律的应对——兼评我国《网络安全法》上的跨境数据转移限制规则"，载《政治与法律》2016 年第 12 期。

③遵守有关保护个人隐私权的法律规范。企业在达到上述三条件之一，以"安全港"协议成员的身份从事电子商务，并承诺遵从"安全港"的七条隐私保护原则，企业被推定达到"充分保护"标准的要求，可以从欧洲范围内将数据传出。"安全港"的七条原则主要包括：①通知原则；②选择原则；③向外移转原则；④安全原则；⑤资料完整原则；⑥获取原则；⑦执行原则。"安全港协议"体现了欧盟和美国之间的一种妥协，对于美国在欧盟企业的保护条件并未严格按照《95 指令》所要求的"充分保护"标准。只是在数据共享传输这个领域，欧盟明确了"选进"程序，只有经过数据主体的明确同意才能进行数据共享，并且"安全感协议"赋予了消费者"退出"的权利，即在企业间共享非公开个人信息时，给消费者选择终止共享这些信息的权利，但是"选退"必须遵守"安全港"的原则。

2013 年，美国"棱镜门"事件的爆发以及美国行政机构及其私人公司未经许可大规模擅自加工个人数据的行为一经曝光，引发了欧盟及其成员国的深切关注，并促使整个欧盟内部认真思考欧洲基本人权可能受到的影响，美欧之间的合作关系开始出现松懈和不确定性。[1] 马克西米连·斯科瑞姆斯诉爱尔兰数据保护专员案[2]加速了《安全港协议》的瓦解。2015 年 10 月 6 日，欧洲法院做出裁决，认定欧盟在缔结协议时，其对美国是否为个人数据提供了充分保护未履行应尽的调查职责，且"安全港协议"将国家安全、公共利益和法律执行需要置于隐私原则之上，因而宣布欧盟委员会通过的关于"欧美安全港协议"

---

〔1〕 刘碧琦："美欧《隐私盾协议》评析"，载《国际法研究》2016 年第 6 期。

〔2〕 在斯诺登前年曝光美国监控计划后，奥地利法律系学生马克斯·思科瑞姆斯（Max Schrems）起诉 Facebook，指控后者将欧洲用户的数据传回到美国服务器，此举可能让欧洲用户的数据受到美国政府的监控。

的"2000/520"号决定无效。

"安全港协议"的废除使得欧盟与美国之间的数据传输所依托的法律基础丧失，导致美国企业在欧洲的正常营业遇到巨大的阻碍，致使包括微软、谷歌等在内的数据公司受到严重损失，同时也使欧盟整体国民生产总值下降 0.8%～1.3%。[1] 美国为了恢复欧洲与美国之间的数据跨境流通，在"安全港协议"废除之后，又紧锣密鼓地与欧盟进行磋商，拟达成新的双边协议。

2016 年 7 月 14 日，欧盟与美国达成新的协定——《"欧美隐私盾牌"协议》（以下简称"隐私盾协议"）。隐私盾协议的性质是欧盟和美国官方的行政分支条约，它的主体包括美国商务部公布的一个框架原则声明（ANNEX Ⅱ）和六封来自内阁官员的信。[2] 其中四封信分别是商务部长（ANNEX Ⅰ）、国务卿（ANNEX Ⅲ）、联邦贸易委员会（FTC）主席（ANNEX Ⅳ）和交通部长写给欧盟委员会的（ANNEX Ⅴ），这四封信的法律地位是美国政府的行政协议。其他两封（ANNEX Ⅵ）是国家情报长和司法部犯罪科助理检察长写给商务部二级官员的信而不是写给欧盟的，这两封信大部分内容只是简单引用现行的立法和程序，地位是相对次要的行政协议。[3]

与"隐私盾协议"配套的还有两个协议，一是 2016 年 6 月 2 日签订的旨在规范特殊情况下处理数据的标准的"美国—欧盟保护伞"协议（umbrella），即《数据隐私和保护协议》（Data

〔1〕　See Yann Padova, "The Safe Harbour is Invalid：What Tools Remain for Data Transfer and What Comes Next?", *Internatonal Data Privacy Law* 139,（2016）6, p. 140.

〔2〕　ANNEXES to the Commission Implementing Decision pursuant to Directive 95/46/EC of the European Parliament and of the Council on the adequacy of the protection provided by the EU-U. S. Privacy Shield.

〔3〕　曹杰、王晶："跨境数据流动规则分析"，载《国际经贸探索》2017 年第 4 期。

Privacy and Protection Agreement）；二是 2016 年 2 月 24 日由奥巴马签署的 2015 年《美国司法赔偿法案》（US Juridical Redress Act of 2015），该法案把 1974 年的《美国隐私法案（US Privacy Act of 1974）》的司法赔偿的条款核心利益延伸到指定的外国国家公民，目的是为遭遇信息被不当使用的美国公民提供司法救济。[1]

"隐私盾协议"更新了"安全港协议"的七项原则，在原有的原则下做出了更详细的规定，为数据主体提供了更具体的法律依据，使其能与个人的数据保持更为紧密的联系，随时知悉个人数据被处理的真实情况。[2] 在"隐私盾协议"下，美国企业将履行更加严苛的义务，该协议完善了"安全港协议"下的不足，赋予数据控制者更多的义务，并且美国商务部和联邦贸易委员会对相关企业负有监管责任。随着欧美"隐私盾协议"的签署，"隐私盾协议"的溢出效应在全世界范围内将产生影响，目前有 20 多个国家对数据的跨境流动做出了限制。

（二）数据主权博弈的内核：数据安全与数据经济发展

美国与欧盟在数据保护方面存在较大的差异，美国更倾向于发展数据经济，鼓励数据的跨境流动；欧盟更注重对个人数据和隐私的保护，严格限制数据跨境流转。美欧之间数据保护的差异，就是数据安全与数据经济发展的博弈，严守本国数据边疆，对个人数据保护有利。但全球化趋势愈加迅速，在数据经济规模不断扩大的背景下，适当放开数据的跨境流动也将为本国企业、国民经济带来裨益。

---

〔1〕 曹杰、王晶："跨境数据流动规则分析"，载《国际经贸探索》2017 年第 4 期。

〔2〕 桂畅旎："美欧跨境数据传输《隐私盾协议》前瞻"，载《中国信息安全》2016 年第 3 期。

1. 大数据技术加剧隐私安全隐患

数字技术、大数据技术等技术快速发展，导致数据流转、运用频率加快，也势必增加个人隐私泄露等负面影响。据 Gemalto（金雅拓公司）的数据显示，2016 年上半年，数据泄露总数增长了 15%；在全球范围内，2016 年上半年曝光的数据泄露事件高达 974 起，数据泄露记录总数超过了 5.54 亿条。[1] 其中，在美国发生了多起数据泄露案件。譬如 2016 年 1 月美国有线电视公司时代华纳 32 万用户数据被盗、2016 年 5 月轻博客网站 Tumblr 超 6500 万邮箱账号密码惨遭泄露、2016 年 5 月 LinkedIn 超 1.67 亿个账户在黑市被公开销售、2016 年 6 月 MySpace 3.6 亿用户账号以及 4.27 亿密码泄露、2016 年 9 月雅虎近 5 亿账户被泄露等。此外还涉及一些国家政府数据或国家领导人的私人信息被泄露，如 2016 年 8 月美国国家安全局被黑客攻击、2016 年 4 月土耳其总统埃尔多安个人信息被放置暗网平台（同时涉及 5000 万土耳其公民的个人信息遭到威胁，其中包括姓名、身份证号、父母名字、住址等敏感信息）。在中国，最令人记忆深刻的是山东徐玉玉案件、网易用户数据库泄露案等多个案件，这些案件均造成了巨大的损失。

大数据技术的兴起对数据隐私与安全造成了冲击。因此，加强隐私数据的保护就是要限制数据的流动，限制数据接触、使用、处理等主体的活动范围，严格限制数据的跨境流动。欧盟通过制定一系列数据保护法律，严格限制数据的跨境转移，为数据主体构建一套权利体系，赋予数据主体更大的权利，课以数据控制者更多的义务，加大对个人数据的保护力度。

---

〔1〕　金雅拓：《2016 年上半年数据泄漏水平指数调查报告》。

2. 大数据促进经济发展

大数据技术激发了数字经济的发展潜力，越来越多的国家或地区愈加重视"数据红利"所带来的经济效应。大数据经济已成为国民经济增长中的重要部分。大数据经济（Big Data Economics）是指对行业内部或行业之间海量数据的跨界融合、价值关联、整合分析、优化利用所产生的巨大的经济价值和潜在商机，是互联网经济和实体经济的融合。[1] 2016年2月，麦肯锡全球研究院（MGI）发布《数字全球化：新时代的全球性流动》（Digital Globalization: The New Era of Global Flows）指出，自2008年以来，在全球商品流动趋缓、跨境资本流动出现下滑的趋势下，全球化并没有因此而逆转或停滞。相反，因为跨境数据流的飙升，全球化进入了全新的发展阶段。[2] 2016年9月《G20数字经济发展与合作倡议》的发布，指明了全球大数据的发展方向，为数据应用开拓出新领域。

面对大数据经济的发展趋势，美国最先做出回应。2009年，美国联邦政府发布《开放政府指令》，作为大数据的前奏推出了"Data. gov"公共数据开放网站；2012年3月，美国联邦政府发布了《大数据研究和发展计划》，将投入2亿美元进行大数据研究，并推动"大数据发展计划"；2012年5月，联邦政府发布《数字政府战略》（Digital Government Strategy），建立数字化政府；2013年5月，奥巴马总统签署第13642号总统行政令，对联邦大数据管理工作提出了新的准则，提出在保护好隐私安全性与机密性的同时，将数据公开化以及可读写化纳入政府的义务范围；2014年5月，美国政府发布《大数据：把握机遇，维

---

〔1〕 岳晓、王会举："应急产业大数据经济生态系统研究"，载《宏观经济研究》2017年第1期。

〔2〕 麦肯锡：《数字全球化：新时代的全球性流动》。

护价值》的报告；2016 年 5 月发布《联邦大数据研究与开发战略计划》。[1] 美国通过一系列政策和报告积极引导大数据经济的走向，促进数据经济的发展。

欧盟在大数据方面的活动主要涉及两方面内容：一是研究数据价值链战略计划；二是资助"大数据"和"开放数据"领域的研究和创新活动。[2] 2010 年 3 月，欧盟委员会公布了《欧洲 2020 战略》，认为数据是最好的创新资源，开放数据将成为新的就业和经济增长的重要工具；欧盟 2010 年 11 月发布的《开放数据：创新、增长和透明治理的引擎》报告；2011 年 11 月，欧盟数字议程采纳欧盟通信委员会《开放数据：创新、增长和透明治理的引擎》的报告开始推进开放数据战略；2012 年 10 月，欧洲委员会提出《云计算发展战略及三大关键行动建议》；2014 年发布了《数据驱动经济战略》等报告。欧盟这些战略部署在数据经济发展中将至关重要，此系列战略部署将成为欧盟及其成员国数据立法与发展数据经济的指引。

2015 年 8 月，国务院印发《促进大数据发展行动纲要》该纲要指出，"大数据成为推动经济转型发展的新动力、大数据成为重塑国家竞争优势的新机遇、大数据成为提升政府治理能力的新途径"，积极促进大数据发展，加快建设数据强国，释放技术红利、制度红利和创新红利，提升政府治理能力，推动经济转型升级[3]；2016 年 3 月公布的《中华人民共和国国民经济和社会发展第十三个五年规划纲要》指出，"牢牢把握信息技术变

---

〔1〕 李钊："大数据全球战略布局全面升级——数据科技化成数字经济 2.0 核心"，载《科技日报》2017 年 6 月 2 日。

〔2〕 张茉楠："全球数据开放战略的路线图"，载《华夏时报》2015 年 11 月 30 日，第 30 版。

〔3〕《国务院关于印发促进大数据发展行动纲要的通知》（国发〔2015〕50 号）

革趋势，实施网络强国战略，加快建设数字中国，推动信息技术与经济社会发展深度融合，加快推动信息经济发展壮大"，实施国家大数据战略，加快推动数据资源共享开放和开发应用，助力产业转型升级和社会治理创新，促进大数据产业的发展[1]。

纵观欧美国家及中国大数据战略，其具有以下共同点：一是政府全力推动，同时引导市场力量共同推进大数据发展；二是推动大数据在政用、商用和民用领域的全产业链覆盖；三是重视数据资源开放和管理的同时，全力抓好数据安全问题。

全球化进程的持续推进，跨国企业数量的持续增加，不同国家之间对数据保护的观念、力度等方面的差异，导致跨境企业运作受到限制，影响数据经济的规模效应和集群效应。数据全球化与数据主权是"一枚硬币的两面"，数据全球化是数据主权管辖的前提背景。

加强对数据隐私的保护，就应加强对数据跨境流动的限制；促进数据经济的发展，就需要在一定程度上放松对数据跨境转移的监管。因此，数据跨境流动的管控是国家数据主权的体现，不同国家数据主权的博弈，背后的利益平衡就是在数据跨境流动与数据经济发展之间的平衡。

（三）大数据环境下信息公平的实现

伴随一些国家对跨境数据流动政策的收紧，要发展数据经济就要推动数据在全球的自由流动，亟须在国际层面达成统一的标准。

1. 构建数据主权

数据主权是全球化的必然结果，对数据流动进行监管，推动全球数据资源的开发与利用，发展本国数据经济是数据主权

---

〔1〕《中华人民共和国国民经济和社会发展第十三个五年规划纲要》。

的核心要义之一。任何主权国家和政府都有将其权力向新技术或新的领域延伸的天性。[1] 一方面，在大数据时代，数据资源作为财富生成的土壤具有稀缺性时，在时空布局上不平衡，就必然会诱使政府权力或国家力量向数据资源延伸，以扩大权力范围塑造国家权力。另一方面，大数据技术的发展，导致数据泄露、隐私遭受侵犯的可能性激增，全球范围内数据或个人隐私因数据安全问题遭泄露的案件多不胜数，面对这样尖锐的局面，国家有义务加强对本国数据安全的保护，确保公众数据安全。

但数据主权不同于传统主权。首先，数据主权边界具有模糊性。跨境公司数据流转的广泛性，导致数据在全球范围内流转，涉及不同国家、不同行为人等因素，导致数据主权的范围受到多个因素的影响。其次，数据主权受到技术水平的制约。一国数据技术的发展将影响其对数据的控制、处理、分析以及整合等能力，对于数据源的控制能力的强弱，又直接影响到数据主权的效力和适用范围。最后，数据主权具有一定的弹性。面对全球化的进程，需要在保证国家和人民数据安全的前提下发展本国经济，就需要压缩本国数据主权，以促进经济发展。

数据主权在数据跨境流动方面的体现主要有：①以提升个人数据出境后的保护水平为目标，构建数据跨境流动规范体系；②为以法定的例外与严格的用户授权为前提下的数据跨境流动提供空间；③以驱动数字经济发展为本位，优先寻求区域内的数据自由流动；④以扩大本国法律域外效力为手段，掌握跨境数据流动管理的主动权；⑤以国家安全和方便执法为考量，推出本国公民个人数据的本地化存储；⑥采用强管控和限制性手

---

〔1〕［法］米歇柯·福克：《安全、领土与人口》，钱翰、陈晓径译，上海人民出版社 2010 年版，第 36 页。

段，对特定领域敏感类型的数据进行跨境流动管理。[1]

2. 加强对数据跨境流动的监管

在全球数据跨境流动监管范式下，数据主权的出现是主权理念发展的必然趋势，其重要性不言自明。但数据主权的实现则需要一些具体的措施加以辅助。目前，我国也积极开展数据跨境流动保护和监管的工作。

我国对数据跨境流动的法律主要有：

我国对数据跨境流动监管的法律文件（部分）	
法律文件	内容
《中华人民共和国保守国家秘密法》	防止含有国家秘密的数据流出中国。国家秘密包括"事关国家安全与利益的事项"。
《关于银行业金融机构做好个人金融信息保护工作的通知》	禁止金融机构在境外分析、处理或存储中国公民的个人金融信息。
《信息安全技术公共及商用服务信息系统个人信息保护指南》	未得到用户明示同意或政府批准的情况下，禁止将数据传输至境外实体。
《征信管理条例》	国务院法规要求在中国境内收集的所有信用信息均应在境内整理、存储及处理。信用报告机构必须在中国境内建立备份数据库，不得通过互联网或存储媒介传输在中国境外收集的信息。
《关于促进云计算创新发展培育信息产业新业态的意见》	该意见是未来云计算法规的框架，强调了管理跨境数据流动的重要性。
《关于加强党政部门云计算服务网络安全管理的意见》	敏感信息不出境。为党政部门提供服务的云计算服务平台、数据中心等要设在境内。敏感信息未经批准不得在境外传输、处理、储存。

---

　　[1] 惠志斌、张衡："面向数据经济的跨境数据流动管理研究"，载《社会科学》2016年第8期。

续表

我国对数据跨境流动监管的法律文件（部分）	
法律文件	内容
《反恐怖主义法》	电信业务经营者、互联网服务提供者应当为公安机关、国家安全机关依法进行防范、调查恐怖活动提供技术接口和解密等技术支持和协助。
《人口健康信息管理办法（试行）》	禁止在境外数据中心存储个人健康信息。
《网络安全法》	关键信息基础设施的运营者在中华人民共和国境内运营中收集和产生的个人信息和重要数据应当在境内存储。因业务需要，确需向境外提供的，应当按照国家网信部门会同国务院有关部门制定的办法进行安全评估；法律、行政法规另有规定的，依照其规定。
《保险机构信息化监管规定（征求意见稿）》	外资保险机构信息系统所载数据移至中华人民共和国境外的，应当符合我国有关法律法规。本国保险结构的信息必须储存在中国境内。

　　目前，数据主权在中国仍处于理论阶段。国家对数据跨境流动的管控仍处于摸索阶段，未形成体系化的管理制度，相关的规定散见于各法律文件，并未起到较好的监管效果。

　　为贯彻落实"十三五计划"和"十八大"相关决策，我国需要在经济发展与跨境数据流动中寻找平衡，就需要使数据主权落地实践。完善数据跨境流动的规则制度的同时发展数据经济，具体可从以下方面入手：

　　（1）完善数据转移监管立法。

　　鉴于数据跨境流动对安全性价值的追求以及政府在数据跨

境流动监管中的重要作用，制定和完善数据跨境流动的相关立法应坚持"安全优先，政府主导与行业自律相结合，保护数据安全前提下促进数据正常商业使用与转移自由，保护个人数据权利，保障数据跨境转移中的数据主权"等基本原则；坚持在规则制定过程中破解机会平等、规则公平等难题。

（2）建立数据转移国际合作机制。

数据跨境流动是新技术条件下所有参与经济全球化的国家都必须面临的问题，概莫能外。面对这一世界性新议题，各国需要密切开展国际合作，积极参与联合国、国际组织有关数据跨境流动技术运用规则的拟定，开展与全球数据大国的技术合作，形成数据跨境流动话语体系，实现数据跨境流动保护的国际化、体系化、法治化。

（3）关键基础设施和重要领域数据的安全协议控制。

最重要的方面是注重国家信息基础设施保护，切实提升信息安全保障与防范能力，明确重点领域数据库的范围，制定完善的重点领域数据库管理和安全操作制度，加强对重点领域数据库的日常监管，建立并完善大数据信息安全体系。同时，要加大对基于大数据的关键安全技术研发投入，譬如基于大数据的网络攻击追踪方法等关键领域与技术方面切实提高我国的数据安全技术水平。此外，要打破数据割据与封锁，整合大数据处理资源，协调大数据处理和分析机制，推动重点数据库之间的数据共享和安全协议控制。

（4）离岸数据存储中心构建。

数据采集、存储本地化，严控数据跨境流动，比如俄罗斯数据保护新规，即要求公民数据只能存于境内服务器。因此，建构离岸数据存储中心是符合保障数据安全，维护数据主权的有效途径。

3. 数据层级划分

对一个国家而言，数据跨境流动主要涉及两方面：一是商业活动中的数据跨境流动；二是国家活动的数据跨境流动。通常意义上的数据跨境流动单纯指商业活动中的数据跨境流转。在数据主权理论下，发展数据经济的前提是保证数据安全，即保证个人隐私与国家安全。在考虑数据安全时，采取最广义的数据跨境流动概念，将国家行为的数据跨境流动与商业活动中的数据跨境流动综合考虑，对数据的安全等级进行划分，按照数据的不同安全级别，采取不同力度的监管模式，尽可能在保证数据安全的前提下，使数据最大限度地流通，促进数据经济的发展。

对此，数据可分为四个等级，分别是：绝对禁止流通数据、禁止流通数据、限制流通数据和自由流通数据。与《中华人民共和国保守国家秘密法》第10条[1]对应，国家秘密分为绝密、机密、秘密，国家数据如涉及国家秘密，不论是属于何种，都应当属于绝对禁止流通的数据范畴。对国家工作中的不公开数据、企业商业秘密、个人隐私数据或是敏感数据等属于禁止流通范畴。对于企业一般经营数据、个人脱敏数据、国家公开的一般数据属于限制流通范畴。社会公知数据等则属于自由流通范畴。

---

〔1〕《中华人民共和国保守国家秘密法》第10条，国家秘密的密级分为绝密、机密、秘密三级。绝密级国家秘密是最重要的国家秘密，泄露会使国家安全和利益遭受特别严重的损害；机密级国家秘密是重要的国家秘密，泄露会使国家安全和利益遭受严重的损害；秘密级国家秘密是一般的国家秘密，泄露会使国家安全和利益遭受损害。

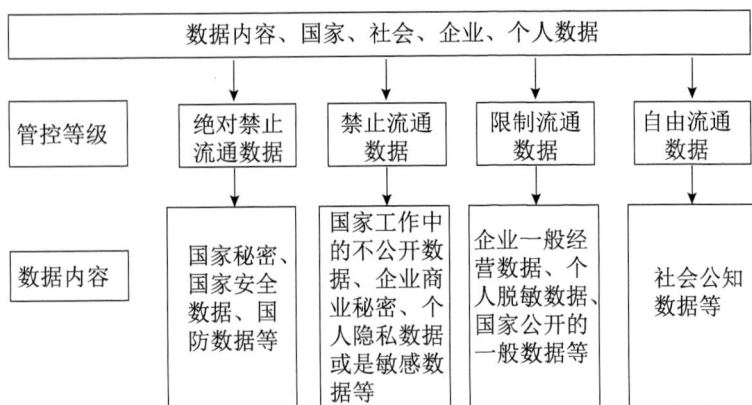

数据内容、国家、社会、企业、个人数据			
管控等级	绝对禁止流通数据	禁止流通数据	限制流通数据 自由流通数据
数据内容	国家秘密、国家安全数据、国防数据等	国家工作中的不公开数据、企业商业秘密、个人隐私数据或是敏感数据等	企业一般经营数据、个人脱敏数据、国家公开的一般数据等 社会公知数据等

4. 层级保护

如前所述的数据分类，对不同安全等级的数据实行不同力度的监管。总的来说，应当坚持将数据安全原则置于数据监管的首位，在保障数据安全原则的基础上，促进数据流通，并促进数据经济的发展。

（1）绝对禁止流通的数据保护。

对于涉及国家秘密、国家安全数据、国防数据等能够影响国家安全的数据，应当严格限制，不允许此类数据跨境流动。首先，建立接触限制制度。对于此类数据应当进行接触限制，尽量减少接触人数，并且建立追责机制，如发生数据泄露事件，应当首先向首要负责人问责，后继续追究相关人员的责任。其次，严禁域外存储此类数据。无论是国家机关、事业单位还是社会企业，如果接触、拥有或使用此类数据，应当保证存储在中国境内，严禁私自将此类数据传输到中国境外。再次，建立数据泄露紧急措施。在出现此类数据泄露时，国家应当建立一套完善的数据泄露的措施。最后，实行灾备及演练制度。对此类数据应当建立备份制度，以及进行灾备演练，以防出现难以承受的紧急情况。

（2）相对禁止流通的数据保护。

对于国家数据安全保护，以国家利益或是社会整体更高的利益进行评判，以国家利益或社会整体利益优先。因此，国家工作中的不公开数据、企业商业秘密、个人隐私数据或是敏感数据等属于相对禁止流通范畴。此类数据受到国家的保护，但是在经过数据主体同意的情况下，可以将个人隐私数据、企业秘密等数据进行跨境传输，但是应当遵循国家安全原则优先的原则。譬如欧盟建立一套完善的个人数据保护制度，限制数据的跨境流动，只有接收数据的一方达到数据"充分保护"的标准，才可以将数据进行跨境流动，而且数据主体有权选择"退出"并享有充分的知情权。我国也可以借鉴此规定，对个人隐私数据、商业秘密等数据的跨境流转，除了采取"同意-通知"原则外，还应当赋予数据主体更多的权利，进而保证其自身利益不被侵犯，或在利益被侵犯时，有合理、及时、充分的救济机制。

（3）限制流通的数据保护。

限制流通数据一般是指企业一般经营数据、个人脱敏数据、国家公开的一般数据等。对此类数据的跨境流动，应当建立报备制度。对于数据转移，应当记录在案，并进行审核，以防出现一些侵犯个人隐私或是企业的商业秘密的情形。

（4）自由流通的数据保护。

对社会公知数据，一般不需要进行限制，应当保证公知的、基础的数据的自由流动。对四类不同的数据限制类型，对其跨境流动的监管，需要遵循相应的原则。

首先，应当遵循国家安全原则。国家利益与社会整体利益是最高利益，应当得到优先保障，在数据跨境流动时，应当首先保证数据跨境转移不侵犯国家利益、国家安全和社会利益，只有在充分保证国家安全的基础上，才能鼓励数据流动，促进数据经济的发展。

其次，坚持跨境流动审查原则。在进行数据跨境转移时，应当由国家安全部门或是数据保护专员进行数据审查，确保流通出去的数据不损害国家、社会、个人或是企业的利益，不会导致不良后果。

最后，发展数据经济原则。在保证数据安全的前提下，尽可能地促进数据流动，发展数据经济，鼓励国内企业走向世界，大力发展域外经济，提升中国在经济体系中的话语权。

5. 全球统一数据跨境流动规则

事物是发展变化的，新事物的出现，必然带来旧制度的灭亡或变更。大数据技术的出现，冲击了现有的制度框架，因此出现了较多的问题。为此，各国纷纷制定、出台相关的法律或规则，但由于不同国家或地区的人文、历史、地理、宗教等因素的差异，制度规则相差甚远。

随着经济全球化进程的推进，联合企业或是跨国企业总占比越来越大，数据的跨境流动越来越常见。但因各国或地区不同的制度设计，数据跨境流动出现障碍，不仅数据安全问题加重，也导致全球经济发展受到限制。因此，为适应技术的要求、推进全球化进程和发展数据经济，有必要统一数据跨境流动规则，以实现在一定条件下的数据自由流动。

目前，具有代表性的区域或经济体协议，主要是跨太平洋伙伴关系协定（Trans-Pacific Partnership Agreement，简称TPP）。该协议最开始是由新西兰、智利和新加坡于2002年在墨西哥APEC峰会提出，2005年智利、新西兰、新加坡和文莱四国签订了"跨太平洋战略经济伙伴关系协议"，始称"P4"协议。

截止到 2017 年 1 月 23 日，美国退出该协议，目前该协议的成员国还有 11 个。该协议的终极目标是实现亚太地区的自由贸易和区域一体化。在该协议"电子商务"篇中，TPP 各缔约方承诺，确保互联网和数字经济的驱动力——全球信息和数据的自由流动，包括个人数据在成员国之间的流动，但须遵循合法的公共政策目标。只要该政策没有违背该协议的基本原则，协议不阻止成员国为了公共政策的目的实施相关的政策。因此，TPP 协议虽然以促进跨境数据流动为首要原则，但也没有完全排除对跨境数据流动实施合理限制性措施的可能。[1] 此外，"隐私盾协议"是欧美之间的数据跨境流动规则，该协议体现了欧盟在严格数据管控下与美国之间的博弈，最终以美国作出让步而告终。

纵观"TPP 协议"与"隐私盾协议"的订立及成效，不难发现，数据跨境转移统一制度的构建难度非常大。构建统一的数据跨境流动规则的难点在于：

首先，如何在双多边谈判中建立一个折中的框架，实现数据开放和隐私保护并重。如前所述，不同国家或地区对于数据的保护观念不同，像欧盟将个人数据视为基本人权，因此赋予数据主体充分的数据权利；美国认为大数据技术的出现，虽然可能会带来隐私泄露的危险，但应从法律层面解决隐私泄露的问题，对数据流动应最大限度地实现自由流通，以发展经济。因此，不同国家或地区对于数据保护的不同态度，限定了统一流通规则的达成，如何寻找出一种各方均可以接受的规则是核心难题。

其次，如何统一碎片化的数据保护规制，提高跨境数据流

---

〔1〕　石月："新形势下的跨境数据流动管理"，载《电信网技术》2016 年第 4 期。

动规则的实施能力。数据主权概念的出现及其运用，其结果是各个主权国家形成了自己独具特色的数据保护制度，不同国家或地区的数据监管模式和程序不同，导致数据跨境流动程序烦琐，严重影响了数据流通的效率。如何统一碎片化的数据监管规则，提高数据流通效率将成为统一数据监管制度的关键。

再次，如何完善数据收集细则来平衡国家安全和个人隐私保护的需求。个人隐私保护与数据安全规制，应当从数据收集阶段考虑，贯穿整个数据使用环节。对数据收集者或是数据控制者课以何种程度的义务，以及在违反义务的法律责任上均需要评估不同国家与地区的因素，如何完善数据收集细则来寻找平衡点是数据跨境流通使用的保障。

最后，赋予数据主体何种权利以及权利限制程度、权利救济渠道和方式也是保障数据安全保护个人隐私的关键问题。目前，权利泛化现象极其严重，赋予或设置哪些权利或权能能够满足数据保护的要求，并尽可能地促进数据经济的发展，需要在利益平衡的前提下进行制度创新。

目前，中国在大数据方面的研究较多，就数据主权与数据经济发展而言，应遵循以下原则：

（1）坚守国家安全的红线，大力发展数据经济。

据麦肯锡研究院研究表明，中国数据跨境流通需求从全球第 25 位上升至第 7 位。数据显示，中国跨境电商贸易额将在2020 年达到 12 万亿元，占出口贸易总额的 1/3 以上。[1] 面对如此大规模的数据跨境转移需求量，我国应当鼓励数据流通，大力发展跨境企业，增强我国企业的域外市场竞争力。同时我国应当坚守国家安全的红线，加强跨境数据流动的监管，应坚

---

〔1〕 艾媒咨询：《2016-2017 中国跨境电商市场研究报告》。

持在确保国家数据安全的情况下发展数据经济。

（2）加强个人隐私的保护，完善数据保护立法。

大数据时代给个人隐私保护带来新的困扰，数据跨境流动增加了数据泄露的可能性，加强对个人数据与个人隐私的保护是新时代的必然要求。纵观世界各国对个人数据与隐私的保护，大多采取单行的数据保护立法模式，诸如德国、日本、法国、中国台湾地区、中国澳门地区等。目前，我国与个人数据、个人隐私保护的相关法律散见于各部门法之中，缺乏体系性、统一性以及保护制度的配套措施。因此，我国应当加强对个人隐私的保护，尽快完善相关立法，赋予个人数据权利，确保数据或隐私被侵犯时，受害人能够获得及时、充分的救济。

（3）积极地参与规则制定，维护国家利益及企业利益。

目前，大数据经济处于初始阶段，世界范围内主要以美国与欧盟为代表，主导数据规则的制定与磋商。我国本身拥有海量的数据基础，又有众多跨境企业，面对全球化趋势，我国应当积极主动地参与到全球规则制定中去而不是等待规则的出台，应通过主动地引导主题、制造议题等方式来争夺话语权，参与规则制定而不是被动地接受他人制定的规则。我国有"一带一路""金砖国家""亚投行"等一系列国际平台，能够充分发挥我国的国际影响力，制定相对有利于我国企业的数据跨境流动规则，并逐步推广至全球范围内运行，在数据主权乃至数据保护的国际统一框架的制定中，贡献中国智慧、中国方案，这也是中国参与全球治理、实现数据主权的重要方面。

第6章

大数据时代的数据监管：信息公平的保障机制

一、数据监管概述

（一）数据监管的概念

数据监管，也称为"digital curation""data curation"。"curation"指根据所处环境实现以数据化为对象的生命周期，以及通过收集、挖掘、储存等主动且持续的数据治理方式来实现循环利用和增值。国外对数据监管的界定较为模糊，经常将"digital curation"和"data curation"混用，"data curation"强调的是研究数据的监管，而"digital"则是指比"data"数据范围更大的数字化信息和数字对象。英国联合信息系统委员会（Joint Information Systems Committee，简称 JISC）将数据监管界定为："数据监管不仅仅是要保证数据当前使用目的，而且能用于未来再发现及再利用，从数据产生伊始即对其进行治理的活动。"

大数据、云计算等新技术发展，公众能便捷地获取浏览网页、注册账号、下载资源，在此过程中，数据控制主体（如 Facebook、微软、苹果、阿里巴巴等）实现了对数据的收集、挖掘及跨境流动，公众数据安全及隐私保护面临极大威胁。在此背景下，亟须探讨数据监管范式的转换。

大数据是一种资源、一种工具乃至一种思维。作为一种资源，大数据体现了其规模巨大的海量数据、异构繁杂的数据分析模型、不同数据之间的交错关联以及数据库的频繁更新的特点；作为一种工具，数据支撑平台具备强大的数据交互流通能力、数据存储备份能力以及数据分析挖掘能力；作为一种思维，能够通过数据治理创造新的社会经济价值。而数据监管要实现的是：让大数据作为一种资源，利用更加合理；让大数据作为一种工具，使用更加安全；让大数据作为一种思维，导向更加公平。数据监管不仅仅是一种实现数据保护的重要方式，更重要的是，通过数据监管可以实现数据的合理分配与使用，从而保障在大数据环境下处于弱势的数据主体的权益，使数据分配、保护更加公平正义。

因此，数据监管就是一种数据治理的方式，是通过在收集、挖掘、储存数据等环节主动且持续地利用数据治理的方式来实现数据的循环利用和创造新的社会价值。从信息公平角度讲，数据监管就是通过保障数据权利合理、信息公平的实现，维护弱势群体的数据权利，从而实现数据权平等化。

（二）数据监管的对象与内容

从图书情报学角度讲，数据监管的对象与内容就是科学数据，为研究人员所用，服务于科研事业。从传统的学术研究到信息数字化的学术研究以及科研成果的数字化，科研方式也发生了根本性改变，但由于数据规模巨大、结构繁杂异常及传播性强，数据控制难度加大，数据监管变得尤为重要。另一方面，数据也成为企业和政府用以增加决策的科学性和前瞻性的重要资源。正如道格拉斯·W. 哈伯德（Douglas W. Hubbard）所说："数据无孔不入，一切皆可量化"。[1] 与数据联系紧密的各行各业均出现监管机制。

---

〔1〕〔美〕道格拉斯·W. 哈伯德：《数据化决策》，邓洪涛译，世界图书出版广东有限公司 2013 年版，第 3 页。

在公共管理视野下，基于保障弱势群体公共信息服务、实现数据权平等化的目的，可以将数据监管对象与内容分为以下三个方面：

第一，在个人层面，主要监督管理个人数据权利的实现，其监管内容主要是数据处理者对个人数据的处理活动，包括收集、记录、储存、查询、加工、修改、传输及删除等行为，"处理者"是指处理个人数据的自然人、法人、公共行政部门、团体、协会或其他机构。[1] 其侧重点是个人数据安全，在数据侵权纠纷中，首先要确定个人数据的性质，是否脱敏；其次，要保证个人同意权，数据处理者负有通知义务；最后，需保障个人的基本数据权利，譬如遗忘权、删除权等，"对个人信息的采集、保管、运用等环节均应合理妥善，同时在政府牵头下，加速行业统一标准的制定，构建分级分类保护体系。"[2]

第二，在企业层面，数据监管应当保证企业等数据控制者、处理者明确并履行自己的义务与责任，其监督内容主要是数据控制者、处理者与数据相关的一切活动，包括对个人数据的采集、存储、交易、使用及管理等。其侧重点为在商业活动中企业数据处理行为是否具备合规性，合规性审查主要指数据本身是否涉及敏感数据，处理行为是否符合法律政策要求。如根据公民的数据排放（活动所产生的数据），企业采集并处理应用到公用和私用领域，私用领域利用就是通过这些分析后的数据对客户的行为趋势进行预测，以提高效率，但这个过程中的行为必须合规，谨慎对待客户的敏感数据，遵守国家法律、政策。

---

〔1〕 何波："意大利个人数据保护立法的实践与经验"，载《中国信息安全》2016 年第 10 期。

〔2〕 陈维松：《马化腾：大数据环境下亟待加强个人信息安全保护》，载中国网 http://www.china.com.cn/lianghui/news/2017-03/03/content_40403993.htm，访问日期：2017 年 7 月 12 日。

第三，在国家层面，数据监管应当明确个人、企业和政府部门在数据跨境流通责任与义务，主要内容是国家之间的数据流通的内容是否符合国家利益、社会公共利益，包括通过安全评估、数据本地储存、不得歧视弱国的数据主权等。

（三）数据监管模式

数据监管是一个复杂的体系，是包含国家、机构、科学、文化、社会实践以及经济和技术的系统。[1] 数据监管呈现以下特征：第一，利益主体繁多。参与数据监管活动以及其他与数据监管有关的利益主体包括投资机构、研究机构、研究人员、大学、图书馆、图书馆员、出版商、信息技术中心和其他信息中心（如博物馆或档案馆）等；第二，利益关系复杂。每个参与者代表自身的利益需求，不同主体之间可能出现利益需求重合、冲突，如数据控制者和个人之间就存在数据利用和数据保护的冲突；第三，实践经验不足。现行意义的数据监管基于大数据、云技术的发展而产生，各国的数据监管仍处于探索阶段，没有形成统一、成熟的数据监管体系。因此，现阶段数据监管需要各参与方联合制定数据监管规则框架，规划职能角色、分工合作，共同建立数据监管体系。

纵观世界各国及地区，主要数据监管模式有：

1. 市场自我监督

市场自我监督是指依靠市场各方主体（这里主要是指企业之间、企业与个人之间以及个人之间）的私法行为对数据的产生、处理行为进行约束，进而实现一定程度上的数据监督。这主要通过两种渠道实现：一是市场主体之间的合同约定，企业、个人在市场中是平等民事主体，与此类主体相关的数据的产生、

---

〔1〕 蔚海燕、卫军朝："国外高校数据监管项目的调研与分析"，载《图书情报工作》2014年第22期。

处理行为大多数都是民法意义上的法律行为，因此，企业、个人之间可以通过合同来约定各方权利、义务；二是行业自律，信息产业中存在诸如谷歌、百度等行业寡头，此类主体占据较大市场份额，通过自由协商、主动采取数据保护措施实现数据监管，还可以同其他企业共同设立行业组织，制定行业准则和行业标准，引导行业自律。

市场自我监督成本最低，企业、个人的自由空间大，契合市场规律。但仅依靠意思自治，合同约定和行业自律均不足以独立、公平地实现数据监管。企业利用其优势地位，以格式合同等方式减轻自己的责任，剥夺他人权利的现象屡见不鲜，从而给个人带来不利，导致信息贫困；不仅如此，相关企业恣意、滥用市场优势地位，易形成信息垄断；最后，市场主体的自我约束力不足。

2. 法律政策监管

法律政策监管是一种自上而下由政府主导的监管方式。一般有两种方式：第一，政府通过咨询数据研究机构及专业人员，征求民意，以及充分考虑数据主体的意见，经多方协商制定法律或者政策，作用于各方主体；第二，政府通过法律政策赋予现有政府机构监管权力，或设立专门的、独立的监管机构实施监管权力。这种监管方法操作性强、作用范围广、具有强制力，但需要较长适应期，执行成本较大。

国务院办公厅于 2015 年 7 月颁布的《关于运用大数据加强对市场主体服务和监管的若干意见》提出："充分运用大数据、云计算等现代信息技术，提高政府服务水平，加强事中事后监管。"[1] 运用现代信息技术加强政府公共服务和市场监管，为数据流通提供安全保障，维护市场秩序和安全。2016 年 11 月 7

---

〔1〕 佚名："国务院办公厅印发《关于运用大数据加强对市场主体服务和监管的若干意见》"，载《电子政务》2015 年第 7 期。

日通过的《中华人民共和国网络安全法》，从个人层面规定了主管部门监督管理网络运营者对公民的个人信息处理行为，在一定程度上保障了民众的信息自决权；从企业层面讲，要求网络运营者，使用个人的信息应当遵循合法、正当、必要的原则，并规定了网络运营者应当配合网信部门和有关部门依法实施的监督检查；从国家层面讲，规定了国家建立网络安全监测预警和信息通报制度，对关键信息基础设施及数据的跨境流动，应当按照国家网信部门会同国务院有关部门制定的办法进行安全评估。

概观国外数据法律政策监管，欧盟 2016 年 4 月 14 日颁布的《一般数据保护条例》，相比之前实施的《95 指令》，一旦生效就可以立即在欧盟各成员国之内以国内法的形式颁布实施，且其效力优先于各国国内法，[1] 具有强制执行力，完善了数据监管权设置制度，加强了数据监管机构的执法权，掀起数据安全保护的新热潮，该条例专门设置"独立的监管机构"，对监管机构的设置、地位及权责等方面作了系统详尽的规制，确立数据保护认证机制、行为准则及专员制度，新增数据保护委员会，赋予监管机构领导权、调查权及纠正权等权力。各成员国为保护本国在个人数据处理和流通等方面的自由，须安排一个或者一个以上的独立机构为本条例的实施提供监督。此外，各成员国须为监管机构提供人力、财力及必要的基础设施的支持，为确保其独立性不受干涉，监管机构对自身财政具有自主权。[2] 意大利在 2003 年《个人数据保护法典》中，加强和完善了在 1996 年立法中就已设的个人数据保护机构——Garante，旨在保

---

〔1〕 彭星："欧盟《一般数据保护条例》浅析及对大数据时代下我国征信监管的启示"，载《武汉金融》2016 年第 9 期。

〔2〕 参见欧盟 2016 年《一般数据保护条例》第 51、52 条。

护个人数据权利和自由。[1] 从结构上看，Garante 是由一名主席，一名副主席和两名成员组成的合议机构；从功能职责看，其权能分散，职责主要集中在监督管理与个人数据处理相关行为，具有行政处罚权和建议权。

3. 技术平台监管

当前，技术平台监管主要指以互联网平台作为技术基础对政治、经济、生活的问题实施监督管理活动，主要应用在经济领域如金融监管系统、公共领域如交通监测与行政监督电子化等领域。技术平台利用互联网的资源共享化、服务对象化及信息高速公路的特点，凭借大数据的"5V1C"特性、云计算的数据处理能力，搭建技术平台，进行实时监测、反馈、分析、预警等。《关于运用大数据加强对市场主体服务和监管的若干意见》提出："具有市场监管职责的部门在履职过程中应准确采集市场主体信用记录，建立部门和行业信用信息系统，按要求纳入国家统一的信用信息共享交换平台。"[2] 因此，技术平台监管模式不仅能实现信息共享，还能发挥及时、高效、便捷等优势。

二、数据监管范式探索及转换的困境

（一）信息贫困：基于个人视角

信息贫困是指那些被剥夺了获得知识与信息的能力和机会的人们，不能参与创造和分享以知识为基础的社会的文明成果的状态，其本质是与现代化隔离，与对外开放无缘，与经济全

---

〔1〕 何波："意大利个人数据保护立法的实践与经验"，载《中国信息安全》2016 年第 10 期。

〔2〕 钟质："建立大数据标准体系，加强和改进质量监管：国务院办公厅印发《关于运用大数据加强对市场主体服务和监管的若干意见》"，载《中国质量技术监督》2015 年第 7 期。

球化无关，进而形成知识社会与信息社会的"落伍者"或"边缘化"人群或地区。[1] 数据是公众参与社会的基本要素，也是生存权实现的基础。社会信息化本身就包含着"人"追求公平与正义的效果诉求，可以从新数字鸿沟、自贫困与被贫困及信息权利缺失三方面分析个人视角信息贫困的成因。

1. 新数字鸿沟

根据经济合作与发展组织（OECD）的定义，数字鸿沟是指不同社会经济水平的个人、家庭、企业和地区在接触信息通信技术和利用因特网进行各种活动的机会的差距[2]。而新数字鸿沟和传统的"数字鸿沟"之间的区别在于它已超越了对"物理鸿沟"的关注，对是否拥有电脑和是否能够联网等情况不再关注，而更多地关注因计算机或上网技能差异而导致的"技能鸿沟"，以及因网络使用时的带宽、时长及使用方式差异而导致的"使用鸿沟"，而且这两者比"物理鸿沟"更难弥合，甚至会越来越深，是已有的社会不公平在数字化生存时代的反映，并可能会使已有的社会不公平进一步加剧，乃至产生持久不公平的结果。[3]

2. 自贫困与被贫困

个体作为整个信息生态系统的核心要素，是信息活动的真正主导者。个人层面的自贫困与被贫困，不仅是信息量与信息设施的差距，对个人来讲，还着重于信息人的信息能力与信息素养的差距。首先，个体缺乏能动性、自主性，以及文化权益

---

〔1〕 周向红："从数字鸿沟到数字贫困：基本概念和研究框架"，载《学海》2016 年第 4 期。

〔2〕 茶洪旺、胡江华："中国数字鸿沟与贫困问题研究"，载《北京邮电大学学报（社会科学版）》2012 年第 1 期。

〔3〕 王美、随晓筱："新数字鸿沟：信息技术促进教育公平的新挑战"，载《现代远程教育研究》2014 年第 4 期。

的主动权缺失是信息"自贫困"出现的主要原因；其次，个体参与意识淡薄、参与能力低下，在信息活动中"自边缘化"和"自愿隔离"。因此，自贫困和被贫困具体表现为：信息意识不强、信息需求认知不足、信息需求表达不准、信息获取手段有限、信息价值认知存在偏差、信息甄别和选择能力欠缺等[1]。

信息意识不强、需求认知不足以及需求表达不准直接削弱公众在信息需求中的主体地位，信息资源生产、传播的精准性受到严重影响，信息供给质量降低，进而导致个体信息资源供需失衡；信息获取手段有限、信息价值认知存在偏差、信息甄别和选择能力欠缺等因素导致个人难以发挥信息资源的实际价值，造成信息"自贫困"[2]。另一方面，信息基础设施及公共信息服务实质上隐含对知识、技能的要求，这些"潜规则"产生负外部性，间接阻碍公民获取信息。技术的发展和普及更是将这种负外部性扩大，导致公民信息"被贫困"。自贫困与被贫困致使信息贫困现象加剧。

3. 信息权利缺失

信息权利是主体维护自身利益的法律武器，但目前世界上大部分国家立法都未规定信息权利。随着科技发展与普及，信息已成为人们生产生活必不可少的资源，是生存和发展的基本要素，人们获取信息的需求日趋强烈。信息权利的缺失将导致个人在信息资源的利用、处理能力上的匮乏以及获取信息资源途径上的短缺。因此，获取信息的权利需要法律确认，所获取

---

〔1〕 丁建军、赵奇钊："农村信息贫困的成因与减贫对策：以武陵山片区为例"，载《图书情报工作》2014年第2期。

〔2〕 孙红蕾、钱鹏、郑建明："信息生态视域下新市民信息贫困成因及应对策略"，载《图书与情报》2016年第1期。

的信息也需要法律的保护。[1]

（二）信息垄断：基于社会视角

1. 企业层面

信息垄断又称为信息独占，主要是指大量信息集中于少数主体，被少数主体任意控制、支配以及统治的现象。社会各行业、各企业的政策、资金以及人才等分布和发展不平衡，大型企业利用其在互联网技术、信息基础设施、专业性人才及资金等方面优势占据信息市场的主导地位，大量信息资源集中于少数主体，造成信息垄断现象。

信息资源占有量的多寡成为企业实力强弱的体现，有学者将上述信息资源的不对称现象称为"数字化鸿沟"。[2] 根据信息经济学中不完全信息理论，信息资源无论是在信息生产阶段，还是信息传播阶段或信息获取阶段，信息参与者不可能在某个时点上共同拥有它们。[3] 行业寡头可以控制和支配中小企业、普通公众对信息资源的获取，从而影响其发展，制造有利于自身的市场竞争环境，实现高额垄断利润。与此同时，行业寡头数据垄断给中小型企业带来生存危机，频繁的数据交易行为还导致个人数据、其他企业商业秘密有被泄露、滥用的风险。具体表现为大型企业对信息匮乏的中小企业或个人的信息屏蔽、信息控制、信息渗透、信息产品倾销以及违法数据交易等。

2. 政府层面

政府层面的信息垄断，指政府利用公共管理职能的便利以

---

〔1〕 杨宏玲、黄瑞华："信息权利的性质及其对信息立法的影响"，载《科学学研究》2005 年第 1 期。

〔2〕 郑晓非：《中国热区种质资源信息经济学研究》，中国农业科学技术出版社 2014 年版，第 77 页。

〔3〕 郑晓非：《中国热区种质资源信息经济学研究》，中国农业科学技术出版社 2014 年版，第 79 页。

及收集、积累与集中信息的合法性，进而占有、控制并支配大量社会信息，但由于缺乏信息共享机制，政府部门之间、政府与企业、个人之间信息交流断层，形成信息垄断（特别是对公共信息资源的垄断）和"信息孤岛"。在电子政务跨部门流动过程中，信息公开与信息保密、信息共享与信息独占之间的矛盾是形成政府部门信息垄断的主要原因。从信息安全角度看，信息尤其是政务信息在特定时空范围内具备"保密与独占"的必要性，政府不能基于特权或不公平竞争构成信息垄断。本书所指的信息垄断，主要指那些特权性的、不公平竞争的垄断。信息领域的特权垄断，主要表现为部门垄断和价格垄断，这种特权性垄断破坏了信息市场竞争的公平秩序，最终侵害广大信息消费者的利益。[1]

（三）数据霸权与数据主权：基于国家视角

数据霸权，指信息技术发达的国家利用技术优势（如制网权）妨碍、限制或压制他国对信息的自由运用，以谋求政治、经济和军事等利益。[2] 大数据技术的发展使得行为主体能力分散化，很多私营部门甚至个人都拥有跨境转移大批数据的能力，数据跨境流动成为常态，一国政府对其国内数据的控制难度加大，当数据被传到云端后，国内数据的定义越来越模糊，在数据分类、保存规则、程序控制和国际监管未达成一致的情形下，数据由技术强国储存、控制并向其跨境流动的现象正日趋加强，数据霸权正逐步在事实上形成，数据主权概念逐步被提出。

数据主权的内涵包括两个方面：一是作为权力的数据主权，

---

〔1〕 付雅慧："信息公平问题研究"，载《科技情报开发与经济》2008 年第 3 期。

〔2〕 吴志忠："信息霸权：国家主权的新挑战"，载《国际展望》1998 年第 6 期。

如对本国数据所享有的管辖权、利用权、获取权和消除权力
等；二是作为责任的数据主权，如对个人隐私权和生命财产权
的数据保护、对企业资产的数据保护以及对国家安全的相关数
据保护、对本国公民和其他境内主体在国际社会的数据行为负
责等。

数据主权意味着数据即使被传输到云端或远距离服务器上，
仍然应受其主体控制，而不会被第三方所操纵。[1] 处于数据控
制弱势的国家对其国内数据（domestic data）的控制难度加大，
特别是当数据被传到云端后，可控性降低，而数据宗主国可以
凭借其技术优势，掌握主动权，进而严重威胁其他国的个体隐
私权、企业商业秘密及国家主权。因此，网络空间不同行为、
能力、层次，国家的数据主权的理念差异明显：数据弱国愈发
强调数据主权，而数据强国凭借其信息霸权，旨在进一步削弱
他国数据主权，扩大"数据位势差"。

发达国家基于对信息资源及相关产业的绝对优势和控制地位，
对信息技术发展相对落后的国家实行信息资源渗透、信息技术控
制和信息产品倾销，以达到其政治、经济和军事等目的[2]，进
而发展"信息殖民主义"。信息宗主国和信息殖民地尽显数据强
国与数据弱国之间的"数据位势差"。不同国家在数据保护力度
与数据技术上的差异是导致"数据位势差"的主要原因。

1. 数据保护力度不一

数据本身作为数据跨境流动的最基本因素，是国家之间交
往活动的载体之一。不同国家的数据内容的开放程度会因国家

---

〔1〕 蔡翠红："云时代数据主权概念及其运用前景"，载《现代国际关系》
2013 年第 12 期。

〔2〕 甘满堂："网络时代的信息霸权与文化殖民主义"，载《开放导报》2002
年第 9 期。

安全与发展目的进行区分划级，数据强国凭借技术和经验的优势，科学区分数据流动的内容，严格把控等级，合理对外开放。而数据弱国囿于本国经济、技术发展程度，对个人隐私权和生命财产权信息（特别是敏感数据）、企业资产信息以及对国家安全相关数据把控有误差，内容开放安全等级混乱，数据弱保护致使数据强国肆意攫取数据弱国数据资源。

2. 数据技术发展的不均衡

数据跨境流动的主要方式包括：一国数据从本国直接传输到另一国；本国的数据被他国的主体访问、获取，再传输到他国。数据跨境传输要求主权国家具备一定数据技术实力，各国经济、科技的发展极不均衡，"技术鸿沟"已在事实上形成。数据强国凭借其技术优势，强行攫取数据弱国的数据资源，发掘数据资源中的信息，再对数据弱国输入信息产品，占据数据弱国信息市场，发展"信息殖民地"。

三、我国数据监管现状及其必要性

（一）我国数据监管的现状及问题

1. 立法不完善，顶层设计缺失

我国关于数据监管的立法较分散，适用领域较狭窄。如2013 年实施的《征信业管理条例》对征信业务进行了规制，在监管方面该条例规定，中国人民银行及其派出机构为法定的监管主体，而县级以上地方人民政府和国务院有关部门负有辅助推动征信业发展的义务；[1] 其监管内容包括：第一，对征信

---

〔1〕《中华人民共和国征信业管理条例》第 4 条：中国人民银行（以下称国务院征信业监督管理部门）及其派出机构依法对征信业进行监督管理。县级以上地方人民政府和国务院有关部门依法推进本地区、本行业的社会信用体系建设，培育征信市场，推动征信业发展。

机构资质的审查批准，要求征信机构既要符合公司法对公司设立的一般条件，也要符合监管机构对征信机构的设立的特殊条件，征信机构备案事项变更的，还应当办理变更登记；第二，对征信机构信息安全的规章制度的审查，条例要求征信机构应当按照监管机构的规定，建立健全和严格执行保障信息安全的规章制度，并采取有效技术措施保障信息安全；第三，对信息跨境的限制，征信机构在中国境内采集的信息的整理、保存和加工，应当在中国境内进行，如果向境外提供信息，那么必须符合相关法律规范和机关机构的规定；第四，对征集信息准确性、合法性的监督，信息主体认为征集信息有误或者侵犯其合法权益可以向监管机构申请异议或者投诉，机关机构应当及时进行核查和处理；第五，配置监管机构监督管理的权能，监管机构可以对征信机构、金融信用信息基础数据库及相关信息系统进行检查，可以询问当事人及相关主体，可以查阅、复制、封存相关资料，对于违反条例的主体，监管机构可以作出责令限期改正、罚款、吊销许可证、取缔、没收违法所得等处罚决定。

尽管《征信业管理条例》对个人信息收集、处理作出一定的规定，但条例属于部门规章，只针对具体某领域的事项作出规定，效力层级也较低；且未对信息主体对个人信息享有的权益作出规定，一旦个人权益遭受损失，受害者无法通过条例得到救济；在社会层面，条例未对企业之间、政府之间的数据处理、流通作规定；在国家层面，条例仅对跨境数据流通作原则性规定，缺乏具体操作规则与监督程序。

2017年6月1日实施的《中华人民共和国网络安全法》总体上为我国数据监管确立了大致框架，在数据监管方面明确国家网信部门、国务院电信主管部门、公安部门和其他有关机关以及县级以上地方人民政府部门为监管主体。[1] 在个人层面，明确网络运营者的安全、合法、正当、公开等义务，设立投诉、举报制度；在社会层面，要求网络运营者实行网络安全等级保护制度，保障网络免受干扰、破坏或者未经授权的访问，防止网络数据泄露或者被窃取、篡改，且鼓励网络运营者之间形成行业自律机制；在国家层面，国家对关键信息基础设施建设上实行重点保护，明确关键信息基础设施运营者的义务和责任，严格限制关键信息的储存和跨境流通，要求网络运营者和监管机构应当制定并完善预警和应急制度。在法律责任上，赋予监管机构责令停业整顿、警告、罚款、关停、吊销营业执照等行政处罚权，同时也明确了监管机构的违法责任。

尽管《网络安全法》总体上搭建了数据监管的制度性框架，但具体规定仍不够完善，譬如就个人层面的数据监管中，更注重对网络空间的规范，未着眼于个人数据收集、存储、利用、传输等细小环节；在社会层面上未对企业之间的数据流通作出规定，仅就行业自律作出原则性规定，也未对政府部门之间、政府与社会之间的数据流通作出规定；在国家层面上仅对关键信息的跨境流通、处理作限制，但对关键信息以外的个人数据、企业商业秘密等涉及个人、企业切身利益的信息流通、处理等缺乏相应的法律规制。

我国《民法》和《刑法》的制定内容也缺乏数据监管制度的规制。确立平等主体间的人身关系和财产关系的民法，其核心内容是私权的权利配置、权利实现、权利救济，不论是《侵

---

[1]《中华人民共和国网络安全法》第8条：国家网信部门负责统筹协调网络安全工作和相关监督管理工作。国务院电信主管部门、公安部门和其他有关机关依照本法和有关法律、行政法规的规定，在各自职责范围内负责网络安全保护和监督管理工作。县级以上地方人民政府有关部门的网络安全保护和监督管理职责，按照国家有关规定确定。

权责任法》中隐私权的规定，还是网络侵权责任的规定均未就数据监管作出规定，《民法总则》中保护个人信息的规定仅为原则性的规定，未作具体、细致的规范。《刑法》中危害国家安全罪；窃取、收买、非法提供信用卡信息罪；出售、非法提供公民个人信息罪；非法获取公民个人信息罪；非法侵入计算机信息系统罪；破坏计算机信息系统罪；非法或取计算机信息系统数据罪；非法控制计算机信息系统罪；侵犯公民通信自由罪等罪名与数据监管相关，一定程度上有助于数据的事前、事后监管，但这些只能约束较少领域的数据处理、流通的违法行为，缺乏对数据收集阶段的监管。

总之，我国目前立法虽已搭建数据监管的初步框架，但由于缺乏顶层设计，数据监管机制难以完善，监管效率难以提高。

2. 监管权力分散，职能重叠

由于未形成统一、完善的数据监管机制，数据监管呈现出权力分散，职能重叠的局面，数据监管主体多而乱，可谓九龙治水。在个人征信领域，数据监管主体为中国人民银行及其派出机构，其监管的事项包括企业、事业单位等组织的信用信息和对个人的信用信息进行采集、整理、保存、加工，并向信息使用者提供的活动；在金融征信领域，数据监督主体为国务院征信业务监督管理部门。[1] 在网络安全领域，依据《网络安全法》的规定，数据监管的主体包括国家网信部门、国务院电信主管部门、公安部门和其他有关机关以及县级以上地方人民政府有关部门，主要监督网络运营者收集、使用、处理、流通个

---

〔1〕《中华人民共和国征信业务条例》第27条：国家设立金融信用信息基础数据库，为防范金融风险、促进金融业发展提供相关信息服务。金融信用信息基础数据库由专业运行机构建设、运行和维护。该运行机构不以营利为目的，由国务院征信业监督管理部门监督管理

人数据以及其他数据的活动。因此，上述各主体根据相关法律授权，在各自职责内行使数据监管权，监管权力分散、职能重叠，各部门相互争夺权力，相互推诿责任。

3. 监管模式单一，效率低下

数据监管不仅包括法律政策监督，还包括市场自我监督以及技术平台监督。在我国，法律政策监督占主要地位。2015 年《国务院关于积极推进"互联网＋"行动的指导意见》指出在政府服务、交通、医疗、环保等领域运用大数据，加强数据流通、共享；国务院《关于运用大数据加强对市场主体服务和监管的若干意见》指出提高政府运用大数据能力，增强政府服务和监管的有效性；《征信业务管理条例》中主要由中国人民银行负责监督管理，《网络安全法》只明确诸多政府管理部门为数据监管部门，一定程度上忽略了市场自我监督和技术平台监督的协同作用。

在技术平台监督方面，据数据统计，中国企业更倾向于在本地部署大数据平台。64.9% 的受访企业选择本地部署大数据平台，其中倾向选择自建大数据平台的企业占比达到 48.6%。[1] 在行业自律方面，《网络安全法》也鼓励网络运营者之间形成良好的行业自律机制。实行技术平台监督和行业自律监督，既能满足社会市场的需求，也能响应法律政策的号召。但我国总体上过多依赖政府部门监管，在市场和技术层面的监管相对运用不够，难以形成法律、政策、市场、技术协同监管的机制。

（二）构建数据监管机制的必要性

1. 数据监管机制的理论基础

数据监管制度确立和发展，从时代需求到实践检验，离不

---

〔1〕 中国信息通信研究院：2017《中国大数据发展调查报告》。

开理论基础的支撑，包括公共利益理论、利益集团理论、监管政治理论和风险社会理论。

公共利益理论认为，公共利益是所有社会主体共同的目标、社会利益的最大公约数，但经济社会的发展，社会不公平现象逐渐增多，大部分社会利益集中于少数主体，市场自我调节乏力，监管机制能弥补市场调节的不足，保障公共利益。数据滥用、信息垄断、数据霸权加剧了信息不公平，大多数个人利益、市场秩序以及国家安全利益遭受损害。因此，数据监管是维护社会公共利益的重要渠道。

根据利益集团理论，任何监管制度都是由相关的利益集团主导形成，并为利益集团服务。在数据监管过程中，政府部门所代表的利益集团是社会公众，所追求的利益为社会公共利益；企业出于营造良好市场竞争环境、缩小与强势企业差距的目的，或主动履行法定义务，或与其他企业形成行业自律，在其追求自身利益的同时，也给社会和公众带来正外部性。在自由市场中，企业与个人通过合同、行业习惯等方式明确数据收集、处理、流通规则，自我约束遵守合同、行业习惯能够给自身带来利益。因此，各层面的数据监管机制代表着该层面主体的利益诉求，共同构建数据监管机制成为必然。

监管政治理论认为，监管是在公共利益、利益集团以及自身利益之间寻求某种平衡，而且监管会随着成本与收益在不同利益之间的分配状况而呈现出不同的类型。[1] 运用数据挖掘、分析技术能够发掘海量数据的潜在价值，数据的自由流通能够促进数据价值实现，但数据自由流通也可能会导致数据滥用、信息垄断和数据霸权。如何平衡数据的自由流通、正常商业使

---

〔1〕　刘鹏："西方监管理论：文献综述和理论清理"，载《中国行政管理》2009 年第 9 期。

用和数据的严格保护成为数据监管的首要难题，而数据监管就是在保护与流通之间寻求平衡。

德国社会学家乌尔里希·贝克在《风险社会》一书中阐述了风险社会的学术概念，依据风险社会理论，现代社会就是风险社会，这种风险主要是来自"被制造出来的风险（manufactured risk），即由我们不断发展的知识对这个世界的影响所产生的风险，也是指我们在没有多少历史经验的情况下所产生的风险"。[1]现代社会的风险多源于人类行为（如现代化、全球化、科技发展）现代化越发展，风险也越多，这也是现代化的"悖论"之一。[2] 现代社会的不稳定性、不确定性以及难以控制性，是使得现代社会成为风险社会的主要原因。社会在不断进步，但风险只增不减，如若要保证社会稳步向前发展，必须要控制风险。在大数据浪潮下，加强对大数据的运用，带来新的防控风险模式和思维的同时，也加剧风险社会的复杂性。大数据技术在生产经营和日常生活中不断突破传统经验，与其巨大潜能相伴而生的是巨大的安全风险，包括技术性风险和制度性风险。前者如数据挖掘带来的安全威胁，数据被攻击的风险；后者如数据泄露风险，尤其是涉及个人身份时，小则引发经济损失，大则危及国家安全。因此，亟须对个人、社会、国家层面的数据安全风险进行监管。

2. 实现数据保护和数据价值的内在要求

以互联网为基础发展的大数据、云计算、物联网与人工智能等新技术，信息流动趋势正在从集中化与等级化向分散化、

---

〔1〕 薛晓源、周战超主编：《全球化与风险社会》，社会科学文献出版社 2005 年版，第 50 页。

〔2〕 孙粤文："大数据：风险社会公共安全治理的新思维与新技术"，载《求实》2016 年第 12 期。

平行化及多变化发展，根据"去中心""去控制"的概念建构数据网络空间过程，使新技术领域被塑造成自由、公开、自主性强、不受权威控制的一个"公共场所"，数据流动呈现"去身份化""去中心化""去国界化"的特征。经济、技术、制度上的差距使得个人、企业、政府、国家在数据控制上呈现两极分化的局面。肆意攫取数据，违法处理、交易数据成为常态，个人数据、企业商业秘密以及国家安全数据面临严重威胁。大数据环境下，数据产生更频繁、储存更便捷、流通更迅捷、分享更广泛，需在此基础上实施数据监管，加强数据保护。

数据垄断和数据滥用导致信息生态失衡。从表面看，数据流动呈现出平等化趋势，实质上，新技术的发展是信息生态失衡的直接推动力，每一项新技术都内含资源分配的社会关系。在我国，大量数据被行业寡头把控，凭此获得绝对优势的市场地位，基于其市场优势，将进一步对个人数据、其他企业商业秘密进行攫取。中、小企业生存空间缩小，数据垄断导致市场失去竞争活力，行业寡头对数据价值的发掘和利用力度减小，信息产品、信息产业创新和发展缓慢。另一方面，我国目前存在大量数据滥用现象，数据价值实现方式扭曲。数据控制者、处理者为牟取利益违法泄露、出售个人数据，接收者利用个人数据实施"电信诈骗"、滥发"垃圾短信"等，轻则导致个人通信自由和隐私被侵害，重则导致重大财产损失甚至出现生命危险。数据滥用表面上为数据控制者、处理者、利用者带来巨大经济价值，但这种扭曲价值的方式是建立在损害个人、企业甚至国家的利益的基础上实现的。数据监管就是要减少数据垄断，预防、制止和惩治数据滥用，营造良好的信息生态。

3. 保障信息公平的迫切需求

信息公平是利用公平的正义标准促进信息社会，信息的公平分配、平等获取和平等利用，以求解决技术所不能解决的问题，实现信息在社会成员之间公平合理分配，包括残疾人、老年人和贫困者等广大弱势群体都能获得信息，促进社会和谐发展。[1]随着信息时代的发展，大数据环境下的信息公平扩展到个人、企业和国家层面，信息权利平等、信息获取机会的公平、信息资源分配的公平、信息获取能力的对等和信息使用机会的公平等是各阶层共同追求的目标。

目前，我国数据保护立法仍不够完善，个人数据权利缺失，大量个人数据被肆意收集、处理、流通，个人权益遭受巨大挑战；"物理鸿沟""技术鸿沟"和"使用鸿沟"共同构成新的"数字鸿沟"，这些成为个人获取信息的外在阻碍之一；囿于自身信息意识、需求认知、需求表达的限制，公众"自边缘化"加剧，而信息技术的飞速发展要求个人不断提升自身获取、使用信息的技能，个人的自贫困以及负外部性带来的被贫困导致个人与个人、个人与政府、企业之间的差距日趋增大。企业之间、政府与企业之间信息失衡现象严重。企业之间数据攫取、数据屏蔽、数据产品倾销等垄断现象频发；另一方面，政府基于其公共管理职能，使之能掌握较多的个人、社会数据资源。

数据霸权则是国家之间信息失衡的突出表征。包括美国在内的数据强国通过思想文化战的方式向其他国家国民进行思想文化渗透。在经济上，数据强国主导着经济全球化的进程，创立维持代表其自身利益的国际经济制度，然而这些制度对发展中国家的主权施加了更多的约束和限制。[2] 数据强国还对落后

---

〔1〕 唐思慧："信息公平及其产生的背景研究"，载《图书与情报》2008 年第 5 期。

〔2〕 常明："试分析信息霸权对国家主权的影响"，北京语言大学 2007 年硕士学位论文。

国家实行信息技术的控制、信息资源渗透以及信息产品的倾销，如美国基于其电脑软件技术的优势，在全球电脑软件市场占据垄断地位，其出售的产品成为非法获取他国数据资源的主要渠道。

数据贫困、信息垄断、数据霸权反映出当前信息公平遭受的严峻挑战。数据已成为一项极其重要的社会财富和社会资源，社会公平从传统社会的政治地位、教育机会、就业机会和社会福利等方面，扩大至信息公平，信息公平已成为评估社会公平的主要指标之一。[1] 信息不公平将扩大我国不同地区、不同阶层之间的贫富差距、知识技能差距，从而加剧社会分化；在国际上，我国信息产业、数据技术、数据立法无法与我国庞大数据量相匹配，信息不公平将拉大我国和欧美等国家之间的差距，有损我国个人、企业和国家安全利益。

数据监管旨在实现数据保护、营造良好安全的数据网络环境、合理平衡各类主体之间的数据不对称，最终实现新技术条件下的信息公平。在某种意义上，数据监管是保障信息公平的迫切需求，也是实现信息公平的重要途径。

四、域外数据监管模式考察及借鉴

（一）欧盟的数据监管模式

经合组织（OECD）1980 年颁布的《隐私保护和个人数据跨境流通指南》（简称《指南》）中规定的收集限制原则、使用限制原则及公开原则等对数据的处理者及其行为作出了监管性限制来保障数据有效、安全、公平的流通；欧盟 1995 年制定

---

[1]　徐漪、沈建峰："信息不公平现象的危害与消除"，载《产业与科技论坛》2016 年第 13 期。

的《关于涉及个人数据处理的个人保护以及此类数据自由流通的第 95/46/EC/号指令》（简称《95 指令》）规定：对个人数据保护，倾向于将其作为一项基本人权来保护，《95 指令》规定了数据监管机构的设定、监管权利实现的相关事项。欧盟2016 年制定《一般数据条例》（以下简称《条例》，2018 年 5 月25 日生效），《条例》确定了个人数据保护的各项基本权利，在《条例》的监督与实施方面，数据监管机构的权力分类与职责配置，专设第六章"独立的监管机构"，就监管机构的权责作出具体规定，《条例》还设立确立数据保护专员制度，监管范围涵盖个人数据的收集、处理、利用、交易和跨境流通等环节。这有助于在欧盟内部形成统一、高效的数据监管机制。其主要方面有：

第一，新设一站式监管机制（on stop shop）。企业主成立地所在国家的监管机构将作为主导监管机构（lead supervisory authority）对企业的所有数据活动负有监管权，其效力辐射全欧。"一站式"服务机制主要依赖因素有：一是数据控制者与处理者的主营业机构（main establishment）决定主数据保护机构（main data protection agency）；二是"一站式"服务中不同成员国数据保护机构与主数据保护机构之间的协作机制；三是成员国数据保护机构对于条例进行解释与实施时的一致性确保机制（consistency mechanism）。[1]

第二，为保证监管的协调统一性，《条例》设计了完善的咨询机制。主导监管机构的监管决定要最大程度上反映其他成员国监管机构的意见。如果不能达成一致意见，则交由欧盟数据保护委员会（EDPB）处理。[2]

---

〔1〕 参见欧盟 2016 年《一般数据保护条例》第 51 条。
〔2〕 参见欧盟 2016 年《一般数据保护条例》第 56、60、61 条。

第三，新设数据保护专员岗位（DPO）。《条例》规定了公共部门和超过 250 名雇员的企业或者是特殊的私人部门，需要强制性地设置数据保护专员。数据保护专员应该懂得专业的数据保护法律，每个数据保护专员的任期是 2 年，可以连选连任；在其任期内，独立完成指定任务，不接受企业任何机构的命令；数据保护专员的姓名和联系方式应该向监管机构以及大众公开。[1]

第四，新设数据保护委员会（EDPB）。《条例》规定数据保护委员会代替数据保护工作组，由每个成员国的监管机构和欧洲数据保护监督员（EDPS）的负责人组成。数据保护委员会是一个独立的机构，每年需要对其活动进行年度总结和报告。数据保护委员会的职责主要有：给予欧盟委员会有关个人数据的处理意见；对监管机构的草案决定提出建议；促进各监管机构之间的互相合作。[2]

第五，明确数据监管机构的职权与限制。监管机构主要监管事项为：数据控制者或数据处理者在自己成员国领土内设立活动背景下的数据处理、基于公共利益对由公共机构或私人主体完成的个人数据的数据处理；在其领域内对数据主体有影响的数据处理或当目标数据主体在其领土内居住时由不存在于欧盟内的数据控制者或数据处理者进行的数据处理。[3] 其权力主要有调查权、纠正权、建议权等。[4] 主要监管机构和一站式服务机制的规则不适用于公共机构或私营机构为公共利益处理个人数据的情形。

---

〔1〕 参见欧盟 2016 年《一般数据保护条例》第 35、36、37 条。
〔2〕 参见欧盟 2016 年《一般数据保护条例》第 64~72 条。
〔3〕 参见欧盟 2016 年《一般数据保护条例》第 56 条。
〔4〕 参见欧盟 2016 年《一般数据保护条例》第 58 条。

第六，《条例》明确数据监管机构的职责。各监督管理机构应当为提交投诉提供便利条件；各监督管理机构执行任务时应当对数据主体免费进行，在适当条件下对数据保护专员免费进行；监管机构应承担证明请求明显毫无依据或者过度的责任；各监管机构应当编制年度活动报告，这些报告应转交给国会、政府和由成员国法律指定的其他有关部门。[1]

第七，主监管机构与其他相关监管机构的合作机制。主监管机构与其他监管机构之间的合作主要集中于：交换所有相关信息（电子形式和标准格式）；提供协助；开展联合行动。[2]具体合作逻辑如下图所示：

主要监管机构和其他相关监管机构的合作逻辑图

---

〔1〕 参见欧盟 2016 年《一般数据保护条例》第 56 条。

〔2〕 参见欧盟 2016 年《一般数据保护条例》第 60 条。

　　第八，监管机构之间的相互协助机制。相互协作的内容包括：信息要求、监督措施（实施事先授权和事先征询、检查和调查的要求），协助请求应包含请求的目的和理由在内的所有必要信息；在费用方面，除非各方就收费或补偿达成共识，否则不得收取费用。并且对文本格式与程序有严格要求，必须按照欧盟委员会具体规定执行。[1] 但如果请求者无权请求或者本条例、欧盟及成员国的法律相矛盾，监管机构可以拒绝协助。

　　第九，监管机构的联合行动。联合行动涉及的事项包括联合调查和联合执行措施。但采取上述措施应当保证其他成员国的成员和职员参与（当数据控制者或处理者在数个成员国有营业场所或者数据处理操作可能实质影响数个成员国的多数数据主体时，这些成员国的监管机构都得参与）。[2]

　　程序性要求：强制性且即时性地回应并参加联合行动，当某监管机构在一个月内未履行参与义务时，其他监管机构可以在其所在成员国采取临时措施；而且其他监管机构可以请求欧洲数据保护委员会做出紧急有约束力的决定。[3]

　　监管机构还可以授权协助监管机构进行相应的监管活动，具体程序如下图：

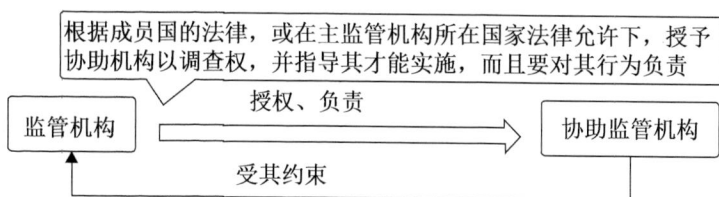

　　根据成员国的法律，或在主监管机构所在国家法律允许下，授予协助机构以调查权，并指导其才能实施，而且要对其行为负责

监管机构 ──授权、负责──→ 协助监管机构
　　　　　　受其约束

---

〔1〕　参见欧盟2016年《一般数据保护条例》第61条。
〔2〕　参见欧盟2016年《一般数据保护条例》第62条。
〔3〕　参见欧盟2016年《一般数据保护条例》第62条。

（二）美国的数据监管模式

美国发展了占据绝对优势地位的物联网、云计算和大数据等信息服务产业，对国内公民个人数据和隐私安全保护的价值取向和模式有别于欧盟委员会和各个成员国。[1] 为促进数据的自由流通和利用，美国主要通过隐私权保护和分散立法的方式来保护个人数据。在个人数据监管方面，美国《情报自由法》《阳光中的政府法》及《隐私法》共同赋予政府机构利用个人数据的权力，但这仅限于政府部门收集、处理个人数据的情形，对除政府部门之外的主体的数据收集、处理、利用行为的监管，仍依靠行业自律。

美国"国家信息高速公路计划"设立信息高速公路工作组，该工作组公布了《隐私与国家信息高速公路：提供与使用个人信息的原则报告》，该报告针对个人、企业、政府收集、处理、利用数据的行为提出几项原则性的建议。其中针对个人，有知情原则、权利原则和救济原则；针对个人数据使用者，有收集原则、通告原则、保护原则、公平原则和教育原则；针对所有的主体的一般原则包括保护信息隐私原则、信息完整性原则与信息质量原则。[2] 该报告不具备法律效力，因此需要政府、企业的自我约束来实施。在电信与信息领域，美国国家电信与信息管理局（National Telecommunications and Information Administration）公布了《收集、使用和散播同电信相关的个人信息》，认为个人实现对其信息的绝对控制可行性较低，也可能减损个人福利与市场价值，因此有条件的交易模式是最好的选择。在

---

〔1〕 罗力："美欧跨境数据流动监管演化及对我国的启示"，载《电脑技术与知识》2017年第8期。

〔2〕 参见 U. S. Privacy Working Group, Information Infrastructure Task Force, Privacy and national information superhighway: a report on principles for the provision and use of personal information, June 5 1995.

个人数据的收集、处理、流通阶段都可以通过个人与企业之间的自由约定实现，但也对交易过程提出两项要求：第一，企业应当承担告知义务；第二，针对敏感信息，企业应当取得数据主体的同意。[1] 在电子商务行业，美国政府于 1997 年公布了《全球电子商务框架》，该框架旨在大力发展电子商业，提出应当减少对电子商务的不当限制，以私人行业为主导，严格限定政府介入的条件等原则。[2] 在美国国内，美国联邦贸易委员会对电子商务行业的行业自律提出几项基本原则：网站搜集个人信息时应当发出通知、用户可以选择信息并自由使用、用户可以查看并检查自身信息、网站应当采取安全措施保护未经授权的信息。[3] 总之，在个人数据的收集、处理与流通方面，美国一直认为网络环境下的行业自律是最有效的监管方式，政府部门多倾向于提出原则性建议，具体由市场主体协商实施。

在数据跨境流通方面，美国作为数据强国，倾向于促进数据的自由流通和使用。但对其他国家或地区而言，以欧盟为例数据自由流通将严重威胁欧盟地区的个人数据安全。因此，欧盟采取严格的数据保护，作为妥协，美国不得不通过与欧盟的一系列协议来监管本国的数据收集、处理、流通行为。

美国商务部在 2000 年提出了基于企业"自我认证"和"自我评估"的"安全港隐私保护原则"，即美欧"安全港协议"，同年欧盟委员会认可该协议。安全港协议要求企业选择加入安全港协议后，必须每 12 个月接受验证，检验该企业是否符合欧

---

〔1〕　参见 U. S. National Telecommunications and Information Administration, Safe-guarding Telecommunications-Related Personal Information, October 1995.

〔2〕　参见 A Framework for Global Electric Commerce, the White House , 1 July 1997。

〔3〕　刘雅琦：《基于敏感度分级的个人信息开发利用保障体系研究》，武汉大学出版社 2015 年版，第 166 页。

盟 1995 年《个人数据保护指令》中"充分性保护水平"标准。安全港协议还设立了收回认证、公布侵权行为以及提交联邦贸易委员会、采取法律行动等惩罚措施。在"安全港协议"被欧盟法院宣告无效之后，欧美之间又签订了"隐私盾协议"，该协议在继承"安全港协议"部分内容的基础上，加强了美国企业使用个人数据的义务，还为欧盟成员国公民提供了系列救济途径，包括：限制政府机构获取个人数据；禁止对欧盟成员国公民的大规模监视；按年度审查"隐私盾协议"运作情况；设立欧盟成员国公民的投诉机制等。

"欧美保护伞协议"（EU-U. S. Umbrella Agreement）于 2016 年获得欧洲议会正式批准。该协议内容涉及欧盟和美国之间关于犯罪预防、侦查、调查和起诉刑事犯罪为目的而交换的所有个人数据，协议限制个人数据的使用范围；限定数据传输条件；设立数据存留期限；赋予公民获取和修改数据的权利；要求数据控制者、处理者在数据泄露时应当履行通知义务；赋予欧盟成员国公民与美国公民等同的司法赔偿请求权。

（三）日本的数据监管模式

日本国内，企业流失客户信息、非法买卖个人信息、个人信息泄露和不正当利用个人信息的事件频发，日本国民对企业处理个人信息能力产生忧虑，加强个人信息保护成为日本民众的迫切需求。国际方面，经济合作开发组织（OECD）理事会从协调各国法律规定的角度出发，颁布了《关于保护隐私和个人数据国际流通的指南》，此后世界各国、各地区开始制定和完善个人信息保护的法律政策，欧盟从 1995 年《个人数据保护指令》到 2016 年《统一数据保护条例》，构建严格的个人数据保护体系，而美国与欧盟签订"安全港协议""隐私盾协议""保护伞协议"等，均体现数据保护和数据监管的重要性。为与国际市场接轨，取得数据话语权，日本政府制定了《个人信息保护法》，于 2005 年 4 月 1 日实施。

　　在个人信息安全方面，《个人信息保护法》第 4 章作出严格要求，对企业涉及个人信息的处理设定了系列原则：①目的明确化原则，要求企业在处理个人信息时，须尽可能将其利用目的特定，其处理行为不得超出特定目的的范围，如果变更利用目的，不得超出被合理地认定为与变更前的利用目的具有相当关联性的范围；②正当收集原则，企业不得以不正当手段获取信息；③信息正确原则，企业必须确保个人数据具备正确且最新的内容；[1] ④安全监督原则，企业内部必须采取安全管理措施保障个人数据安全，对其从业者和受委托者的业务活动应当进行必要的监督；[2] ⑤限制流通原则，未经本人同意，不得向第三人提供，但存在法定例外情形；[3] ⑥通知原则，企业获取个人信息后，除特定情形外，应当向信息主体告知企业信息、利用目的等信息；[4] ⑦个人参加原则，信息主体对企业收集的信息享有确认、修订、请求停止利用、请求消除的权利。[5]

　　在争议处理上，《个人信息保护法》并未设立专门的管理机构，而采用多渠道的解决方式。包括主管大臣可以进行指导、劝告、命令；个人信息团体也可以对信息主体进行指导、代表信息主体对外进行协商；地方公共团体还可以依据法律行使主管大臣的权力。[6]

　　在惩罚机制上，《个人信息保护法》设立了罚款的惩罚措

---

〔1〕　参见《日本个人信息保护法》第 15、16、17、19 条
〔2〕　参见《日本个人信息保护法》第 20、21、22 条。
〔3〕　参见《日本个人信息保护法》第 23 条。
〔4〕　参见《日本个人信息保护法》第 18、24、25 条。
〔5〕　参见《日本个人信息保护法》第 26、27 条。
〔6〕　参见《日本个人信息保护法》第 33、34、42、51 条。

施，还明确可以适用民事责任或刑事责任；日本《信息安全政策指导方针》以及《重要基础设施网络袭击对策特别行动计划》，也针对侵害他人信息的行为设定了一系列民事责任、行政责任或刑事责任。如行政机关为了公共利益的需要，对侵犯多人信息或情节严重的，可以通过行政处罚予以制裁；对侵犯他人个人信息情节严重，或造成恶劣社会影响的，应当追究其刑事责任。

日本还通过行业自律实现数据监管，这体现在争端解决以及相关行业标准的制定方面。《个人信息保护法》明确个人信息团体和地方公共团体可以就争端解决进行指导；日本工业标准（JIS）制定了《关于个人信息保护管理体制要求事项》，2000年制定了比较重视管理的"安全管理系统评估制度"，并启用了 ISO/IEC17799-1（BS7799）国际标准（这又被称为第三者认证制度）。[1]

同时，日本于2015年通过《"通用号码"法案》（"Common Number" Bill），旨在实现"一人一号"，强化国内数据监控。该法案计划给每个日本居民，包括中长期逗留在日本的外国人和特殊的永久居民，分配一组个人识别号码，用于个人税收、社会保险、灾害防御规程等方面个人信息数据的记录和管理，大幅度加强对本国居民的个人信息监控力度。此外，该法案还规定，设立第三方独立委员会监控公职人员的处理行为，严谨泄露、出售个人信息。

（四）我国港澳台地区的数据监管模式

我国香港地区关于数据监管的立法主要是《个人资料条例》，该条例设立独立的监管机构——个人资料私隐专员公署，

---

〔1〕 谢青："日本的个人信息保护法制及启示"，载《政治与法律》2006年第6期。

主要职能是保护个人资料，其中与数据监管相关的主要有：
①相关事宜的审查与核准。个人资料私隐专员有权核准及发出
实务守则[1]、核实自动核对个人资料的申请要求，[2] 同时还
可以制定使用者登记册，供市民查阅；②对资料收集、处理、
利用行为的检查。个人资料私隐专员有权视察资料使用者（包
含政府部门在内）的个人资料系统、进行个人资料私隐意见调
查；[3]③对投诉进行调查、主动进行调查。

　　个人资料私隐专员接到投诉后，有权对资料使用者进行合
法性调查，在特定情形下，还可以主动进行调查活动，个人资
料私隐专员在调查过程中可以采取系列措施（如进入资料使用
者的住宅），经初步调查，如表面证据成立，在投诉人与被投诉
者之间进行调解，调解不成，专员则进一步作正式调查，并将
调查结果告知资料使用者和投诉者，专员认为违法行为成立的，
可以通知资料使用者纠正，资料使用者不履行执行通知的，构
成刑事犯罪。此外，《个人资料条例》还设立个人资料咨询委员
会，负责向专员提供意见。[4]《个人资料条例》第 33 条对数据
跨境转移进行规制，除特定情形外，禁止将个人资料转移到我
国香港以外的地方。[5]

　　我国澳门地区主要通过《个人资料保护法》实现数据监管。
澳门《个人资料保护法》规定由"公共当局"（即澳门个人资料
保护办公室）负责监察、协调法律的实施情况，同时也负责数
据监管。与数据监管相关的职能主要有：①违法调查职能，公
共当局针对违反《个人资料保护法》的行为，可以进行违法调

〔1〕 参见香港特别行政区《个人资料条例》第 12 条。
〔2〕 参见香港特别行政区《个人资料条例》第 14A 条。
〔3〕 参见香港特别行政区《个人资料条例》第 8 条。
〔4〕 参见香港特别行政区《个人资料条例》第 11 条。
〔5〕 参见香港特别行政区《个人资料条例》第 33 条。

查。该法在条文中规定了数据收集、处理、流通的原则和义务，赋予个人查阅权、反对权、资讯权等数据权利，任何违法义务或者侵犯个人数据权利的行为，都由公共当局进行调查处理，公共当局可以要求行为人继续履行义务，拥有对行为人处以罚款的权力。②政策引导职能，公共当局可以就个人资料保护领域做出原则性指引，与数据监管相关的有《关于涉及个人资料的公共档案的保存期的意见》《间接收集个人资料中的资讯权问题》《商户处理支付卡持卡人身份证明文件资料的指引》以及《在互联网上发布个人资料的注意事项》等，这些文件虽然不具备强制力，但是数据法律政策监管中的重要部分，企业、个人可以通过这些指导性文件了解自身权益、义务、责任，从而自发遵守法律。③提供意见职能，公共当局根据行为人的要求，可以就行为人的处理目的、资料当事人的类别及与其有关的个人资料或资料中的描述、可被告知资料的接收者或其类别、告知资料的条件、个人资料的保存时间等提出意见书。[1]这些意见书在一定程度上可以督促行为人遵守法律，杜绝数据滥用现象。④许可职能，公共当局可以针对涉及特定事项的资料进行预先监控，任何对此类资料进行处理的行为都需要经过公共当局的许可。例如，对涉及个人的敏感资料的处理、对关于个人信用和偿付能力的资料的处理、在利用目的之外使用个人资料以及将个人资料转移到澳门特别行政区以外的地方等[2]行为，公共当局的许可职能可以对数据收集、处理、跨境流通进行有效监管。⑤促进行业自律职能，公共当局应当促进社会各方共同协商，形成合理有效的行业行为准则。⑥建立个人资料数据库，数据库的建立为个人数据保护奠定基础，个人、企业可以

---

〔1〕 参见澳门特别行政区《个人资料保护法》第23条。
〔2〕 参见澳门特别行政区《个人资料保护法》第19、20条。

进行查询，对违法收集、处理、流通的行为，可以做到精准定位。

我国台湾地区 2012 年修订的"个人资料保护法"于 2012 年 10 月 1 日生效，该法与台湾地区"个人资料保护法施行细则"共同为大数据环境下的数据监管奠定了基础框架，其主要内容有：①明确数据收集、处理、利用的原则，应当尊重当事人权益，遵循诚实信用、合目的性的原则；[1] ②明确保护敏感数据，涉及医疗、基因、性生活、健康检查及犯罪前科等 5 种特征的个人资料，除非法律另有规定，原则上不得搜集、处理或利用上述资料；[2] ③明确行为主体的安全保障义务，须采取技术或者组织上的必要措施保障数据资料的安全，[3] 公务机关还应当指定专人负责安全维护事项；④规定委托人应当对受托人的数据搜集、处理、利用行为进行适当、必要的监督；[4] ⑤明确中央目的事业主管机关的监管职责，可以针对安全维护、数据跨境传输等事宜进行监管，赋予其检查权、扣留权、复制权以及强制执行的权力；⑥加重违法行为的行政责任、刑事责任，由于公务机关的违法行为导致当事人损失的，当事人有权请求损失赔偿；对于违法侵犯敏感信息、违反合目的性原则以及违法进行数据跨境传输的行为课以刑事责任，刑罚包括有期徒刑、拘役、课处罚金。[5]

（五）域外数据监管的评价

从监管力度看，欧盟立法最严苛，欧盟设立独立数据监管机构和数据监管专员，监管范围涵盖数据收集、处理、利用、

---

〔1〕　参见我国台湾地区"个人资料保护法"第5、20条。
〔2〕　参见我国台湾地区"个人资料保护法"第6条。
〔3〕　参见我国台湾地区"个人资料保护法施行细则"第12条。
〔4〕　参见我国台湾地区"个人资料保护法施行细则"第8条。
〔5〕　参见我国台湾地区"个人资料保护法"第41~47条。

流通等各个环节。我国港澳台地区立法都指定了特定的机构对数据活动进行监管，但在监管职能、监管范围上均不如欧盟。日本和美国都未设立专门的监管机构进行数据监管，较为重视行业自律，尤其是美国，行业自律成为其数据监管的主要方式。

从监管灵活性看，以美国为代表的行业自律监管模式实现方式较为丰富，具备较强的灵活性，而欧盟通过监管机构、数据专员进行监管的模式实现方式单一，难以克服僵化性。欧美是当今世界上数据监管模式的两个代表，但欧美监管模式都相对比较单一。法律政策的监督可以发挥自上而下的优势，指导性、执行力强，而通过行业自律进行自下而上的监督，具备较强的适应性、应变性。因此不应囿于单一监管模式，可尝试同时实施多种监管方式。

五、我国大数据环境下数据监管机制的构建

放眼于国际社会，应立足我国实情，针对个人、社会、国家层面的信息失衡，合理构建我国的数据监管机制。首先要明确数据监管的原则，保障数据安全是首要价值，高效、便捷实现数据价值是利益需求，信息公平的实现是数据监管的终极追求。

数据监管涉及数据流转的各个环节：数据的采集（包括人工采集和自动采集）、数据的二次利用（通过文本和数据挖掘技术，形成新的数据）、数据共享、数据交易、数据开放以及数据跨境流通。通过制度设计、技术保障以及市场自我监管的方式，在发掘和利用数据价值的同时，实现数据保护与信息公平。

（一）大数据环境下我国数据监管的原则

1. 安全原则

安全原则，是指在数据监管过程中，应当保障数据收集、处理、利用、流通的安全性，核心是保障数据的安全。数据流

转过程中，存在大量数据安全问题：在数据采集环节，采集主体、数据类型、数据量如何确定？采集程序是否合法？在二次利用环节，分析得到的数据是否会侵犯他人权益？在数据共享、数据开放环节，哪些数据可以被共享、开放；在数据交易环节，交易数据的类型和数量的确定，交易主体的资格审查，以及是否会侵害他人利益？在数据跨境流通环节，哪些数据可以跨境流通，流通的程序如何确定等？

一方面，保障数据安全是个人、社会、国家层面的迫切需求。数据滥用导致个人权益遭受严重挑战，保障个人数据安全是大数据环境下个人基本需求之一；企业数据中包含大量传统的商业秘密，也包含经过整合分析就能产生潜在商业价值的分析数据，信息垄断使得企业数据有被攫取或二次利用的可能，企业数据安全不容忽视。当前，较多私营部门甚至个人都拥有跨境转移大批数据的能力，其中涉及国家公民信息或者企业商业秘密，以及公共通信和信息服务、能源、交通、水利、金融、公共服务、电子政务等重要行业和领域的关键信息，一旦这些数据被跨境转移，对个人权益、国家安全、国计民生、公共利益将带来不可逆转的损失，因此应对数据跨境转移进行有效规制。

另一方面，数据安全是实现数据循环利用以及社会公平的前提条件。数据滥用、数据垄断导致市场竞争环境恶化，一定程度上妨碍数据产业和数据产品创新；损害个人、企业甚至国家的利益，扭曲数据价值的实现方式。

因此，安全原则是数据监管的首要原则。贯彻落实安全原则，要求在制度设计上限制主体、数据类型、数据量，监督数据流转合法进行，设立相应的救济措施等；在技术上采取安全保障措施，防止第三方主体违法获取数据等。

2. 效益原则

效益原则，是指在合理保障数据安全的前提下，积极促进数据的自由流通和共享，充分发掘、利用数据价值。数据监管就是数据治理一种方式，是通过在收集、挖掘、储存数据等环节主动且持续地利用数据治理方式来实现数据的循环利用和创造新的社会价值，数据价值的实现也是数据监管应有之义。数据挖掘等大数据技术使数据的价值"冰山"浮出水面。大量数据产品、数据服务（如自动诊断、精准推送等）进入社会生活各方面；企业依靠数据技术实现企业精准定位、受众分析、发展导向等；政府借助大数据技术实现科学决策，依靠电子政务平台实现社会管理、信息共享；国家在数据跨境流通中掌握世界经济、文化、政治走向，应对或顺应变革潮流。可以说，数据的生命在于使用。维护市场竞争秩序、确立数据利用规则，都是为了实现数据效益。

效益价值与安全价值一定程度上存在冲突，但数据监管是为了在保障数据安全的前提下，尽可能实现数据价值。数据处理、共享、公开以及交易是提高数据效益的关键。因此，如不涉及个人信息、国家安全、公共利益的数据就不应施加不合理限制，企业通过与个人协商，可对约定范围内的数据进行收集、处理和使用，保障数据的正常商业使用，实现数据的效益。

3. 公平原则

公平原则，是指通过数据监管实现信息权利平等、信息获取机会的公平、信息资源分配的公平、信息获取能力的对等和信息使用机会的公平。十八届五中全会提出"创新、协调、绿色、开放、共享"发展理念，"共享"就是要让民众平等参与现代化建设、共同分享现代化成果，新技术环境下的信息领域更是如此。可以说，数据监管实现数据安全、效益价值的终极关怀，就是实现信息公平。

在我国，个人层面的信息失衡较为严重，个人信息权利缺失，导致获取信息资源途径缺少，个人权益维护困难；信息通信技术（ICT）接入的差距导致信息拥有的贫乏；信息基础设施与信息技术掌握程度导致信息资源的利用和信息处理能力的低下。在社会层面，大型互联网企业利用其在信息链条的绝对优势，通过信息的控制和再次利用获得竞争上优势；公众缺乏对数据处理过程的获知途径，难以知晓并控制侵害其个人利益的行为；互联网企业利用格式合同条款限定公众自由选择，行业自律的监管与谈判机制阙如。在国家层面，数据技术的发展和普及使得数据跨境流动成为常态，国家对数据的控制难度加大，数据由美国等技术强国储存、控制并向其跨境流动的趋势明显，数据霸权正逐步在事实上形成，这将严重威胁国家数据主权。

因此，须针对数据贫困、信息垄断以及数据霸权实施数据监管，尽量减少技术、物质、制度带来的信息失衡，譬如设立个人数据保护权，明确数据控制者、处理者的义务；制定数据、收集、处理、使用和流通的规则；明确国家数据主权，限制数据跨境流通，保障对国内数据的掌控等。

（二）多层次、高效的数据监管机制

1. 采取综合监管模式的必要性

如前所述，欧盟对个人数据权的保护采取统一立法模式，将个人数据权上升为基本人权，同时设立独立的数据监管机构执行监管相关法律。美国则相反，以"隐私权"的概念涵括"个人数据权"范畴，抛弃统一立法模式，采取不同部门分别立法，在促进商业交易、发展经济的指导原则下，对个人数据权的保护程度相对宽松，强调维护个人数据的正常使用；在执行方面更强调行业自律和民事救济。日本立数据监管法采取折中欧盟模式与美国模式的方式。我国港澳台地区也有统一的立法以及专门的数据监管机构。就我国大陆而言，数据产业庞杂，数据量庞大，违法现象横生，数据立法不健全，单一的监管难以解决问题，宜采用多次的法律、政策和行业自律监督。

正如腾讯公司董事会主席马化腾表示，大数据环境下亟待加强个人信息安全保护，他提出四项建议：第一，强化政府综合管理，同时由政府牵头，重点行业共享整合安全能力，推动社会共治的全新模式；第二，对新型网络犯罪加大打击力度，同时加快法制建设步伐，推进法律适用和落实执行等配套机制，提升犯罪成本；第三，加强行业自律，对个人信息的采集、保管、运用等环节均应合理妥善，同时在政府牵头下，加速行业统一标准的制定，构建分级分类保护体系；第四，对重点群体、重点行业的个人信息数据施加重点保护，同时开展广泛宣传，不断提升全民的网络素养和安全防范意识。[1]

法律政策监管、市场自我监管以及技术平台监管是世界范围内现有的三种不同监管模式。前者执行力强，后两者灵活性强。我国可综合三种模式，合理设置数据监管机制。

第一，通过法律政策监督完善顶层设计。首先，应当合理设计个人数据权利体系，构建数据控制者、处理者的义务体系，明晰数据收集、处理、利用和流通的规则，奠定数据监管的法律基础；应设立独立权威的数据监管机构，保障数据监管高效便捷，划清与其他政府部门的权责界限。

第二，通过市场自我监督加强数据监管的可操作性。市场自我监督分为两部分，一为自由市场下的自行协商模式，主要通过当事人之间的合同、习惯等进行约束；二为政府监管下的行业自律模式，包括达成协议、制定行业标准、建立行业自律

---

〔1〕 陈维松："马化腾：大数据环境下亟待加强个人信息安全保护"，载中国网 http://www.china.com.cn/lianghui/news/2017-03/03/content_40403993.htm，访问日期：2017年3月3日。

组织等。

第三，通过技术平台支撑数据监管。搭建网络安全平台，运用加密、跟踪等技术监管数据安全；构建数据共享平台，缩小信息获取能力差距。

应当充分运用三种监管模式构建覆盖个人、社会、国家层面的立体监管机制。如下表所示，在个人层面，应当以法律政策监督为主导，同时加强市场自我监督和技术平台监督；在社会层面，法律政策监督和市场自我监督应当双管齐下，前者保障强制力，后者提高执行力；在国家层面，应当严格实施法律政策监督，鼓励市场自我监督和技术平台监督。

监管模式 监管层面	市场自我监督	法律政策监督	技术平台监督
个人层面	合同、习惯；"P3P"体系；行业组织；行业准则；行业标准。	个人数据权利体系；数据监管专员；大数据监管局。	数据监管系统；面向社会公众的信息共享系统。
社会层面	合同、习惯；"P3P"体系；行业组织；行业准则；行业标准；认证机制。	数据控制者、处理者的义务体系；数据监管专员；大数据监管局。	数据监管系统；政府部门间的信息共享系统；政府与企业间的信息共享系统。
国家层面	行业组织；行业准则；行业标准。	数据控制者、处理者义务体系；数据监管专员；大数据监管局。	数据监管系统

2. 构建数据权利义务体系

应当赋予数据主体个人数据权，对数据控制者、处理者课以义务，内容覆盖个人数据收集、处理、利用、流通各个环节。设定个人数据权利的目的是保障数据主体对个人数据的控制，包括知悉和决定是否同意数据处理行为，是否选择删除和更正个人数据，以及获取收益和赔偿。因此，个人数据权应当包括：知情同意权、数据查询权、数据修改、数据删除权、数据收集权、数据处理权、数据收益权。数据查询、知情同意是数据主体获取信息、控制个人数据的最重要内容，数据修改权、数据删除权既是数据控制者、数据处理者收集存储利用的个人数据的准确、完整、及时的保证，也是数据主体顺利行使个人数据权的保障，数据收集权、数据处理权和数据收益权是个人数据权的财产权内容，使数据主体得以控制自己数据，与处于强势地位的数据控制者、数据处理者进行交易谈判，保证数据资源的稀缺性，对现实中"数据处理寡头"的控制和信息公平的秩序维护具有重要意义。数据获益权赋予数据主体从数据利用的总收益中获取一定收益，作为提供数据对价的权利。

同时，应当对数据控制者、处理者课以相应的义务，义务应当涵盖数据控制者、处理者主体资格，个人数据类型，以及数据收集、处理、利用、流转规则。因此，数据控制者、处理者应当负有以下义务：安全保障义务、通知并获取同意义务、数据分级保护义务、建立数据档案义务、保存数据处理记录义务、数据本地储存记录、保密义务。其中安全保障义务、数据本地储存义务、数据分级保护义务、保密义务能够有效保护个人数据安全，防止个人数据被泄露、滥用；通知并获取同意义务是数据主体控制个人数据的重要保障；建立数据档案义务以及保存数据处理记录义务能够方便数据主体查阅、修改或者删除个人数据，同时能够防止数据控制者、处理者违法进行数据活动，另一方面，也是数据主体获取信息、利用信息的重要途径，对消除信息贫困有所助益。

3. 设立专门数据监管机构：大数据监管局

我国应设立大数据监管局作为专门的数据监管机构。在机构组织上，国家大数据监管局可以与互联网信息办公室合署办公。考虑到数据监管的专业性、复杂性和庞大工作量，应加强大数据监管的队伍建设，建设一支专业化、职业化的监管队伍。

在权责分配上，我国目前数据监管主体繁多，诸如中国人民银行、国务院电信主管部门、公安部门以及工商管理等部门等，可考虑以现有的国家互联网信息办公室为平台，适当整合其他部门的部分职能。在数据监管领域，如对数据的收集、处理、利用、流通的安全性、合法性监督，应当由大数据监管局统一监管，其他部门负责协调监督，如通知、移交等；在其他领域，各部门应当各司其职。

大数据监管局作为个人数据权的主要保护者，是数据空间秩序和信息公平的重要维护者，对整个数据流转过程，从数据产生、收集到处理、利用和流通都有权进行监管，其职能应当包括：①不定期抽查不特定数据控制者、数据处理者个人数据权保护情况。抽查内容包括：安全保障措施、个人数据档案、数据处理记录、应急预案等。②对数据控制者、处理者违法行为的调查。大数据监管局可以依职权或者依投诉对企业的违法行为进行调查，调查过程中，有权对相关经营场所进行搜查，有权询问相关主题、查阅、复制相关资料和文件，被调查者不得妨碍调查活动进行。③对于数据跨境流通的审查和评估。根据数据安全等级区分自由流通数据、限制流通数据、相对禁止流通数据和绝对禁止流通数据。如《网络安全法》规定的"关键信息"就属于禁止流通的数据，大数据监管局应当对此类信息跨境流通的风险进行审查和评估后作出是否允许流通的决定。

④引导、监督相关行业自律体系的建设。大数据监管局会同其他领域主管部门可以就该领域的行业准则、行业标准、行业协会的设立进行指导和监督。⑤有权采取处罚措施。在行使以上职权的过程中，大数据监管局根据情况有权对相关主体采取警告、责令限期改正、责令停业整顿、责令停止侵权行为、罚款、吊销营业执照等处罚措施。

4. 设立数据监管专员

数据控制者、数据处理者应在内部设置个人数据监管专员，并向大数据监管机构汇报登记。数据监管专员应当具备良好的专业素养，在地位上，数据监管专员应当独立负责数据监管事项，定期向大数据监管局汇报数据监管状况。数据监管专员负责政府机关或企业机构关于个人数据处理的监管、定期考核评价、纠纷处理等工作，定期向监管机关反馈数据处理的类型、涉及敏感数据未公开数据的情况、数据主体拒绝数据收集处理的次数和原因、内部工作人员定期考核、数据主体对纠纷处理的接受度等。现实中，数据控制者、处理者履行义务的积极性较低，数据监管专员制度能够起较好的督促作用。

5. 建立基于自由协商的"P3P"体系

现实中，数据控制者、处理者基于用户对产品的需求和依赖心理，利用格式条款迫使用户做出"YES"或者"NO"的选择，"一揽子同意协议""霸王协议"的出现致使个人的数据权利和合同权利无形中被削弱。在理论上，数据主体即使同意提供个人数据，也有权对于数据类型采取OPT-IN（选择性加入）许可方式，而此时数据控制者、数据处理者理应提供方便。例如，数据主体在运行某应用软件前，可以任意勾选同意提供的数据类型——位置、相册、微信号码等，对于未被勾选的数据，软件开发商当然无权收集利用。但由于数据主体科技知识储备的有限性，其先前未同意提供的数据如果在今后软件的使用中愿意被收集利用，再次 OPT-IN 许可同样应当给予方便。

数据控制者、数据处理者应当建立基于自由协商的"P3P"（Platform for Privacy Preferences）体系。"P3P"体系是指：一个可以被自动化处理的，内容上由词汇和数据元素组合而成的标准格式，在用户代理的协助下或与数据主体自动缔结协议（当网站的个人数据保护政策与数据主体的个人数据偏好相匹配）或启用"红绿灯"模式——禁止网站请求的数据收集处理或是数据主体主动对自己的个人数据偏好进行人工修改以实现个人数据的收集处理。建立健全"P3P"体系不仅可以保证数据主体对于个人数据的控制，保障数据主体的知情权同意权；另一方面，数据控制者、处理者基于智能选择结果，能够避免大量、重复地获取授权，相对减少"获取许可"的成本。

6. 政府监督下的行业自律体系

企业对大数据发展的政策需求调查显示，完善行业标准、健全法律法规企业选项关注度最高占受调查企业总量的 67.8%，可见大数据行业标准亟须进一步完善，建立行业自律体系刻不容缓。

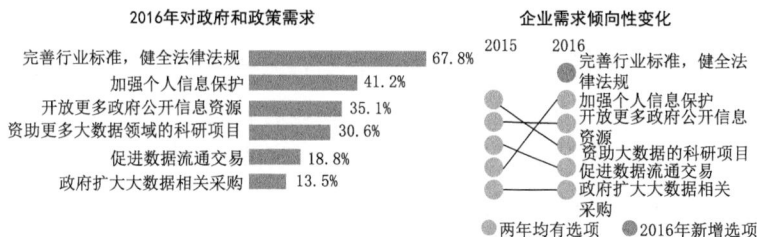

图　企业对政策的需求

大数据监管局和相关政府主管部门应当积极引导、鼓励行业自律体系的建立，并将其纳入监管体系之内。首先，各类数据控制者、处理者经大数据监管局批准，可以成立行业组织，广泛吸纳成员；其次，在大数据监管局、相关政府部门的牵头下，由行业组织起草行业行为准则、制定行业标准，可以就个人数据的收集、数据处理规则、数据主体权利的行使、技术标准、安全保护标准等作出规定，值得注意的是，应当充分考虑不同领域、不同规模的数据控制者、处理者的意见，同时，研究机构、高校等机构也可以参与制定过程；最后，行业规则、行业标准应当经过大数据监管局的审查和批准。

建立适当的认证、监督机制。经批准设立的行业组织，对其成员的安全保障措施进行审查后，可以对符合条件的成员进行合规性认证；同时，行业组织应当对成员活动进行监管。

7. 搭建大数据监管、共享平台

《国务院关于积极推进"互联网+"行动的指导意见》指出：加快互联网与政府公共服务体系的深度融合，推动公共数据资源开放，促进公共服务创新供给和服务资源整合，构建面向公众的一体化在线公共服务体系。积极探索公众参与的网络化社会管理服务新模式，充分利用互联网、移动互联网应用平台等，加快推进政务新媒体发展建设，加强政府与公众的沟通交流，提高政府公共管理、公共服务和公共政策制定的响应速度，提升政府科学决策能力和社会治理水平，促进政府职能转变和简政放权。鼓励政府和互联网企业合作建立信用信息共享平台，探索开展一批社会治理互联网应用试点，打通政府部门、企事业单位之间的数据壁垒，利用大数据分析手段，提升各级政府的社会治理能力。[1]

根据 2017 年《中国大数据发展调查报告》统计，42.6%的企业认为数据资源短缺是企业推进大数据应用时最突出的障碍，

―――――――――

〔1〕 参见 2015 年《国务院关于积极推进"互联网+"行动的指导意见》。

其中企业工商信息是需求最大的数据资源，占比达到 49.0%，其次为社会保障数据（33.9%）、劳动就业数据（32.7%）以及市政管理数据（29.4%）。[1] 可见，电子政务和信息共享平台的建设成为我国目前的战略目标之一。

因此，可以考虑建立集电子政务、数据监管、信息共享于一体的大数据服务平台。除却电子政务系统，平台需设立数据监管系统和信息共享系统。数据监管系统应当与大数据监管局直接连通，数据监管专员和行业组织应当定期在系统内登记，披露数据控制者、处理者监管状况，同时也接受投诉。信息共享系统应分为三部分：第一，政府各部门之间的信息共享系统，政府部门之间应当就公共管理等信息实现共享流通；第二，政府部门与社会公众之间的信息共享系统，政府部门应当加大信息公开程度，及时公开相关信息，如经费开支、财政预算、招投标状况等；第三，政府与企业之间信息共享系统，该系统为有条件开放，应当面向加入相关行业组织、遵守行业准则、实施行业标准的企业。

总之，在我国信息失衡现象严重、数据监管机制缺失的背景下，要充分运用多种监管模式，保证自上而下的监管具备可操作性，自下而上的监管具备积极性，监管范围要涵盖个人、社会、国家等领域。

---

〔1〕　中国信息通信研究院：2017 年《中国大数据发展调查报告》。

主要参考文献

著作类

1. ［德］卡尔·拉伦茨:《法学方法论》,陈爱娥译,商务印书馆 2003 年版。

2. ［英］维克托·迈尔-舍恩伯格、肯尼思·库克耶:《大数据时代》,盛杨燕、周涛译,浙江人民出版社 2013 年版。

3. ［法］米歇尔·福柯:《安全、领土与人口》,钱翰、陈晓径译,上海人民出版社 2010 年版。

4. ［美］理查德·A. 波斯纳:《法律的经济分析》(上),蒋兆康译,中国大百科全书出版社 1997 年版。

5. ［美］迈克尔·D. 贝勒斯:《法律的原则——一个规范的分析》,张文显等译,中国大百科全书出版社 1996 年版。

6. ［澳］彼得·德霍斯:《知识财产法哲学》,周林译,商务印书馆 2008 年版。

7. ［美］罗伯特·B. 登哈特:《公共组织理论》(第 3 版),扶宋茂、丁力译,中国人民大学出版社 2003 年版。

8. ［意］奥雷列奥·佩西:《人类的素质》,薛荣久译,中国展望出版社 1988 年版。

9. 朱煜编译:《马太效应》,中国纺织出版社 2007 年版。

10. 程永顺:《中国专利诉讼》,知识产权出版社 2005 年版。

11. 费孝通:《乡土中国 生育制度》,北京大学出版社 1998 年版。

12. 冯晓青、刘友华:《专利法》,法律出版社 2010 年版。

13. 李勇、叶艳鸣、刘金玲等:《信息资源的社会问题研究》,四川科学技术出版社 2007 年版。

14. 高富平:《个人数据保护和利用国际规则 源流与趋势》,法律出版社

2016 年版。

15. 郑晓非:《中国热区种质资源信息经济学研究》,中国农业科学技术出版社 2014 年版。

16. 薛晓源、周战超主编:《全球化与风险社会》,社会科学文献出版社 2005 年版。

17. 黎万强:《小米口碑营销内部手册　参与感》,中信出版社 2014 年版。

18. 李一:《网络社会治理》,中国社会科学出版社 2014 年版。

19. 刘雅琦:《基于敏感度分级的个人信息开发利用保障体系研究》,武汉大学出版社 2015 年版。

20. 谢文:《大数据经济》,北京联合出版公司 2016 年版。

21. 张今:《知识产权新视野》,中国政法大学出版社 2000 年版。

22. 孔祥俊:《反不正当竞争法的适用与完善》,法律出版社 1998 年版。

23. 张玉瑞:《商业秘密法学》,中国法制出版社 1999 年版。

24. 孔祥俊:《商业秘密保护法原理》,中国法制出版社 1999 年版。

25. 韩德强主编:《网络空间法律规制》,人民法院出版社 2015 年版。

26. 冯晓青:《知识产权法利益平衡原理》,湖南人民出版社 2004 年版。

27. 施锡铨:《博弈论》,上海财经大学出版社 2000 年版。

28. 李胜兵、李航敏编著:《解读管理术语》,企业管理出版社 2007 年版。

29. 谢永志:《个人数据保护法立法研究》,人民法院出版社 2013 年版。

30. 郎庆斌、孙毅、杨莉:《个人信息保护概论》,人民出版社 2008 年版。

31. 周鸿铎主编:《信息资源开发利用策略》,中国发展出版社 2000 年版。

32. 唐思慧:《电子政务信息公平研究》,上海世界图书出版公司 2011 年版。

33. 汪行福:《分配正义与社会保障》,上海财经大学出版社 2003 年版。

34. 常鹏翱:"诉讼调解异化原因辨析——以'调审分离论'为对象",载《南京大学法律评论》2001 年第 1 期。

35. 陈正伟:"后现代法学视角下的 ADR 研究",吉林大学 2006 年博士学位论文。

36. 范愉:"权利救济与多元化纠纷解决机制简议",载《广东行政学院学报》2008 年第 1 期。

37. 国务院办公厅印发："关于运用大数据加强对市场主体服务和监管的若干意见"，载《电子政务》2015 年第 7 期。

38. 周向红："从数字鸿沟到数字贫困：基本概念和研究框架"，载《学海》2016 年第 4 期。

39. 刘敏敏："欧盟《个人数据保护指令》的改革及启示"，西南政法大学 2014 年硕士学位论文。

40. 王利明："隐私权概念的再界定"，载《法学家》2012 年第 1 期。

41. 吴伟光："大数据技术下个人数据信息私权保护论批判"，载《政治与法律》2016 年第 7 期。

42. 何波："意大利个人数据保护立法的实践与经验"，载《中国信息安全》2016 年第 10 期。

43. 蔚海燕、卫军朝："国外高校数据监管项目的调研与分析"，载《图书情报工作》2014 年第 22 期。

44. 彭星："欧盟《一般数据保护条例》浅析及对大数据时代下我国征信监管的启示"，载《武汉金融》2016 年第 9 期。

45. 钟质："建立大数据标准体系 加强和改进质量监管——国务院办公厅印发《关于运用大数据加强对市场主体服务和监管的若干意见》"，载《中国质量技术监督》2015 年第 7 期。

46. 周庆飞、李窈盛、张琪等："基于 RFID 技术的智能交通监管系统的架构"，载《交通标准化》2011 第 Z2 期。

47. 王周刚："党风政风监督社会化与金湖实践"，载《唯实（现代管理）》2015 年第 1 期。

48. 王美、随晓筱："新数字鸿沟：信息技术促进教育公平的新挑战"，载《现代远程教育研究》2014 年第 4 期。

49. 丁建军、赵奇钊："农村信息贫困的成因与减贫对策——以武陵山片区为例"，载《图书情报工作》2014 年第 2 期。

50. 孙红蕾、钱鹏、郑建明："信息生态视域下新市民信息贫困成因及应对策略"，载《图书与情报》2016 年第 1 期。

51. 李明理："数字信息时代图书馆职业权利缺失与回归路径"，载《图书馆论坛》2014 年第 9 期。

52. 杨宏玲、黄瑞华："信息权利的性质及其对信息立法的影响"，载《科学学研究》2005 第 1 期。

53. 付雅慧："信息公平问题研究"，载《科技情报开发与经济》2008 第 3 期。

54. 吴志忠："信息霸权：国家主权的新挑战"，载《国际展望》1998 第 6 期。

55. 甘满堂："网络时代的信息霸权与文化殖民主义"，载《开放导报》2002 年第 9 期。

56. 蔡翠红："云时代数据主权概念及其运用前景"，载《现代国际关系》2013 年第 12 期。

57. 岳彩申、王俊："监管理论的发展与证券监管制度完善的路径选择"，载《现代法学》2006 年第 2 期。

58. 刘鹏："西方监管理论：文献综述和理论清理"，载《中国行政管理》2009 年第 9 期。

59. 孙粤文："大数据：风险社会公共安全治理的新思维与新技术"，载《求实》2016 年第 12 期。

60. 唐思慧："信息公平及其产生的背景研究"，载《图书与情报》2008 年第 5 期。

61. 常明："试分析信息霸权对国家主权的影响"，北京语言大学 2007 年硕士学位论文。

62. 徐漪、沈建峰："信息不公平现象的危害与消除"，载《产业与科技论坛》2016 年第 13 期。

63. 罗力："美欧跨境数据流动监管演化及对我国的启示"，载《电脑知识与技术》2017 年第 8 期。

64. 谢青："日本的个人信息保护法制及启示"，载《政治与法律》2006 年第 6 期。

65. 何清："大数据与云计算"，载《科技促进发展》2014 年第 1 期。

66. 张兰廷："大数据的社会价值与战略选择"，中共中央党校 2014 年博士学位论文。

67. 鞠晔、王平："云计算背景下欧盟消费者个人敏感数据的法律保护"，载《法学杂志》2014年第8期。

68. 戎辉鹏："论商业秘密的认定"，西南政法大学2009年硕士学位论文。

69. 张磊："简述商业秘密的新颖性和有价值性"，载《东方企业文化》2011年第10期。

70. 黄靖："论商业秘密构成要件的界定"，中国政法大学2008年博士学位论文。

71. 张颖、于文广："论商业秘密的价值性"，载《科技与法律》2006年第2期。

72. 逄淑琴、王潮："商业秘密保密性的判断"，载《人民司法》2009年第16期。

73. 周立波："试论商业秘密的认定"，载《时代金融》2011年第29期。

74. 张冰、李仪："大数据背景下商业秘密的法律保护研究"，载《学理论》2016年第11期。

75. 袁博："大数据是否构成商业秘密?"，载《中国知识产权报》2016年9月21日第8版。

76. 郑友德、王活涛、高薇："日本商业秘密保护研究"，载《知识产权》2017年第1期。

77. 曹煦："欧盟商业秘密保护研究及启示"，西南政法大学2015年硕士学位论文。

78. 宋建宝："欧盟商业秘密法律保护研究——以欧盟竞争法为中心"，载《科技与法律》2011年第4期。

79. 蒋红莲："商业秘密法律救济制度研究——以美、德、日及TRIPS相关法律为参照"，华东政法大学2009年博士学位论文。

80. 崔涛："大数据时代企业管理的新模式"，载《中国商论》2016年第7期。

81. 周戈："云计算时代下数据挖掘技术的应用分析"，载《数字技术与应用》2017年第3期。

82. 锁福涛："大数据时代版权技术措施的隐私侵权风险分析"，载《中国出版》2017年第3期。

83. 金乐："大数据时代家电制造企业价值链协同策略研究"，中国海洋大学 2015 年硕士学位论文。

84. 肖冬梅、文禹衡：“数据权谱系论纲”，载《湘潭大学学报（哲学社会科学版）》2015 年第 6 期。

85. 沈国麟：“大数据时代的数据主权和国家数据战略”，载《南京社会科学》2014 年第 6 期。

86. 常景龙：“跨界数据流动对发展中国家管辖权的影响和法律对策”，载《江苏商论》2007 年第 4 期。

87. 李思羽：“数据跨境流动规制的演进与对策”，载《信息安全与通信保密》2016 年第 1 期。

88. 石月：“新形势下的跨境数据流动管理”，载《电信网技术》2016 年第 4 期。

89. 张逢喆、陈进、陈海波等：“云计算中的数据隐私性保护与自我销毁”，载《计算机研究与发展》2011 年第 7 期。

90. 孙南翔、张晓君：“论数据主权——基于虚拟空间博弈与合作的考察”，载《太平洋学报》2015 年第 2 期。

91. 齐爱民、祝高峰：“论国家数据主权制度的确立与完善”，载《苏州大学学报（哲学社会科学版）》，2016 年第 1 期。

92. 蒋洁：“云数据跨境流动的法律调整机制”，载《图书与情报》2012 年第 6 期。

93. 程卫东：“跨境数据流动的法律监管”，载《政治与法律》1998 年第 3 期。

94. 刘连泰：“信息技术与主权概念”，载《中外法学》2015 年第 2 期。

95. 吴沈括：“数据跨境流动与数据主权研究”，载《新疆师范大学学报（哲学社会科学版）》2016 年第 5 期。

96. 齐爱民、盘佳：“数据权、数据主权的确立与大数据保护的基本原则”，载《苏州大学学报（哲学社会科学版）》2015 年第 1 期。

97. 杜雁芸：“大数据时代国家数据主权问题研究”，载《国际观察》2016 年第 3 期。

98. 孙伟、朱启超：“正确区分网络主权与数据主权”，载《中国社会科学报》2016 年 7 月 5 日第 5 版。

99. 汪晓风："中美关系中的网络安全问题"，载《美国研究》2013 年第 3 期。

100. 张金平："跨境数据转移的国际规制及中国法律的应对——兼评我国《网络安全法》上的跨境数据转移限制规则"，载《政治与法律》2016 年第 12 期。

101. 王融："大数据时代：欧盟能否重建数据保护新秩序"，载《中国信息安全》2016 年第 1 期。

102. 高明："欧盟跨境数据流动的法律探究"，载《法制与社会》2011 年第 28 期。

103. 刘碧琦："美欧《隐私盾协议》评析"，载《国家法研究》2016 年第 6 期。

104. 曹杰、王晶："跨境数据流动规则分析——以欧美隐私盾协议为视角"，载《国际经贸探索》2017 年第 4 期。

105. 桂畅旎："美欧跨境数据传输《隐私盾协议》前瞻"，载《中国信息安全》2016 年第 3 期。

106. 岳晓、王会举："应急产业大数据经济生态系统研究"，载《宏观经济研究》2017 年第 1 期。

107. 李钊："从概念到落地：大数据全球战略布局全面升级"，载《科技日报》2017 年 6 月 1 日。

108. 张茉楠："全球数据开放战略的路线图"，载《华夏时报》2015 年 11 月 30 日。

109. 惠志斌、张衡："面向数据经济的跨境数据流动管理研究"，载《社会科学》2016 年第 8 期。

110. 文庭孝、侯经川、汪全莉等："论信息概念的演变及其对信息科学发展的影响——从本体论到信息论再到博弈论"，载《情报理论与实践》2009 年第 3 期。

111. 李善平、尹奇鞥、胡玉杰等："本体论研究综述"，载《计算机研究与发展》2004 年第 7 期。

112. 梅夏英："数据的法律属性及其民法定位"，载《中国社会科学》2016 年第 9 期。

113. 张孟杰:"虚拟需要论——信息社会的需要理论",华中师范大学 2016 年博士学位论文。

114. 蒋永福、刘鑫:"论信息公平",载《图书与情报》2005 年第 6 期。

115. 范并思:"论信息公平的制度选择",载《图书馆》2007 年第 4 期。

116. 王株梅:"信息公平的本体论研究(一)——论信息公平的内涵、原则及具体表现",载《山东图书馆学刊》2009 年第 5 期。

117. 李冠军:"中国信息化趋势报告(六十一)电子政务公众服务的理念、创新及其发展",载《中国信息界》2007 年第 2 期。

118. 袁洪英:"政治哲学视野下的社会公平存在基础探究",载《大连大学学报》2006 第 3 期。

119. 邱耕田、万峰峰:"论社会发展的普遍受益原则",载《求索》2001 第 2 期。

120. 韩克庆、董建军、韩锋:"普遍受益:中国社会发展的重要原则",载《文史哲》1999 年第 6 期。

121. 刘向荣:"信息不对称理论及其意义——对 2001 年度诺贝尔经济学奖的评介",载《新疆社科论坛》2002 年第 1 期。

122. 李秋枝:"基于信息公平的公共图书馆公民阅读权利保障策略研究",载《河南图书馆学刊》2015 年第 11 期。

123. 张春春:"基于信息公平的信息生态研究",黑龙江大学 2010 年硕士学位论文。

124. 徐漪、沈建峰:"信息不公平现象的危害与消除",载《产业与科技论坛》2016 年第 13 期。

125. 周文杰:"公益性信息服务能够促进信息公平吗?——公共图书馆对信息贫富分化的干预效果考察",载《中国图书馆学报》2015 年第 4 期。

126. 吉宇宽:"信息公平障碍因素研究",载《图书与情报》2007 年第 6 期。

127. 刘俊:"论对弱势群体的信息歧视",载《图书馆》2005 年第 2 期。

128. 白娟:"新媒体环境下的'信息公平'探究",载《赤峰学院学报(自然科学版)》2014 年第 10 期。

129. 刘鑫："信息公平：概念、原则与意义"，载《图书馆学刊》2006 年第 5 期。

130. 苏力："法律与科技问题的法理学重构"，载《中国社会科学》1999 年第 5 期。

131. 董梦林："大数据背景下网络信息安全控制机制与评价研究"，吉林大学 2016 年硕士学位论文。

132. 张宸："大数据环境下个人信息保护研究"，黑龙江大学 2015 年硕士学位论文。

133. 郭玉佳："大数据对新闻传播的影响"，东北师范大学 2014 年硕士学位论文。

134. 韩雨芳："大数据背景下社会公众人物生活隐私曝光现象研究"，哈尔滨工业大学 2015 年硕士学位论文。

135. 彭海静、郦丽："大数据背景下第三方电子商务平台的企业商业秘密保护研究"，载《江苏商论》2016 年第 5 期。

136. 刘秀："大数据时代企业商业秘密的侵权风险及防御策略"，载《安徽商贸职业技术学院学报（社会科学版）》2016 年第 4 期。

137. 任明艳："互联网背景下国家信息主权问题研究"，载《河北法学》2007 年第 6 期。

138. 赵阳："大数据时代对国家安全的挑战及对策研究"，山东师范大学 2015 年硕士学位论文。

139. 王世伟："论大数据时代信息安全的新特点与新要求"，载《图书情报工作》2016 年第 6 期。

140. 麦肯锡："数字全球化：新时代的全球性流动"，麦肯锡全球研究院（MGI）2016 年 3 月。

141. "2016~2017 中国跨境电商市场研究报告"，载《计算机应用文摘》2017 年第 3 期。

142. 《世界人权宣言（中文版）》，载 http://www.un.org/zh/universal-declaration-human-rights/index.html，访问日期：2007 年 5 月 23 日。

143. 《中华人民共和国国民经济和社会发展第十三个五年规划纲要》，载 http://www.miit.gov.cn/n1146290/n1146392/c4676365/content.html。

144. 孙延峰："中国公司如何在美国知识产权诉讼中应诉"，载《中国专利与商标》2003 年第 2 期。

145. 荼洪旺、胡江华："中国数字鸿沟与贫困问题研究"，载《北京邮电大学学报（社会科学版）》2012 年第 1 期。

146. 中国互联网协会："2016 中国网民权益保护调查报告"，载 http://blog. sina. com. cn/s/blog_ 15b6a6ca90102xdme. html。

147. 新华网："网信办回应信用卡信息买卖：制定个人信息保护法"，载 http://money. 163. com/api/15/0201/10/AHC3N02K00254TI5. html. frp21，访问日期：2015 年 2 月 1 日。

148. Allen N. Littman, "The Jury's Role in Determining Key Issues in Patent Cases", *The Journal of Law and Technology*, 37 (1997), 207.

149. Anat Hakim; Heidi L Belongia, "Analysis & Perspective/Moseley v. V SecretCatalogue: How the Lower Courtsare Applying the Supreme Court's Seminal Decision to Trademark Dilution Cases", *Patent*, *Trademark & Copyright*. vol. 66, 2003, no. 1643, pp. 704~707.

150. Arnold B. Silverman, "The Role of Protective Orders Intellectual Property Litigation", JOM. vol. 58, 2006, No. 5, p. 80.

151. Bradley J. Walz, "Discovering the Lesser Known Alternative Dispute Resolution Process to Resolve Intellectual Property Disputes", available at http://www. winthrop. com/articlePDFS/ contentArticlePDF685. pdf. 2008-6-5.

152. Christopher J. Renk, Erik S. Maurer, "Setting Goals, Managing Expectations, Assessing Risks and Estimating Costs in Patent Litigation", *The Computer & Internet Lawyer*, vol. 22, 2005, No. 6, pp. 1~16.

153. Edward J. Kane, "Ethical Foundations of Financial Regulation", NBER Working Paper 6020, 1997, p. 3.

154. U. S. Privacy Working Group, Information Infrastructure Task Force Privacy and National Information Infrastructnre: Principles for Providing and wsihg Personal Information, 6 June 1995.

155. U. S. National Telecommunications and Information Administration, Privary and The NII: Safeguarding Telecommunications-Related Personal Informa-

tion, October 1995.

156. "A Framework for Global Electronic Commerce, the White House", 1 July 1997.

157. UK Intellectual Property Office, "Text Mining and Data Analytics in Call for Evidence Responses", available at http://www. ipo. gov. uk/ipreview-doc-t. pdf.

158. Marco Alexandre Saias, "Unlawful acquisition of trade secrets by cyber theft: between the Proposed Directive on Trade Secrets and the Directive on Cyber Attacks", *Journal of Intellectual Property Law and Practice*, 2014.

159. Baker & Mckenzie, "Study on Trade Secrets and Confidential BusinessInformation in the Internal Market—Prepared for the European Commission", April, 2013.

160. Malgieri, Gianclaudio1, "'Ownership' of Customer (Big) Data in the European Union: Quasi - Property as Comparative Solution?", *Journal of Internet Law*, 2016.

161. David Beyleveld, Roger Brownsword, *Human Dignity in Bioethics and Biolaw*, Oxford University Press, 2001, Chapter 8.

162. Gary Clyde Hufbauer et. al, *Framework for the International Service Agreement*, *Peterson Institute for International Economics*, No. PB 12-10, 2012.

163. McGuire R. P. , *Information Age: An Introduction to Transborder Data Flow*, Jurimetrics J. , 1979, 20: 1.

164. Fishman W L, "Introduction to Transborder Data Flows", *Stan. J. Int'l L.* , 1980, 16: 1.

165. Cooper D M. , "Transborder Data Flow and the Protection of Privacy: The Harmonization of Data Protection law", *Fletcher F.* , 1984, 8: 335.

166. Novotny E. J. , "Transborder Data Flows and International Law: a Framework for Policy-Oriented Inquiry", *Stan. J. Int'l L.* , 1980, 16: 141.

167. Gupta B. M, Gupta S. P. , "Transborder Data Flow Debate", *Annals of Library Science and Documentation*, 1996, 29 (2), pp. 51~63.

168. Kuner C. , "Regulation of Transborder Data Flows under Data Protection and

Privacy Law: Past", *Present, and Future*, 2010 (016).

169. Electronic Privacy Information Center, "Computers and Privacy: The Reaction in Other Countries", available at https://epic. org /privacy /hew1973 report /appenb. htm, last visited June 26, 2016.

170. Lessig, L. Code and the commons, Keynote speech given at theconference Media Convergence, Fordham Law School, New York, Retrieved July 15, 2001, available at http://cyber. law. harvard. edu/works/lessig/fordham. pdf.

171. Castells. M. , Ipol, E. 1996, "Epistemllogical Practice and the Social Science", *Economy and socicty*, Vol. 5, No. 2, p. 469.

172. Schiller, H. I. , "The privatization of information", *Mass Communication Year-book* (4), pp. 537~568.

173. Directive 95 /46 /EC, of the European Parliament and of the Council of 24 October 1995 on the Protection of Individuals with Regard to the Processing of Personal Data and on the Free Movement of Such Data, 1995.

174. OECD Guidelines on the Protection of Privacy and Transborder Flows of Personal Data.

175. Convention for the Protection of Individuals with regard to Automatic Processing of Personal Data. Strasbourg, 28. I. 1981. Chapter II-Basic principlesfor data protection. Article 5-Quality of data.

后 记

云计算、大数据等新技术的快速发展与广泛应用，在某种程度上可以说颠覆了信息传播与信息构建的模式，极大地打破了既有的信息平衡，从信息鸿沟到数据贫困，从信息自由到数据垄断，从数据共享到数据霸权，这些问题可以说是技术发展中问题，引发了本书对技术进步与制度变迁的思考。日子在风风火火、忙忙碌碌中度过，拙作的出版，在期许中姗姗来迟，兴奋中诚惶诚恐，百感交集！

本书的出版，得到了多方关心和支持。我的博士导师中国人民大学周晓英教授和硕士生导师中国政法大学杨利华副教授对我的督促、理解与包容，一直伴随我的学术之途。囿于家庭俗务缠身，学术懈怠，她们以润物细无声式的关爱呵护着我的成长，给我继续前进的勇气，对我本人的成长与本书的出版付出了不少心血；中国政法大学冯晓青教授、湘潭大学何振教授、王协舟教授、肖冬梅教授、盛明科教授等领导、同仁给我本人和书的完成提供了许多指导，湘潭大学公共管理学院、社科处和"法治湖南建设与区域社会治理"协同创新中心为本书的出版创造了许多便利；中国政法大学出版社的刘知函、邝技科、雷猛等编辑，对本书作了认真细致的编审，付出了辛勤的劳动；本书作为情报学与法学交叉研究的尝试，我的先生湘潭大学知识产权学院刘友华教授为本书的完成提供了强有力的知识支持，我的父母、公公、婆婆等家人承担大量家务，提供坚强的后勤保障；本书所有引文的相关成果为研究提供了一些直接案例、

数据来源，也给予了许多有益的启迪；博士生李新凤、硕士生
魏远山、李麟、吴迪、陈聪、卓夏婷、黄端龙为本书的资料收
集、整理、校对等做了大量工作……在此，我一并表示最诚恳
最由衷的感谢、感激、感恩！

　　是为后记。

唐思慧

2017 年 7 月 18 日